Entscheidungen und Verfügungen

zum Reichsgesetz betreffend die

Krankenversicherung der Arbeiter

vom 15. Juni 1883.

Herausgegeben

von

Leo Mugdan und **Dr. jur. Richard Freund**

Rechtsanwalt Gerichts-Assessor

juristische Hülfsarbeiter beim Magistrat zu Berlin.

Heft I.

Entscheidungen und Verfügungen der Gewerbe-Deputation des Magistrats zu Berlin.

Berlin und Leipzig.

Verlag von J. Guttentag

(D. Collin).

1886.

Entscheidungen und Verfügungen

der

Gewerbe-Deputation des Magistrats

zu Berlin

zum Reichsgesetz betreffend die Krankenversicherung der Arbeiter vom 15. Juni 1883,

nebst einem Abdrucke dieses Gesetzes.

Herausgegeben

von

Leo Mugdan und **Dr. jur. Richard Freund**

Rechtsanwalt — Gerichts-Assessor

juristische Hülfsarbeiter beim Magistrat zu Berlin.

Berlin und Leipzig.

Verlag von J. Guttentag

(D. Collin).

1886.

Vorwort.

Das Gesetz, betreffend die Krankenversicherung der Arbeiter vom 15. Juni 1883 weist in seinem § 58 Absatz 1 die Entscheidung von Streitigkeiten, welche zwischen den auf Grund dieses Gesetzes zu versichernden Personen oder ihren Arbeitgebern einerseits und der Gemeindekrankenversicherung oder der Ortskrankenkasse andrerseits über die Verpflichtung zur Leistung oder Einzahlung von Beiträgen oder über Unterstützungs-Ansprüche entstehen, der Aufsichtsbehörde zu.

Bei der ungewöhnlichen Schwierigkeit der Materie des Gesetzes, bei der Neuheit der durch dasselbe geschaffenen Verhältnisse war es vorauszusehen, daß die Zahl dieser Streitigkeiten keine geringe sein würde. Der Gewerbe-Deputation des Magistrats zu Berlin, unter deren Aufsicht 65 Ortskrankenkassen, 9 Betriebskrankenkassen und 7 Innungs-Krankenkassen mit einem Mitgliederbestande von 208,000 Personen stehen, lagen in der Zeit vom 1. Dezember 1884 bis 1. März 1886 über 1000 Streitfälle zur Beurtheilung vor, von denen ca. 600 durch formelle Entscheidung erledigt wurden.

Nicht unbeträchtlich war auch die Zahl der Anfragen von Kassenvorständen, Arbeitgebern, einheimischen und auswärtigen Behörden und sonstigen Interessenten über die Anwendung des Krankenversicherungsgesetzes, welche die Gewerbe-Deputation um so bereitwilliger in eingehendster Weise beantwortete, als ja durch Belehrung der interessirten Kreise das Verständniß für das Gesetz, insbesondere für gewisse Grundprincipien desselben wuchs und dadurch der Aufsichtsbehörde die Durchführung des Gesetzes, welche in einer Millionenstadt auf ganz besondere Schwierigkeiten stoßen mußte, erheblich erleichtert wurde.

Die vorliegende Sammlung von Entscheidungen und Verfügungen enthält ausgewählte Fälle, in denen Fragen von principieller Wichtigkeit ohne Beziehung auf besondere lokale Verhältnisse zur Erörterung kommen. Die Entscheidungen sind bis auf die unter Nr. 123 abgedruckte, hinsichtlich deren das gerichtliche Verfahren noch schwebt, sämmtlich rechtskräftig geworden, und in den Fällen, in welchen gegen eine Verfügung bei der der Gemeindebehörde vorgesetzten Aufsichtsbehörde (Oberpräsident von Berlin) Beschwerde geführt wurde, ist die Entscheidung der letzteren Behörde angemerkt.

So lange eine Reichsbehörde nicht vorhanden ist, welche, wie das Bundesamt für das Heimathwesen oder das Reichsversicherungsamt auf anderen Gebieten, durch ihre Entscheidung eine gleichmäßige Anwendung des Gesetzes herbeiführen könnte, dürfte jeder Aufsichtsbehörde eine Sammlung, wie die vorliegende, insofern nicht unwillkommen sein, als sie für den ihrer Beurtheilung unterliegenden Fall in einer rechtskräftigen Entscheidung bereits die Ansicht einer anderen Aufsichtsbehörde vertreten findet, welcher sie sich — vorausgesetzt, daß sie die Gründe derselben acceptirt — ohne Weiteres anschließen kann. Die Herausgeber erlauben sich nun an die betreffenden Herren Dezernenten bei den auf Grund des § 58 Abs. 1 a. a. O. für die Entscheidung in erster Instanz zuständigen Behörden die ganz ergebenste Bitte zu richten, ihnen solche Entscheidungen, in welchen entgegengesetzt erkannt worden ist oder in welchen neue principielle Fragen zur Erörterung kommen, gefälligst mittheilen zu wollen. Das gesammte auf diese Weise eingegangene Material soll dann mit den neu hinzutretenden Fällen der Berliner Aufsichtsbehörde einheitlich verarbeitet werden und in einem zweiten Heft zur Ausgabe gelangen. Auf diese Weise könnte dann der Zweck dieser Sammlung, eine möglichst gleichmäßige Rechtsprechung zu vermitteln, in weit vollkommnerer Weise erreicht werden.

Was die äußere Anordnung des vorliegenden Heftes anlangt, so sind die Entscheidungen und Verfügungen chronologisch geordnet und mit fortlaufenden Nummern versehen. Alsdann folgt der Text des Gesetzes, wobei hinter jeden Paragraphen, bezieh. hinter die einzelnen Absätze der Paragraphen die Nummern derjenigen Entscheidungen und Verfügungen angefügt sind, welche auf die betreffende gesetzliche Bestimmung Bezug haben.

Auf diese Weise dürfte der praktische Gebrauch der Sammlung bedeutend erleichtert werden und die Sammlung selbst allen Interessenten, insbesondere aber den Kassenvorständen als Handbuch willkommen sein.

Das Material der Sammlung ist durchgehends, wie das der Titel besagt, aus den Akten der Gewerbe-Deputation des Magistrats zu Berlin entnommen.

Der um die Durchführung des Krankenversicherungsgesetzes in Berlin hochverdiente Vorsitzende dieser Deputation, Herr Stadtsyndikus Eberty, hat die Benutzung dieses Akten-Materials in liebenswürdigster Weise gestattet, und wir erlauben uns hiermit, demselben auch an dieser Stelle unseren wärmsten Dank hierfür auszusprechen.

Berlin im April 1886.

Mugdan. Dr. Freund.

1. Unterstützung von Geisteskranken.

Verf. vom 21. Februar 1884.

Auf Ihr gefälliges Schreiben vom 8. d. M. beehren wir uns Ihnen zu erwidern, daß § 6 des Krankenversicherungsgesetzes die Gemeinden, welche eine Gemeinde-Krankenversicherung einrichten, ermächtigt, zu beschließen:

> daß bei Krankheiten, welche die Betheiligten sich vorsätzlich oder durch schuldhafte Betheiligung bei Schlägereien oder Raufhändeln, durch Trunkfälligkeit oder geschlechtliche Ausschweifungen zugezogen haben, das Krankengeld gar nicht oder nur theilweise gewährt wird.

§ 26 Absatz 4 ad Nr. 2 gestattet, eine identische Vorschrift in die Statuten der Orts-Krankenkassen aufzunehmen.

Es ist weder bei diesen Bestimmungen, noch an anderer Stelle der Geisteskrankheiten besonders gedacht; dieselben nehmen also, falls sie nicht ihrer Entstehung nach zu den oben wiedergegebenen Kategorien gehören (z. B. Säuferwahnsinn), keine exceptionelle Stellung ein. Es wird daher die in den Statuten fast aller hiesigen ortsstatutarischen Krankenkassen sich vorfindende Bestimmung, wonach Geisteskranke von Unterstützungen ausgeschlossen sind, gemäß § 85 a. a. O. zu beseitigen sein.

2. Zulässigkeit beschränkender Aufnahmebedingungen.

Verf. vom 3. März 1884.

. . . . Soweit die in den einer Orts-Krankenkasse zugewiesenen Gewerbszweigen oder Betriebsarten beschäftigten Personen nicht versicherungspflichtig sind (z. B. weil sie ohne Gehalt oder Lohn beschäftigt, Reichs-, Staats- oder Kommunalbeamte mit festem Gehalt, Betriebsbeamte mit einem Arbeitsverdienst von mehr als $6^2/_3$ Mark pro Arbeitstag sind oder unter die in § 2 Nr. 4 oder 5 des Gesetzes aufgeführten Kategorien fallen), haben sie das Recht, der Kasse beizutreten (§ 19 Abs. 3), und dürfen nicht zurückgewiesen werden. Für diese Personen, sowie selbstverständlich für die zwangsweisen Mitglieder darf keinerlei erschwerende Aufnahmebedingung festgesetzt werden; ihre Mitgliedschaft ist von ihrem Alter und ihrem Gesundheitszustand völlig unabhängig. Wenn dagegen die Kasse auf Grund einer gemäß § 26 Absatz 4 Nr. 5 getroffenen Bestimmung, deren Erlaß vom Belieben der Kassenorgane abhängt, noch andere Personen, als die in §§ 1 bis 3 genannten, als Mitglieder zuläßt, so kann das Statut für diese, aber eben nur für diese, die Bedingungen der Aufnahme selbständig ordnen, also z. B. die Beibringung eines ärztlichen Gesundheitsattestes fordern oder eine Altersgrenze festsetzen.

3. Beitrittsberechtigung.

Verf. vom 9. Dezember 1884.

Nach § 4 Abs. 2 des Gesetzes vom 15. Juni 1883 sind Personen der in §§ 1, 2, 3 bezeichneten Art, sofern sie nicht der Versicherungspflicht unterliegen, berechtigt, der Gemeindekrankenversicherung beizutreten. Diese Berechtigung muß ihnen auch dann zustehen, wenn ihnen die Möglichkeit freisteht, freiwillig einer Ortskrankenkasse beizutreten (§ 19 Absatz 3). Ein Schuhmacher z. B., der zu Hause arbeitet, hat die Wahl, ob er der Ortskrankenkasse der Schuhmacher oder der billigeren, dafür aber weniger gewährenden Gemeindekrankenversicherung beitreten will. . . . .

4. Anlegung und Verwahrung des Kassenvermögens.

Cirkularverf. vom 10. Dezember 1884.

Der § 40 des Gesetzes vom 15. Juni 1883, betreffend die Krankenversicherung der Arbeiter bestimmt, daß

1. Werthpapiere, welche zum Vermögen der Kassen gehören und nicht lediglich zur vorübergehenden Anlegung zeitweilig verfügbarer Betriebsgelder für die Kasse erworben sind, bei der Aufsichtsbehörde oder nach deren Anweisung verwahrlich niederzulegen sind,
2. verfügbare Gelder nur in öffentlichen Sparkassen oder wie die Gelder Bevormundeter angelegt werden dürfen.

Indem wir die Kassenvorstände auf diese gesetzlichen Bestimmungen hinweisen, fordern wir dieselben hierdurch auf, etwa noch vorhandene Werthpapiere bei uns zur Annahme im Magistrats-Depositorium zu offeriren und verfügbare Gelder, welche nicht in mündelsicheren Werthpapieren angelegt werden, zur städtischen Sparkasse abzuführen, welche letztere wir von dieser Verfügung in Kenntniß gesetzt haben.

Für die Ausführung dieser Vorschrift haften die Kassenvorstände mit ihrem gesammten Vermögen, auch unterliegen dieselben den Bestimmungen des § 266 des Strafgesetzbuchs, falls sie absichtlich zum Nachtheile der Kasse handeln, und im Uebrigen den Vorschriften des § 42 Abs. 2 des Krankenkassengesetzes.

5. Umfang der Ortskrankenkassen.

Bericht des Magistrats an den Oberpräsidenten von Berlin vom 31. Dezember 1884.

.... Nach dem von Ew. pp. genehmigten und von uns zur Ausführung gebrachten Organisationsplane sind für die in Berlin bestehenden Gewerbe gesonderte Orts-Krankenkassen errichtet, bezieh. die schon bestehenden ortsstatutarischen Kassen in solche umgewandelt worden. Für diejenigen Gewerbszweige und in Gewerben beschäftigten Personen, welche aus besonderen Gründen den speziellen Ortskrankenkassen nicht zugewiesen werden konnten, dient die „Allgemeine Ortskrankenkasse gewerblicher Arbeiter und Arbeiterinnen" als Ortskrankenkasse. Nur für diejenigen versicherungspflichtigen und versicherungsberechtigten Personen, welche auch in letztere nicht untergebracht werden konnten, insbes. für Dienstboten, ist die Gemeinde-Krankenversicherung bestimmt. Nach dem dem Gesetze zu Grunde liegenden Systeme ist es ebensowenig von der Wahl der Arbeitgeber, wie der Arbeitnehmer abhängig, bei welcher Ortskrankenkasse letztere anzumelden sind, bezieh. ob sie bei der Gemeindekrankenversicherung zu versichern sind, sondern dieselben sind ipso jure Mitglieder der Kasse desjenigen Gewerbszweiges resp. derjenigen Betriebsart, für welche eine Ortskrankenkasse errichtet ist. Was nun die in der Beschwerde bezeichneten Personen anlangt, so konnte es nur zweifelhaft sein, ob dieselben der Ortskrankenkasse der Maurer oder der Allgemeinen Ortskrankenkasse zugehören. Zu letzterer Kasse sind dieselben aber nicht zu rechnen, weil nach dem Statut derselben diejenigen Personen von der Aufnahme ausgeschlossen sind, für welche eine Baukrankenkasse gebildet werden könnte. Dieselben fallen also der Ortskrankenkasse der Maurer zu. Das Statut der letzteren bestimmt im § 1: „Die Kasse führt fortan den Namen: Ortskrankenkasse der Maurer zu Berlin. Sie besteht für das Maurergewerbe mit Ausnahme derjenigen denselben angehörenden Betriebe, für welche eine Betriebs- oder Bau-Krankenkasse errichtet ist." ... § 2 „Mitglieder der Kasse sind alle von Gewerbetreibenden des im § 1 bezeichneten Gewerbes in deren Betriebsstätten ..... beschäftigten Personen." Auf eine Anfrage des provisorischen Vorstandes der Ortskrankenkasse der Maurer haben wir auch dem Statut bereits von Amtswegen die Auslegung gegeben, daß die Kasse nicht nur für Maurer im engeren Sinne besteht, sondern auch für alle übrigen im Maurergewerbe beschäftigten Personen. Bei dieser Kasse wird also der Beschwerdeführer alle seine Arbeiter anzumelden haben[1]). . . . .

6. Anwendbarkeit des § 19 Absatz 4 des Gesetzes vom 15. Juni 1883 auf den Uebertritt zu einer neu errichteten Betriebs-Krankenkasse.

Verf. vom 7. Januar 1885.

Auf das gefällige Schreiben vom 20. v. M. erwidern wir Ihnen, daß, sobald die von Ihnen geplante Betriebs-Krankenkasse ins Leben getreten ist, die von Ihnen beschäftigten versicherungspflichtigen Personen, welche nicht einer Innungs-Krankenkasse, Knappschaftskasse oder einer den Anforderungen des § 75 des Krankenversicherungsgesetzes genügenden sg. freien Hülfskasse angehören, mit dem Inkrafttreten des Statuts Mitglieder Ihrer Betriebs-Krankenkasse werden und aus der Orts-Krankenkasse, welcher sie etwa bisher als verpflichtete Mitglieder angehört haben, ausscheiden. Dieses Ausscheiden ist nicht an die im § 19 Abs. 4 a. a. O. vorgeschriebene Kündigungsfrist gebunden. Denn aus der Vorschrift des § 63 Abs. 1 a. a. O., wonach die Mitgliedschaft bei einer Orts-Krankenkasse nicht von der zwangsweisen Zugehörigkeit zur Betriebs-Krankenkasse befreit, geht hervor, daß die in den betreffenden Betrieben beschäftigten Personen von dem Inkrafttreten der Betriebs-Krankenkasse an ihrer Versicherungspflicht nicht mehr bei der Orts-Krankenkasse genügen können, demnach aus der letzteren als verpflichtete Mitglieder ausscheiden. Es genügt daher im vorliegenden Falle, wenn Sie dem Vorstande der Orts-Krankenkasse einige Zeit vor dem Inkrafttreten Ihrer Kasse hiervon unter Mittheilung der bei Ihnen beschäftigten dortigen Mitglieder Anzeige machen.

---

[1]) In demselben Sinne spricht sich der auf diesen Bericht ergangene Oberpräsidial-Erlaß vom 27. Januar 1885 aus:

. . . . . . Es gehören demnach nicht blos die Maurergesellen, sondern alle in dem Maurergewerbe beschäftigten Arbeiter, gleichviel welcher Art ihre Beschäftigung ist, zur Ortskrankenkasse der Maurer und sind daher ebenso wie die Maurergesellen zu dieser anzumelden.

Ebenso heißt es in dem im Auftrage des Handelsministers ergangenen Oberpräsidial-Erlaß vom 21. April 1885:

. . . . . . indem es darauf, ob die einzelnen Arbeiter zur Verrichtung der innerhalb des Maurergewerbes ihnen übertragenen Beschäftigung besonderer technischer Kenntnisse bedürfen oder nicht, nicht weiter ankommt.

7. Rückforderung von Beiträgen Seitens des irrthümlich angemeldeten Arbeitnehmers.

Entschg. vom 13. Januar 1885 i. S. B. w. Ortskrankenkasse der Maschinenbauarbeiter.

Gründe.

Kläger ist seit dem 29. November 1884 „Mitglied der Kranken- und Sterbe-Kasse der Berliner Hausdiener" (E. H.) welche . . . bereits vor dem 1. Dezember 1884 den Anforderungen des § 75 des Krankenversicherungsgesetzes genügte. Trotzdem ist Kläger durch seinen Arbeitgeber S. . . am 1. Dezember 1884 bei der Beklagten angemeldet worden. S. hat demnächst für den Kläger die statutenmäßigen Beiträge sowie 0,75 *M.* Eintrittsgeld an die Beklagte entrichtet und dem Kläger in Höhe von $^2/_3$ von seinem Lohne in Abzug gebracht. . . . . . Kläger beantragt die Zurückzahlung der erhobenen Beiträge und des Eintrittsgeldes, sowie seine Streichung als Mitglied. Letzterer Antrag erscheint gerechtfertigt. . . . .
Der weitere Antrag des Klägers erscheint nicht begründet. Nicht der Kläger, sondern nur sein Arbeitgeber hat die Beiträge und das Eintrittsgeld an die Beklagte geleistet; letztere ist daher in dieser Hinsicht nur mit dem Arbeitgeber in ein Rechtsverhältniß getreten und ebensowenig wie sie sich wegen rückständiger Beiträge an den Kläger halten kann (vgl. §§ 51, 55 l. c.), ist letzterer befugt, ein etwa vorhandenes Rückforderungsrecht gegenüber der Beklagten geltend zu machen. Diese Befugniß steht vielmehr nur dem Arbeitgeber zu, und es muß dem Kläger überlassen bleiben, sich mit letzterem wegen der angeblich irrthümlich erfolgten Anrechnung auf dem durch § 53 Abs. 2 l. c. vorgeschriebenen Wege (Klage beim Gewerbegericht) auseinanderzusetzen.

8. Versicherungspflicht der von „Hausindustriellen" beschäftigten Arbeiter.

Verf. vom 14. Januar 1885.

Dem Vorstande eröffnen wir in Erwiderung des Schreibens des Rendanten Sch. vom 13. d. M., daß die in dem beigefügt gewesenen Zeitungsausschnitt vertretene Auffassung den Bestimmungen des Reichsgesetzes vom 15. Juni 1883, betreffend die Krankenversicherung der Arbeiter, nicht entspricht. Nach § 1 in Verbindung mit § 2 Nr. 4 und 5 dieses Gesetzes unterliegen in Ermangelung einer gegentheiligen ortsstatutarischen Anordnung, welche für Berlin nicht erlassen ist, der Versicherungspflicht u. a. nicht:

a) Personen, welche von Gewerbetreibenden außerhalb ihrer Betriebsstätten beschäftigt werden.

b) selbständige Gewerbetreibende, welche in eigenen Betriebsstätten im Auftrage und für Rechnung anderer Gewerbetreibender mit der Herstellung oder Bearbeitung gewerblicher Erzeugnisse beschäftigt werden (Hausindustrie).

Hiernach ist ein Schneidermeister, welcher in eigener Betriebsstätte für ein Konfektionsgeschäft arbeitet, für seine Person nicht versicherungspflichtig, da er unter die sub b mitgetheilte Kategorie fällt. Wenn dagegen ein solcher Meister seinerseits wiederum in seiner Betriebsstätte Arbeiter beschäftigt, welchen er als Arbeitgeber gegenübersteht, so sind diese Personen, wie alle anderen gewerblichen Arbeiter, versicherungspflichtig und anzumelden, denn sie sind nicht selbständige Gewerbetreibende, welche in eigenen Betriebsstätten arbeiten (s. oben sub b), sie werden auch nicht von ihrem Arbeitgeber — dem Schneidermeister — außerhalb der Betriebsstätte desselben beschäftigt (s. oben sub a).

Wenn aber der für ein Konfektionsgeschäft arbeitende Meister zwar seinerseits wiederum Leute beschäftigt, aber nicht in seiner Betriebsstätte, sondern in den eigenen Behausungen dieser Leute, so sind letztere nach der Ausnahme unter a nicht versicherungspflichtig und daher nicht anzumelden.

9. Nichtversicherungsberechtigte Personen.

Verf. vom 14. Januar 1885.

An die Direktion der städtischen Straßenreinigung:

In der letzten Zeit haben sich zahlreiche Arbeiter der städtischen Straßenreinigung zum freiwilligen Beitritt zur Gemeindekrankenversicherung gemeldet. Nach genauer Prüfung der Sachlage vermögen wir jedoch diese Personen zu unserem Bedauern nicht als Mitglieder aufzunehmen. Die bei der Straßenreinigung beschäftigten Arbeiter sind nicht absolut versicherungspflichtig, da sie unter keine der Kategorien des § 1 des Reichsgesetzes vom 15. Juni 1883 fallen; sie können auch nicht der Versicherungspflicht durch Ortsstatut unterworfen werden, da keine der Klassen des § 2 am angeführten Orte auf sie zutrifft; sie sind endlich auch nicht Betriebsbeamte mit festem Gehalt (§ 3).

Nach § 4 Absatz 2 des Gesetzes sind aber nur Personen der in §§ 1, 2, 3 bezeichneten Art, welche der Versicherungspflicht nicht unterliegen, sowie Dienstboten berechtigt, der Gemeindekrankenversicherung beizutreten. Da ein Gesindeverhältniß hier nicht in Frage steht, so fehlt den Arbeitern der Straßenreinigung die Befugniß zum Beitritte. Wir haben daher die Löschung der bereits angemeldeten Arbeiter angeordnet, und ersuchen die Direktion ergebenst, dies, sowie die Nutzlosigkeit weiterer Anmeldungen zur Kenntniß der Betheiligten zu bringen.

10. Beitreibung rückständiger Beiträge.

Cirkularverf. vom 31. Januar 1885.

Mit Rücksicht auf die Vorschrift des §§ 55 des Reichsgesetzes vom 15. Juni 1883, betreffend die Krankenversicherung der Arbeiter, wonach rückständige Beiträge zu Ortskrankenkassen, Betriebs- (Fabrik-) Krankenkassen und den von Innungen für die Gesellen und Lehrlinge ihrer Mitglieder errichteten Krankenkassen in derselben Weise wie Gemeinde-Abgaben beigetrieben werden, wird über die Art, in welcher die Beitreibung herbeizuführen ist, Folgendes bestimmt:

1. Die Beitreibung erfolgt ebenso, wie dies während des Bestehens der früheren ortsstatutarischen Zwangskassen geschehen, durch Vermittelung der Gewerbe-Deputation als Aufsichtsbehörde.
2. Das Verfahren wird, insoweit es sich um von Arbeitgebern einzuziehende Beiträge handelt, mit Einreichung eines Verzeichnisses der säumigen Zahlungsverpflichteten in 2 Exemplaren nach anliegendem Formular[1]) Seitens des betreffenden Kassenvorstandes eingeleitet. Die Gewerbe-Deputation erläßt eine Zahlungs-Aufforderung an die Säumigen unter Benutzung des ebenfalls beigefügten Formulars, vermerkt die erfolgte Absendung derselben auf dem Verzeichniß und sendet ein Exemplar des letzteren an den Kassenvorstand zurück.
3. Wird dieser Zahlungs-Aufforderung nicht innerhalb der festgesetzten 8 tägigen Frist Folge geleistet, so findet Zwangsvollstreckung statt. Die Kassenvorstände wollen sich bei Einbringung der dahin zielenden Anträge der anliegenden beiden Formulare bedienen.

   Formular C. ist für Beitreibungs-Anträge gegen Arbeitgeber, welche versicherungspflichtige Arbeiter beschäftigen und für diese die Beiträge einzuzahlen haben, bestimmt, Formular D. dagegen zu benutzen, wenn es sich um Beiträge freiwilliger Mitglieder, d. h. nicht dem Versicherungszwange unterliegender und namentlich auch solcher Personen handelt, welche nach Austritt aus einer die Mitgliedschaft begründenden Beschäftigung ihre Absicht, bei der Kasse zu verbleiben, entweder binnen einer Woche durch ausdrückliche Anzeige beim Kassenvorstande oder durch Zahlung des vollen statutenmäßigen Kassenbeitrages zum ersten Fälligkeitstermine zu erkennen gegeben haben (cfr. § 27 Abs. 1 Ges.). Die Mitgliedschaft freiwilliger Mitglieder erlischt zwar, wenn die Beiträge an zwei aufeinanderfolgenden Zahlungsterminen nicht geleistet werden (§ 27 Abs. 2 Ges.), dieselben bleiben aber für den bis zum Erlöschen der Mitglied-

[1]) Die Formulare sind hier nicht abgedruckt.. A. d. H.

schaft entfallenden Beitrag verhaftet. Gegen diese kann aber demgemäß die Beitreibung des Rückstandes erst nach erfolgter Löschung in der Mitgliederliste beantragt werden.

Was den Arbeitgeber betrifft, so darf von diesem der Beitrag nur für die Zeit vom Tage des Eintritts in die Beschäftigung bis zum Tage des Austritts aus derselben beigetrieben werden, sofern nicht etwa die rechtzeitige Abmeldung unterblieben ist (§ 51 des Ges.). Ist also das betreffende Kassenmitglied bereits als aus dem Arbeitsverhältniß entlassen rechtzeitig gemeldet und reicht die letzte bis dahin fällig gewesene Beitragsrate über den Entlassungstag hinaus, so darf zur Vermeidung von Rückzahlungen nur derjenige Bruchtheil berechnet werden, welcher auf die Zeit bis zum Entlassungstage entfällt.

4. Gegen jeden Schuldner ist ein besonderer Antrag auf Zwangsvollstreckung einzureichen. Handelt es sich um einen Arbeitgeber, welcher für mehrere Kassenmitglieder Beiträge schuldet, so genügt zwar ein Antrag, doch sind darin die einzelnen Mitglieder mit den auf sie entfallenden Beiträgen einzeln zu verzeichnen.

5. Die durch die Vollstreckungs-Beamten eingezogenen Beiträge werden vorläufig, ebenso wie dies bezüglich der Beiträge zu den vorerwähnten beseitigten Kassen bisher geschehen, an die Kasse des Gewerbe-Bureaus abgeliefert, hier gesammelt und allmonatlich an die betreffende Orts- ꝛc. Krankenkasse ausgezahlt, welche gleichzeitig über die eingezogenen Beträge eine Liste erhält. Auch empfängt dieselbe von jedem fruchtlosen Ausfall einer Zwangsvollstreckung durch das Gewerbe-Bureau Nachricht. Auf Grund der letzteren ist Seitens des Kassenvorstandes der Rückstand niederzuschlagen, falls nicht weitere Zwangsmaßregeln, z. B. eine Beschlagnahme oder Anmeldung bei der Konkursmasse oder Abnahme des Offenbarungseides geboten erscheint.

6. Die Formulare zu den einzureichenden Restverzeichnissen und Beitreibungs-Anträgen beschaffen sich die betheiligten Kassen auf eigene Kosten.

11. Anmeldung einer thatsächlich arbeitsunfähigen Person.

Entschg. vom 2. Februar 1885 i. S. L. w. Ortskrankenkasse der Buchbinder.

Gründe.

Nach der Angabe des Klägers hat die Beklagte die Aufnahme des von ihm beschäftigten H. verweigert, weil derselbe „augenblicklich kränklich" sei. Nach dem amtlichen Bericht des Kassenvorstandes, der bis zur Widerlegung als thatsächlich richtig anzunehmen ist, erfolgte die Zurückweisung, weil H. bei der Anmeldung arbeitsunfähig war. Diese Zurückweisung ist rechtlich begründet. Nach § 2 des Kassenstatuts sind Kassenmitglieder die von den Gewerbetreibenden derjenigen Art, zu welchem auch der Kläger gehört, beschäftigten Personen. War H. aber am Tage der Anmeldung arbeitsunfähig, so konnte er auch damals beim Kläger nicht beschäftigt sein. Denn das Erstere schließt das Letztere aus ......

12. Nichtversicherungspflichtige Personen.

Verf. vom 14. Februar 1885.

...... Die mit 180 *M.* monatlichen Diäten engagirten Bauführer sind nicht versicherungspflichtig. 180 *M.* entsprechen einem durchschnittlichen Tagelohn von $6^2/_3$ *M.*, — da die Sonn- und Feiertage nicht als Arbeitstage gelten, — oder einem Jahreseinkommen von über 2000 *M.* Es ist das diejenige pekuniäre Grenze, welche über die Versicherungspflicht der Betriebsbeamten entscheidet ......

13. Aufrechnung freier ärztlicher Behandlung etc. auf rückständige Beiträge.

Entschg. vom 18. Februar 1885. i. S. K. w. Orts-Krankenkasse der Schuhmacher.

Gründe.

Der Einwand der Beklagten, daß Kläger noch Beiträge schulde, ist für den Anspruch desselben auf Gewährung freier ärztlicher Behandlung, Arznei etc. bedeutungslos. Nach § 56 des Gesetzes können die den Unterstützungsberechtigten zustehenden Forderungen auf geschuldete Beiträge aufgerechnet werden. Es muß nach dem Zusammenhange und Sinne dieser Bestimmung angenommen werden, daß eine Kompensation nur zwischen den dem Unterstützungsberechtigten gegenüber der Kasse zustehenden Geldforderungen und seiner Beitragsschuld stattfindet, zumal der Maßstab, nach welchem sonst die Naturalleistungen der Kasse in Geld umgerechnet werden sollten, für Fälle dieser Art im Gesetze nicht angegeben ist. Für das Geltungsgebiet des Allgemeinen Landrechts aber wird jeder Zweifel dadurch benommen, daß nach der ausdrücklichen dem Reichsgesetze nicht widersprechenden Vorschrift der §§ 343 und 344 A.L.R. I. 16 nur gleichartige Forderungen gegen einander aufgehoben werden können und also zwischen eigentlichen Zahlungen und anderen Leistungen eine Kompensation nicht stattfindet.

14. Verlangen eines Arbeitgebers, daß der zu engagirende Arbeiter vor dem Antritt einer freien Hülfskasse beitrete.

Verf. vom 19. Februar 1885.

Auf die Anzeige, daß ein Arbeitgeber nur solche Arbeiter annehme, welche sich als Mitglieder einer den gesetzlichen Anforderungen genügenden freien Hülfskasse ausweisen, erging folgender Bescheid:

Auf das Schreiben vom 12. d. M. erwidern wir Ihnen, daß wir in Uebereinstimmung mit Ihnen ein Verfahren, wie das von Ihnen geschilderte, mißbilligen. Zu unserem Bedauern fehlt uns aber zu einem Einschreiten die gesetzliche Grundlage, da nach § 105 der Gewerbeordnung der Abschluß des Arbeitsvertrages, vorbehaltlich der durch Reichsgesetz begründeten Beschränkungen, der freien Vereinbarung der Betheiligten unterliegt und eine Vorschrift, wonach die Stellung der in Rede stehenden Bedingung vor Abschluß des Vertrages unzulässig sein würde, nicht existirt. Unter dem § 80 des Krankenversicherungsgesetzes fällt eine derartige Abrede nicht.

15. Wahl der Delegirten zur General-Versammlung.

Verf. vom 21. Februar 1885.

Auf Ihre Anfrage vom 9. Februar cr. erwidern wir Ihnen, daß, wenn in der Urwählerversammlung der Arbeitnehmer auch nur ein einziges stimmberechtigtes Mitglied erscheint, dieses die sämmtlichen 50 Vertreter zur Generalversammlung zu wählen hat. Sollten 50 wahlfähige Mitglieder in der Kasse nicht vorhanden sein, so würden nur soviel gewählt werden können, als vorhanden sind.

Ebenso hat, wenn auch nur ein einziger stimmberechtigter Arbeitgeber erscheint, dieser die 25 Mitglieder der Generalversammlung zu wählen. Erscheint keiner der Arbeitgeber, so sind dieselben als stimmverweigernd zu betrachten, und ihr Wahlrecht ruht für die betreffende Periode.

16. Führung des im § 19 Absatz 2 des Gesetzes vom 15. Juni 1883 vorgeschriebenen Nachweises.

Entschg. vom 28. Februar 1885 i. S. Sch. w. Orts-Krankenkasse der Photographen.

Gründe.

Die in der Entscheidungsformel genannten Personen sind, wie nachträglich betreffs des F. durch Vorlegung des Quittungsbuches, betreffs der anderen durch Bescheinigung der örtlichen Verwaltungsstelle Berlin der „Central- Kranken- und Sterbe-Kasse des deutschen Senefelder Bundes" (Eingeschriebene Hülfskasse zu Frankfurt a./M.)

glaubhaft dargethan ist, seit dem 30. November 1884 Mitglieder dieser Kasse, welche unstreitig bereits vor dem 1. Dezember 1884 den Anforderungen des § 75 des Krankenversicherungsgesetzes genügt hat. Gemäß § 19 Absatz 2 a. a. O. sind sie daher nicht Mitglieder der beklagten Kasse geworden. Es mag jedoch ausdrücklich hervorgehoben werden, daß der Vorstand der Beklagten berechtigt, wie verpflichtet war, die bezeichneten Personen bis zu der dem Kläger obliegenden Lieferung jenes Nachweises als Mitglieder anzusehen und demnach den Kläger zur Beitragsleistung heranzuziehen (§ 19 Absatz 2 cit., Nr. 10 der Preußischen Ausführungs-Anweisung vom 26. November 1883).

17. Verweigerung der Krankenunterstützung bei Geschlechtskrankheiten.

Entschg. vom 5. März 1885 i. S. H. w. Ortskrankenkasse der Mechaniker.

Gründe.

Kläger leidet an einem Schanker. Der Vorstand der klägerischen Kasse verweigert die Ausstellung eines Krankenscheins auf Grund des § 17 des Statuts[1]). Das ist nicht gerechtfertigt. Die Kassenmitglieder haben Anspruch auf ärztliche Behandlung und freie Arznei auch dann, wenn einer der im § 17 erwähnten Fälle vorliegt, so daß die Ausstellung des Krankenscheines unter keinen Umständen von der Ursache der Krankheit abhängig gemacht werden kann. Doch braucht dem Kläger kein Krankengeld gezahlt zu werden, wenn er sich die Krankheit durch geschlechtliche Ausschweifungen zugezogen hat. Ob das bei dem Kläger der Fall ist, muß durch ärztliches Gutachten konstatirt werden. Eine starke, auf Erfahrung beruhende Vermuthung spricht dafür, daß der Fall des § 17 vorliege. Doch ist es auch nicht undenkbar, daß Jemand ohne eigenes Verschulden von einer syphilitischen Erkrankung ergriffen wird. Darum muß zunächst das ärztliche Gutachten hierüber abgewartet werden.

18. Verpflichtung der Beitragszahlung an einem Sonntage.

Verf. vom 10. März 1885.

Auf die Weigerung der Beschwerdeführer, die Beiträge nach den Vorschriften des Statuts an einem bestimmten Sonntage im Kassenlokal einzuzahlen, erging folgende Verfügung an den Vorstand:
. . . . . . Wir bemerken, daß nach der klaren Vorschrift des § 48 Theil I Titel 3 des Allgemeinen Landrechts der Arbeitgeber trotz

---

[1]) cf. § 17 des Normalstatuts. A. d. H.

der abweichenden statutarischen Vorschrift zur Zahlung an Sonntagen nicht gezwungen werden kann, vielmehr noch an dem folgenden Montage rechtzeitig erfüllt......

19. Einfluß der Höhe des Lohns und des Zweckes der Beschäftigung auf die Versicherungspflicht.

Entschg. vom 12. März 1885 i. S. Wwe. S. w. Orts-Krankenkasse der Schneider.

Gründe.

Nach ihrer eigenen Angabe arbeitet die Klägerin für hiesige Konfektionsgeschäfte in ihrer eigenen Betriebsstätte Jacken, Schürzen etc. gegen Bezahlung und beschäftigt, da sie die Arbeit allein nicht bewältigen kann, zu ihrer Hilfe drei junge Mädchen, welchen sie einen nicht näher ermittelten Lohn auszahlt. Damit aber sind bezüglich dieser drei Mädchen die Voraussetzungen des § 1 des Reichsgesetzes vom 15. Juni 1883 gegeben, ohne daß es weiter darauf ankommt, wie hoch der Lohn ist, welchen Nutzen die Klägerin aus der Thätigkeit der Mädchen zieht und ob letztere zugleich ihre Ausbildung im Nähmaschinen-Nähen bezwecken. Die Orts-Krankenkasse der Schneider hat daher mit Recht die Mädchen als zwangsweise Mitglieder gemäß § 19 Absatz 2 a. a. O. angesehen und nach § 51 a. a. O. (§ 31 des Kassenstatuts) die wöchentlichen Beiträge in Höhe von je 21 Pfennigen von der Klägerin eingezogen. Die Aufsichtsbehörde ist nicht in der Lage, hiervon die Klägerin zu entbinden, welche übrigens unbeachtet läßt, daß sie nur ein Drittel der Beiträge aus eigenen Mitteln zu leisten hat, die übrigen zwei Drittel dagegen den Mädchen vom Lohn abziehen kann (§ 53 Absatz 1 des Gesetzes, § 32 des Statuts).

20. Befreiung von der Zahlung des Eintrittsgeldes.

Entschg. vom 25. März 1885 i. S. Kommanditgesellschaft auf Aktien L. w. Ortskrankenkasse der Maschinenbauarbeiter.

Gründe.

Die klägerische Kommanditgesellschaft besaß bis zum 1. Dezember 1884 eine der obrigkeitlichen Bestätigung entbehrende Kranken- und Sterbe-Kasse, welcher auf Grund des Arbeitsvertrages und der gedruckten Statuten alle Meister und Arbeiter der Fabrik angehören mußten. Da diese Kasse am 1. Dezember 1884 ihre Thätigkeit eingestellt hat, so hat Klägerin mit diesem Termin ihr versicherungspflichtiges Personal, soweit es nicht anderen, den gesetzlichen Anforderungen genügenden Krankenkassen angehörte, in Stärke von 180 Köpfen bei der beklagten Kasse angemeldet und an den Vorstand derselben auf Erfordern das statutenmäßige Eintrittsgeld von je 0,75 *M.*, im Ganzen also 135 *M.* gezahlt, welches sie nunmehr zurückverlangt. Dieser Anspruch erscheint begründet. § 26 Abs. 1 K.V.G. bestimmt:

> Von Kassenmitgliedern, welche nachweisen, daß sie bereits einer anderen Krankenkasse angehört oder Beiträge zur Gemeindekrankenversicherung geleistet haben und daß zwischen dem Zeitpunkte, mit welchem sie aufgehört haben, einer solchen Krankenkasse anzugehören oder Beiträge zur Gemeindekrankenversicherung zu leisten, und dem Zeitpunkte, in welchem sie Mitglieder der Ortskrankenkasse geworden sind, nicht mehr als 13 Wochen liegen, darf ein Eintrittsgeld nicht erhoben werden.

Diese Bestimmung ist in § 23 Abs. 2 des Statuts der beklagten Kasse wiedergegeben. Zunächst ist die Ansicht der Beklagten unzutreffend, daß die fragliche Vorschrift sich nur auf solche Kassen beziehe, welche unter eine der Kategorien des neuen Gesetzes fallen und daß das Ausscheiden und der Eintritt erst nach dem 1. Dezember 1884, dem Inkrafttreten des neuen Gesetzes, erfolgt sein müsse; hierfür bietet weder der Wortlaut, noch die Entstehungsgeschichte des Gesetzes den geringsten Anhalt. Ebenso unerheblich ist der fernere Einwand, daß es sich um eine Privatkasse handle, die mit den anderen Kassen Nichts gemein gehabt hätte, und daß, wer aus der Fabrik entlassen worden sei, auch keinen Anspruch an die Kasse gehabt habe. Entscheidend ist lediglich, daß die in Rede stehenden Personen gegen Zahlung bestimmter Beiträge einen fixirten Anspruch auf Kranken- und Sterbe-Geld hatten, daß also thatsächlich eine Kasse bestand, deren Mitgliedschaft als genügend angesehen wurde, um von dem bereits vor dem 1. Dezember 1884 in Berlin für Fabrikarbeiter bestehenden Zwange, sich einer ortsstatutarischen Krankenkasse anzuschließen, zu befreien. Ob die Kasse einer obrigkeitlichen Genehmigung bedurft hätte, interessirt für die hier vorliegende civilrechtliche Frage nicht.

21. Einreichung von Mitglieder-Verzeichnissen.

Cirkularverf. vom 30. März 1885.

Es hat sich im Interesse geordneter Verwaltung die Nothwendigkeit herausgestellt, daß wir in Bezug auf die Veränderungen in der Zahl der Mitglieder der einzelnen Orts-Krankenkassen bis auf Weiteres in kurz auf einander folgenden Terminen auf dem Laufenden erhalten werden. Wir weisen den (tit.) deshalb hierdurch an, uns am 15. eines jeden Monats nach dem anliegenden

Formulare[1]) bis auf Weiteres regelmäßig anzuzeigen, wie hoch die Zahl der Kassen-Mitglieder ist. Der angegebene Termin muß der Gleichförmigkeit halber unter allen Umständen innegehalten werden.

22. Weigerung der Ortskrankenkasse eine „Kassirerin" als versicherungspflichtiges Mitglied anzuerkennen.

Entschg. vom 4. April 1884 i. S. P. w. Ortskrankenkasse der Photographen.

Gründe.

Klägerin ist bei dem Photographen R. hierselbst beschäftigt und von diesem Anfang Dezember 1884 bei der Ortskrankenkasse der Photographen als Kassirerin angemeldet, jedoch zurückgewiesen und nicht in das Mitgliederverzeichniß aufgenommen worden. Da ihr Arbeitgeber die Auskunft über ihre Beschäftigung im Einzelnen verweigert hat und auch Klägerin selbst sich darüber nicht ausläßt, dagegen nicht bestreitet, daß sie Kassirerin sei, so muß nach dem gewöhnlichen Sprachgebrauch angenommen werden, daß sie nicht mit einer technischen Beschäftigung im Atelier ihres Arbeitgebers betraut ist, vielmehr wie das in größeren Ateliers, zu denen notorisch das in Rede stehende gehört, häufig der Fall ist, nur mit der Besorgung der im Betriebe des Geschäfts vorkommenden Geldgeschäfte, insbesondere der Empfangnahme, Leistung und Buchung der Geldzahlungen betraut ist. Jeder Photograph ist nach Lage der Gesetzgebung zugleich Kaufmann, da er „bewegliche Sachen kauft oder anderweitig anschafft, um dieselben nach einer Be- oder Verarbeitung weiter zu veräußern". (Art. 271 Nr. 1 Art. 4 Handelsgesetzbuch). Nach Art. 273 Abs. 1 eod. sind alle einzelnen Geschäfte eines Kaufmanns, welche zum Betriebe seines Handelsgewerbes gehören, d. h. hier alle seine Geschäfte, soweit sie nicht technische Verrichtungen des Potographen-Gewerbes betreffen, als Handelsgeschäfte anzusehen. Hierzu gehört auch die Leistung bezieh. Empfangnahme von Zahlungen (Erk. des Reichsoberhandelsgerichts vom 3. Dezember 1877. Entschg. Bd. 23 S. 143). Demnach leistet die Klägerin ihrem Arbeitgeber beim Betriebe seines Handelsgewerbes kaufmännische, nicht technische Dienste und ist daher als Handelsgehülfin im Sinne des Art. 57 H.G.B. anzusehen. (Vgl. Erk. des R.O.H.G. vom 29. Mai 1875. Entschg. Bd. 17 S. 307.) Völlig unerheblich ist die von der Klägerin betonte Frage, ob sie eine kaufmännische Vorbildung

[1]) Dasselbe enthält besondere Kolonnen für verpflichtete und berechtigte Mitglieder, in jeder derselben 4 Unterabtheilungen für erwachsene und jugendliche Männer, bez. Frauen, und eine Rubrik für die Gesammtzahl der Mitglieder. A. d. H.

durchgemacht oder das Photographen-Gewerbe erlernt hat. Denn ob sie Handelsgehülfin ist oder nicht, beurtheilt sich lediglich nach der Art ihrer gegenwärtigen Thätigkeit[1]). Da nun Handlungsgehülfinnen

---

[1]) Aus einem Revisions-Erkenntniß des Kammergerichts vom 18. Februar 1886:

...... Handlungsgehilfen im Sinne des § 2 a. a. O. (Nr. 2 des Ges. vom 15. 6. 83) kann nur ein Kaufmann im gesetzlichen Sinne haben. In Bezug auf den Angeklagten enthält das Berufungsurtheil eine spezielle Feststellung nach dieser Richtung hin nicht. Es ergiebt sich jedoch aus dessen Rubrum und den Gründen des Urtheils, daß derselbe ein „Destillations-Gewerbe" betreibt. Jenes Gewerbe ist, da es in dem Einkauf von Spiritus und Wiederverkauf des zu Schnaps und Liqueur verarbeiteten Rohproduktes besteht, ein kaufmännisches im Sinne der Art. 4 und 271 des Handelsgesetzbuches. Es kann daher keinem Bedenken unterliegen, auch ohne spezielle thatsächliche Feststellung im vorliegenden Falle, das von dem Angeklagten betriebene Geschäft als ein „kaufmännisches" zu erachten. Es fragt sich nunmehr, welche Stellung die St. und Z. in demselben bekleidet haben. In thatsächlicher Hinsicht stellt hierüber der Berufungsrichter in Uebereinstimmung mit dem schöffengerichtlichen Urtheil fest, „daß dieselben als Verkäuferinnen mit der Verpflichtung vorkommendenfalls auch häusliche Dienste zu verrichten, gegen Gehalt, Kost und freie Wohnung vom Angeklagten engagirt seien". In den Gründen werden sie als „Ladenmamsells" bezeichnet. Hiernach hält der Berufungsrichter die beiden Mädchen für „Gewerbegehilfen" und nicht für Gesinde oder Handlungsgehilfen, weil dieselben, wie es in den weiteren Ausführungen heißt, „hauptsächlich und in erster Linie in dem Destillationsgewerbe des Angeklagten thätig sind und wie bei den Handlungsgehilfen eine gewisse kaufmännische bezw. wissenschaftliche Bildung Voraussetzung und Grund ihrer Ausnahmestellung ist". Bei Beurtheilung dieser Frage ist zu unterscheiden, ob die St. und Z. in kaufmännischer Hinsicht oder bei der Verarbeitung der Waaren Hilfsdienste leisten. Wenn sie bei der Veräußerung und den übrigen den Waarenumsatz betreffenden Geschäften, überhaupt dem Betriebe des Handelsgewerbes thätig sind, so stellen sich dieselben, wie zutreffend in der Entscheidung des Reichsoberhandelsgerichts Bd. 14 Seite 114 ausgeführt wird, als Handlungsgehülfen, andernfalls als Gewerbegehülfen dar. Die thatsächliche Feststellung des angefochtenen Urtheils bietet nun keinen Anhalt dafür, sie zu der letztgedachten Kategorie zu zählen. Denn da sie nach derselben die vom Angeklagten feilgehaltenen Produkte an dessen Kunden verkaufen, so erschienen sie als Verkäuferinnen, und solche sind sie, gleichviel ob sie „eine gewisse kaufmännische bezw. wissenschaftliche Bildung besitzen" oder nicht. Der Ansicht des Berufungsrichters, daß dies gerade die Voraussetzung und der offenbare Grund zu der Ausnahmestellung der im § 2 a. a. O. angeführten Personen bilde, kann nicht beigepflichtet werden (vgl. v. Woedtke, Krankenversicherungsgesetz vom 16. Juni 1883 Anm. 6 zu § 2). Hiernach charakterisiren sich die St. und Z. als Handlungsgehilfen des gedachten § 2; sie sind also von nach §§ 1, 2 Nr. 2 des Reichsgesetzes vom 15. Juni 1883 dem Krankenversicherungszwange nur dann unterliegen, wenn dies durch statutarische Bestimmung einer Gemeinde oder eines weiteren Kommunalverbandes angeordnet ist, für den Gemeindebezirk Berlin aber eine solche Bestimmung nicht erlassen ist, so ist Klägerin nach § 19 Abs. 2 l. c. nicht Mitglied der Beklagten geworden und von dieser mit Recht zurückgewiesen worden[1]).

23. Verweigerung der Krankenunterstützung bei chronischem Alkoholismus.

Entschg. vom 8. April 1885 i. S. B. w. Ortskrankenkasse der Maschinenbauarbeiter.

Gründe.

Kläger hat von der beklagten Kasse bis zum 5. März cr. Krankengeld erhalten. Eine Anfang März cr. durch den Kassenarzt vorgenommene Untersuchung ergab, daß Kläger kein Objekt für ärztliche Behandlung mehr sei und an chronischem Alkoholismus leide. Dies ist auch durch das Zeugniß des Dr. S., auf welchen sich Kläger berufen hat, nicht widerlegt. Im Gegentheil hat derselbe bekundet, daß er am 4. März den Kläger auf sein Verlangen untersucht, ihn, da er nur einen geringen Bronchialkatarrh vorgefunden, der Simulation verdächtig gehalten und, um ihn derselben zu überführen, die Unterbringung in ein Krankenhaus angerathen habe. Demnach ist als erwiesen anzunehmen, daß Kläger seit dem 6. März cr. nicht mehr erwerbsunfähig gewesen ist und daher auf Krankengeld oder Unterbringung in ein Krankenhaus keinen Anspruch machen kann. Da überdies Kläger sich seine Krankheit durch Trunkfälligkeit zugezogen hat, so war der Vor-

---

der Anmeldepflicht befreit. Anders würde sich die Sache gestalten, wenn der Angeklagte in seinem Laden zugleich oder ausschließlich ein Schankgeschäft betriebe und die beiden Mädchen dort die Spirituosen an die Gäste zu verkaufen hätten. Wäre dies der Fall, so würden die Mehrgenannten als Schenkmamsells mit den Kellnern auf gleicher Stufe stehen, welche nicht zu den Handlungs-, sondern zu den Gewerbegehülfen zu rechnen sind. Denn der Geschäftsverkehr mit den Gästen ist eben kein „kaufmännischer Betrieb" im üblichen Wortsinn in der historischen Bedeutung. Es fehlt ihm die kaufmännische Signatur, wie in der Entscheidung des R.O.H.G. Bd. 24 S. 271 zutreffend ausgeführt ist (cf. auch v. Woedtke in seinem Kommentar Anm. 8 Abs. 4 zu § 4 a. a. O.)......

[1]) Aus denselben „Gründen" ist eine bei dem Photographen B. als „Expedient" beschäftigte Person nicht als versicherungspflichtig erklärt worden.

A. d. H.

stand gemäß § 15 des Statuts[1]) zur Entziehung des Krankengeldes berechtigt.

24. Gewährung des Krankengeldes vom ersten Tage der Erwerbsunfähigkeit an.[2])

Entschg. vom 14. April 1885 i. S. E. w. Ortskrankenkasse der Mechaniker.

Gründe.

Beklagte hat dem Kläger nachträglich die bereits gezahlte Krankenunterstützung für die 3 ersten Tage der Erwerbsunfähigkeit in Abzug gebracht unter Berufung auf § 13 Abs. 2 Nr. 2 des Statuts, wonach im Falle der Erwerbsunfähigkeit erst vom dritten Tage

---

[1]) cf. § 17 des Normalstatuts. A. d. H.

[2]) Vgl. hierzu a) Erlaß des Ministers für Handel und Gewerbe vom 9. Dezember 1885:

Gelegentlich anderweiter Verhandlungen ist hier zur Sprache gebracht, daß durch die Statuten der Ortskrankenkassen der Schneider, sowie der Taback- und Cigarren-Arbeiter zu H. die im § 6 Nr. 2 des Krankenversicherungsgesetzes vorgesehene dreitägige Karenzzeit für gewisse Fälle beseitigt worden. Ich nehme hiervon Veranlassung Ew. pp. darauf aufmerksam zu machen, daß eine derartige statutarische Bestimmung mit den gesetzlichen Vorschriften in Widerspruch steht. Die Vorschrift des § 6 Nr. 2 des Krankenversicherungsgesetzes, welche nach § 20 und § 64 daselbst auch für die Orts- und Betriebs-(Fabrik)-Krankenkassen gilt, gehört nicht zu denjenigen Bestimmungen über die Mindestleistungen der Kassen, hinsichtlich deren nach § 21 daselbst eine Abänderung durch das Kassenstatut zugelassen ist. Sie ist vielmehr, wie aus den Verhandlungen über den Entwurf des Gesetzes erhellt, in der Absicht getroffen, zur Bekämpfung der Simulation eine gewisse Karenzzeit unbedingt vorzuschreiben und die Bestimmung darüber nicht den Kassenstatuten zu überlassen. Ew. pp. ersuche ich ergebenst, diese Auffassung bei den Verhandlungen über die Genehmigung von Krankenkassen-Statuten oder von Abänderungen derselben gefälligst zur Geltung zu bringen und, soweit derselben widersprechende Bestimmungen in Statuten von Krankenkassen des dortigen Bezirks Aufnahme gefunden haben, auf Beseitigung derselben hinzuwirken.

b) Erlaß des Ministers für Handel und Gewerbe vom 5. Januar 1886:

Auf den Bericht vom 21. Dezember v. J. erkläre ich mich damit einverstanden, daß ältere vor Inkrafttreten des Krankenversicherungsgesetzes errichtete Krankenkassen, welche nach den bis dahin geltenden statutarischen Bestimmungen eine Karenzzeit überhaupt nicht oder nicht in dem im § 6 Nr. 2 a. a. O. festgestellten Umfange gehabt und diese Bestimmung bei der Abänderung der Statuten nach Maßgabe des § 85 a. a. O. auf Grund des Abs. 4 daselbst beibehalten haben, nicht genöthigt werden können, die im § 6 Nr. 2 a. a. O. vorgeschriebene Karenzzeit einzuführen. A. d. H.

der Erkrankung ab das Krankengeld gezahlt werden soll. Kläger beruft sich indeß mit Recht auf § 66 des Statuts, wonach sämmtliche am 30. November 1884 vorhandenen Mitglieder der Kasse — und daß Kläger zu diesen Mitgliedern gehöre, ist von der Beklagten nicht bestritten — die ihnen nach dem bisherigen Statut etwa zustehenden weitergehenden Rechte behalten. Nach § 85 Abs. 4 des Krankenversicherungsgesetzes ist diese statutarische Bestimmung zulässig, und der § 6 sub c des alten Statuts vom 26. April 1875 bestimmte, daß das Krankengeld „während der ärztlich bescheinigten Unfähigkeit zur Arbeit“ also ohne Freilassung der 3 ersten Tage gezahlt werden soll.

25. Mitgliedschaft versicherungspflichtiger Personen bei einer Innungs-Kranken-Kasse.

Verf. vom 16. April 1885.

Auf das Schreiben ...... erwidern wir, daß ein Uebertritt versicherungspflichtiger Mitglieder der Ortskrankenkasse der Barbiere zu der Innungskrankenkasse nach § 19 Abs. 4 des Reichsgesetzes vom 15. Juni 1883 nur dann möglich ist, wenn sie den Austritt spätestens 3 Monate vor Schluß des Rechnungsjahres beantragen und vor dem Austritt nachweisen, daß sie Mitglieder der Innungskrankenkasse geworden sind.

Der Austritt erfolgt mit dem Schluß des Rechnungsjahres, d. h. nach § 58 des Statuts der Ortskrankenkasse der Barbiere frühestens am 31. Dezember 1885, sodaß die gesetzlich vorgeschriebene Kündigung spätestens am 30. September 1885 erfolgen muß. Denn die Bestimmung des § 19 Abs. 2 a. a. O. über den zwangsweisen Eintritt der Mitgliedschaft findet nach § 73 a. a. O. auf Innungskrankenkassen keine Anwendung.

Natürlich bleibt es den betreffenden Personen unbenommen, schon vorher der Innungskrankenkasse beizutreten; sie werden aber dadurch von der Mitgliedschaft bei der Ortskrankenkasse ebensowenig befreit, wie ihre Arbeitgeber von dem Zwange, zu letzterer Kasse die Beiträge weiter einzuzahlen und ein Drittel davon aus eigenen Mitteln zu leisten.

26. Verpflichtung des Arbeitgebers zur Meldung und Zahlung der Beiträge.

Entschg. vom 16. April 1885 i. S. Ortskrankenkasse der Barbiere w. St.

Gründe.

Der Gehilfe D. hat bei der Beklagten vom 1. December 1884 bis zum 12. Februar 1885 gearbeitet, ohne von ihr bei der klägerischen

Kasse angemeldet zu werden. Der von der Beklagten vorgebrachte Einwand, daß der D. bei seinem Arbeitsantritt und auch später die Erklärung abgegeben habe, er sei bei einer „Theaterkasse" bereits versichert, ist unerheblich, da, abgesehen davon, daß eine derartige Erklärung des Arbeitnehmers ohne thatsächliche Unterlagen die Arbeitgeberin von der Meldepflicht nicht befreien konnte, auch die angebliche „Theaterkasse" nicht eine den Anforderungen des § 75 des Krankenversicherungsgesetzes genügende Hilfskasse ist, daher die Mitgliedschaft bei einer solchen Kasse von dem Versicherungszwange bei der klägerischen Kasse nicht befreien würde. Beklagte ist daher schuldig die eingeklagten Beiträge an Klägerin zu zahlen.

27. Berücksichtigung der regelmäßigen Sonntagsarbeit bei der Einreihung in die nach § 20 Abs. 2 des Krankenversicherungsgesetzes gebildeten Klassen.

Verf. vom 28. April 1885.

Ein Kassenvorstand hatte bei der Einreihung dreier vom Kläger beschäftigten Hausdiener, welche regelmäßig auch Sonntags arbeiten mußten, die Lohnhöhe für jeden Arbeitstag nur nach dem Verhältniß des Monatslohnes zu den Wochentagen berechnet. Diese Auffassung wurde durch folgende Verfügung reprobirt:

In der Beschwerdesache des rc. wird der Vorstand hierdurch aufgefordert, die beim Beschwerdeführer beschäftigten Hausdiener aus der ersten in die zweite Lohnklasse zu versetzen, da durch amtliche Ermittelungen festgestellt worden ist, daß dieselben ein monatliches Gehalt von 90 bez. 93 Mark beziehen und auch an Sonntagen regelmäßig von ihrem Arbeitgeber beschäftigt werden, sodaß ihr Arbeitsverdienst für den Arbeitstag weniger als 3 Mark 30 Pf. beträgt.

28. Form der Abmeldung.

Entschg. vom 20. Mai 1885 i. S. Ortskrankenkasse der Feilenhauer w. M.

Gründe.

Die Gesellen F. und J. sind von dem Beklagten am 23. April cr. bei der klägerischen Kasse angemeldet worden. Klägerin behauptet, Beklagter habe die genannten Gesellen bis jetzt nicht ordnungsmäßig abgemeldet und beansprucht die Eintrittsgelder und die Kassenbeiträge einstweilen für 2 Wochen. Es steht durch die von der Klägerin vorgelegte Correspondenzkarte thatsächlich fest, daß Beklagter in dieser Karte (d. d. 29. März cr.) dem Kassenvorstande von der am 28. März erfolgten Entlassung der genannten Gesellen Anzeige gemacht hat. Beklagter versprach in dieser Karte die rückständigen Beiträge zu begleichen. Klägerin behauptet, die vom Beklagten gemachte Anzeige sei nicht ordnungsmäßig im Sinne des § 10 Abs. 3 des Statuts erfolgt. Indeß nach § 49 des Krankenversicherungsgesetzes ist für die Abmeldung keine besondere Form vorgeschrieben. Zwar hat das Statut im § 10 speziellere Bestimmungen über die Form der Abmeldungen getroffen und es kann keinem Zweifel unterliegen, daß diese auch für die Arbeitgeber verbindliche Kraft haben. Allein mit Rücksicht auf Zweck und Bedeutung dieser Bestimmungen, von denen übrigens hier nur das Erforderniß der Angabe von Geburtsdatum und Geburtsort des Abzumeldenden gänzlich vernachlässigt ist, muß es als genügend erachtet werden, wenn die Abmeldung in solcher Weise erfolgt, daß über die Identität der abgemeldeten Person keine Zweifel entstehen. Dies trifft im vorliegenden Fall zu ......

29. Berechtigung des Arbeitgebers zu Lohnabzügen.

Verf. vom 23. Mai 1885.

...... Nach § 53 Absatz 1 des Krankenversicherungsgesetzes (§ 29 des Statuts) sind die Arbeitgeber nur berechtigt, den von ihnen beschäftigten Personen die Beiträge zu zwei Dritteln bei jeder regelmäßigen Lohnzahlung in Abzug zu bringen, soweit sie auf diese Lohnzahlungsperiode antheilsweise entfallen. Hiernach sind die Arbeitgeber ohne Einwilligung der Arbeiter nicht berechtigt, Rückstände, welche aus der Zeit einer früheren anderweitigen Beschäftigung herrühren, vom Lohne abzuziehen; für derartige Rückstände haftet der bisherige Arbeitgeber gemäß § 51 des Gesetzes.

30. Vertretung der Arbeitgeber in der General-Versammlung.

Verf. vom 23. Mai 1885.[1])

...... Danach kann es wohl als zulässig erscheinen, daß als Vertreter der Arbeitgeber (Principale) auch Prokuristen oder sonstige Nicht-Kassen-Mitglieder von den Arbeitgebern von vornherein ge-

---

[1]) Die Beschwerdeführer tragen vor:

„...... Nach dem Krankenkassengesetz und nach dem Statut der Ortskrankenkasse wählen Principale und Gehilfen getrennt die Vertreter zu den ordentlichen General-Versammlungen der Krankenkasse. In der ersten General-Versammlung am 26. April nun erschienen für mehrere von Seiten der Principale gewählten Buchdruckereibesitzer Bevollmächtigte derselben in Vertretung. Der Vorstand der Kasse war der Meinung, daß eine solche Bevollmächtigung unzulässig sei und nur den von den Principalen gewählten Buchdruckereibesitzern in Person der Besuch der General-Versammlung zustehe. Dieser Ansicht wurde aus der Mitte der Versammlung und zumal von Principalen selbst widersprochen, wählt werden, nicht aber, daß gewählte Arbeitgeber später die mit dieser Wahl verbundenen Befugnisse auf Dritte übertragen. Haben die Arbeitgeber keine Zeit oder nicht das nothwendige Verständniß für die Kasseninteressen, so kann dies bei den Wahlen zur General-Versammlung in der angegebenen Richtung berücksichtigt werden.

31. Einfluß der freiwilligen Mitgliedschaft bei einer Ortskrankenkasse auf die zwangsweise Mitgliedschaft bei der für den betreffenden Gewerbszweig bestimmten Ortskrankenkasse.

Entschg. vom 23. Mai 1885 i. S. des Weingroßhändlers B. w. die Ortskrankenkasse für den Gewerbebetrieb der Kaufleute ꝛc.

Gründe.

Der Kläger hat die in seinem Gewerbebetriebe länger als seit dem 1. Dezember 1884 beschäftigten Arbeiter T. und F. im Anfang Dezember 1884 bei der beklagten Kasse angemeldet, welche dieselben seit dem 1. Dezember 1884 als Mitglieder führt und seitdem die statutenmäßigen Beiträge vom Kläger einzieht. Kläger behauptet nun, daß dies zu Unrecht geschehe, da T. seit dem 17. Januar 1875 Mitglied der Allgemeinen Fabrikarbeiter-Kranken-, Sterbe- und Unterstützungskasse, bez. der an ihre Stelle getretenen Allgemeinen Orts-Krankenkasse gewerblicher Arbeiter und Arbeiterinnen, F. seit dem 6. September 1873 Mitglied der Kranken- und Sterbekasse der Maschinenbau-Arbeiter, bez. jetzt der Orts-Krankenkasse der Maschinenbau-Arbeiter und verwandten Berufsgenossen hierselbst sei. Diese Thatsachen würden jedoch das Begehren des Klägers nicht als gerechtfertigt erscheinen lassen.

Nach § 19 Abs. 2 des Reichsgesetzes vom 15. Juni 1883 werden die in den Gewerbszweigen und Betriebsarten, für welche eine Orts-Krankenkasse errichtet ist, beschäftigten versicherungspflichtigen Personen mit dem Tage, an welchem sie in die Beschäftigung eintreten (bez. beim Beginn der Beschäftigung vor dem 1. Dezember 1884 an diesem Tage, § 88 a. a. O.), Mitglieder der Kasse, sofern sie nicht nachweislich einer der übrigen im § 4 a. a. O. benannten Kassen angehören, d. h. einer Betriebs- (Fabrik-) Krankenkasse, einer Bau-Krankenkasse, einer Innungs-Krankenkasse, einer Knappschaftskasse oder einer den Anforderungen des § 75 a. a. O. genügenden einge-

---

indem man ausführte, daß das Recht der Arbeitgeber, an den General-Versammlungen theilzunehmen, zunächst nach dem Gesetz auf ihrer Beisteuerpflicht zur Kasse und sodann auf der Wahl beruhe — in ersterer Beziehung also und der Hauptsache nach ein erworbenes Recht sei, das durch Bevollmächtigung auf Andere, wie etwa auf Prokuristen und Geschäftsführer sehr wohl übertragen werden könne...... A. d. H.

schriebenen, resp. auf Grund landesrechtlicher Vorschriften errichteten Hülfskasse. Die Mitgliedschaft bei einer anderen Orts-Krankenkasse dagegen befreit nicht von der zwangsweisen Mitgliedschaft bei der für die jeweilige Beschäftigungsart errichteten Orts-Krankenkasse. Die Heranziehung des Klägers zur Beitragszahlung für T. und F. ist daher zu Recht erfolgt. Es bleibt letzteren Beiden unbenommen, daneben noch als freiwillige Mitglieder bei den obengenannten Orts-Krankenkassen unter Zahlung der vollen Beiträge aus eigenen Mitteln zu verbleiben[1]).

32. Leistung des Krankengeldes neben der Krankenhauspflege.

Entschg. vom 23. Mai 1885 i. S. F. w. Allgemeine Ortskrankenkasse.

Aus den Gründen.

. . . .

Im Uebrigen sind die klägerischen Ausführungen, wonach bis zum Gegenbeweise Seitens der Beklagten präsumirt werden müßte, daß der Ehemann seiner gesetzlichen Verpflichtung zum Unterhalte seiner Frau und Kinder nachgekommen sei, unzutreffend. Es kommt vielmehr lediglich darauf an, ob thatsächlich das in einem Krankenhause verpflegte Kassenmitglied bisher (d. h. bis zur Unterbringung in dem Krankenhause) den Unterhalt von Angehörigen aus seinem Arbeitsverdienste bestritten hat. Die Frage der gesetzlichen Verpflichtung zu diesem Unterhalte kommt hierbei nicht in Betracht. So lange der Kasse die obige Thatsache nicht nachgewiesen wird, kann sie mit Recht die Auszahlung des Krankengeldes verweigern.

33. Abhaltung von Generalversammlungen.

Cirkularverf. vom 27. Mai 1885.

In der letzten Zeit ist es wiederholt vorgekommen, daß von den Generalversammlungen der Kassen beschlossene Statuten-Aenderungen die Genehmigung des Bezirks-Ausschusses wegen formeller Mängel nicht gefunden haben, indem entweder bei der Einberufung der Versammlung die Vorschriften des Statuts nicht genau beachtet worden oder bei den Verhandlungen selbst und bei der Abfassung des Protokolls Verstöße gegen das Statut vorgekommen waren. Da durch die im Falle der Versagung der Genehmigung nothwendige Einberufung einer neuen Versammlung Kosten und Zeitversäumnisse herbeigeführt werden, so machen wir den Vorstand

[1]) Dies Recht war den am 1. Dezember 1884 vorhandenen Mitgliedern durch Uebergangsbestimmungen der betreffenden Kassenstatuten (vgl. § 26 Absatz 4 Nr. 5 des Gesetzes) gewahrt worden. A. d. H.

auf die genaue Befolgung der statutarischen Vorschriften über die Berufung und Abhaltung der General-Versammlungen hiermit aufmerksam.

Wir weisen ferner den Vorstand im Anschluß an frühere Verfügungen hiermit an, uns von jeder Generalversammlung unter Angabe der Zeit, des Ortes und der Tagesordnung mindestens 10 Tage vor dem anberaumten Termine Nachricht zu geben[1]).

Wir sind dann auf Wunsch des Vorstands bereit, zu solchen Versammlungen, in welchen über Statuten-Aenderungen Beschluß gefaßt werden soll, einen Deputirten zu entsenden, welcher geeignet ist, die genaue Beobachtung der vorgeschriebenen Formalitäten zu überwachen.

34. Versicherungspflicht der Akkord-Arbeiter.

Verf. vom 30. Mai 1885.

Auf Ihre wiederholte Eingabe vom 22. Mai cr. gereicht Ihnen zum Bescheide, daß, wie Sie dies bereits aus dem früheren Bescheide entnehmen konnten, die von Ihnen beschäftigten Akkord-Arbeiter versicherungspflichtig sind und Sie diesen Personen gegenüber die Stellung als Arbeitgeber im Sinne des Krankenversicherungsgesetzes einnehmen. Nach § 1 des Krankenversicherungsgesetzes sind versicherungspflichtig alle gegen Gehalt oder Lohn beschäftigten Personen. Hierbei ist es irrelevant, ob dieser Lohn in Form von Tage- oder Wochen-Lohn oder in Form einer im Voraus fixirten Summe für ein gewisses Quantum Arbeit gewährt wird.

---

[1]) Vgl. hierzu Rescript des Oberpräsidenten von Berlin vom 12. Mai 1885:

Dem Magistrat erwidere ich auf den gefälligen Bericht vom 14. April d. J., betreffend die tit., unter Wiederbeifügung der Anlagen ergebenst, wie ich Wohldesselben Auffassung darin beitrete, daß der Magistrat Kraft seines Aufsichtsrechts befugt erscheint, den Vorständen der Orts-Krankenkassen die Verpflichtung aufzuerlegen, Wohldemselben von der Anberaumung von Generalversammlungen unter Angabe von Zeit und Ort und unter Mittheilung der Tagesordnung binnen einer bestimmten Frist vorher Anzeige zu machen. Dagegen kann die Erfüllung dieser Verpflichtung nur durch Androhung und Festsetzung von Ordnungsstrafen erzwungen und aus ihrer Unterlassung ein Grund, die Abhaltung von Generalversammlungen zu verbieten, nicht hergeleitet werden.

Die Gültigkeit der in einer Generalversammlung gefaßten Beschlüsse wird demnach nicht deshalb in Frage gestellt werden dürfen, weil die Versammlung im Widerspruche mit einem solchen Verbote abgehalten ist. A. d. H.

35. Geltendmachung des Anspruchs auf Krankengeld nach beendeter Krankheit.

Entschg. vom 1. Juni 1885 i. S. Sch. w. Ortskrankenkasse der Buchbinder.

Gründe.

Beklagte weigert die Zahlung des Krankengeldes, weil Kläger erst 5—6 Wochen nach seiner Entlassung aus dem Krankenhause seinen Anspruch auf Krankengeld geltend gemacht habe. Dieser Einwand ist nicht stichhaltig, da eine Fristbestimmung für den anzumeldenden Anspruch auf Krankengeld mit den von den Beklagten gewollten Nachtheilen (Entziehung des Krankengeldes) weder im Gesetz noch in den Statuten vorgesehen ist.

36. Versicherungspflicht von Schreibern bei Rechtsanwälten.

Verf. vom 2. Juni 1885.

...... Die Ausübung der Rechtsanwaltschaft kann u. E. nicht als stehender Gewerbebetrieb qualifizirt werden (vgl. § 6 Absatz 1 der Gewerbeordnung). Das von Rechtsanwälten beschäftigte Schreiber-Personal fällt daher nicht unter § 1 Absatz 1 Nr. 2 des Krankenversicherungsgesetzes und ist demnach weder versicherungspflichtig noch berechtigt, der Gemeinde-Krankenversicherung oder einer Orts-Krankenkasse — falls eine solche nicht nach § 26 Absatz 4 Nr. 5 a. a. O. die Aufnahme gestattet — beizutreten.

37. Zahlung des Krankengeldes an versicherungspflichtige Mitglieder, welche sich außerhalb des Sitzes der Kasse aufhalten. Höhe des Krankengeldes derartiger Mitglieder.

Entschg. vom 8. Juni 1885 i. S. B. w. Orts-Krankenkasse der Schneider.

Gründe.

Dem Kläger, welcher durch Krankheit erwerbsunfähig ist, wurde vom Kassenarzte ein vierwöchentlicher Landaufenthalt verordnet; er will denselben in T. in Preußen nehmen. Die Beklagte weigert sich, ihm in diesem Falle Krankengeld zu zahlen, da dies laut Vorstandsbeschluß nur dann geschehen dürfe, wenn der Aufenthaltsort des Patienten nicht mehr als 3 Meilen von Berlin entfernt liege. Dieser Vorstandsbeschluß kann für die Beurtheilung des vorliegenden Falles nicht maßgebend sein. Wenn Kläger erwerbsunfähig ist und dies ausreichend nachweist, so muß ihm die Kasse das statutenmäßige Krankengeld gewähren. Eine Bestimmung, daß das Krankengeld nur gezahlt wird, wenn der Kranke und Erwerbsunfähige sich in Berlin oder dreimeiligem Umkreise aufhält, ist weder im Gesetze, noch im Statut begründet und kann nicht, wie hier geschehen, durch einseitige Beschlußfassung des Vorstandes zur Bedingung des Anspruchs gemacht werden. Natürlich braucht die Beklagte aber nur gegen Beibringung ordnungsmäßiger Krankenscheine zu zahlen, und es muß hier Mangels einer ausdrücklichen Bestimmung die Vorschrift des § 24 Absatz 4 des Statuts[1]) analog angewendet werden. Das Krankengeld ist aber nur in Höhe des gewöhnlichen Satzes — § 13 Nr. 2, § 12 Absatz 1 Nr. 1 des Statuts —, also in Höhe von 1 Mark 25 Pf. für jeden Arbeitstag, zu gewähren, nicht, wie Kläger beansprucht, in Höhe des anderthalbfachen Betrages dieses Satzes; denn § 15 des Statuts, auf welchen sich Kläger beruft und welcher dem § 27 Absatz 3 des Krankenversicherungsgesetzes entspricht, bezieht sich nur auf die der Kasse gemäß § 8 Absatz 1 des Statuts (§ 27 Absatz 1 des Gesetzes) angehörenden freiwilligen Mitglieder, zu welchen Kläger nicht gehört.

38. Bestellung der Kautionen von den Kassenbeamten.

Cirkularverf. vom 8. Juni 1885.

Die Statuten der hiesigen Orts-Krankenkassen überlassen die Entscheidung der Frage, ob, bezw. in welcher Höhe von den Kassenbeamten (Rendanten, Kassirer, Kassenboten) Kautionen zu bestellen sind, meist der Beschlußfassung des Vorstandes oder der Generalversammlung. Wenn demnach die Bestellung einer Kaution Seitens der genannten Personen nicht überall obligatorisch ist, so liegt es doch im Interesse der Kasse, bezw. des Vorstandes, durchweg die Kautionsstellung zu verlangen, um sich gegen etwaige Nachtheile, welche aus der Geschäftsführung der Kassenbeamten entstehen können und durchaus nicht immer vorsätzlich von diesen herbeigeführt zu sein brauchen, thunlichst zu sichern, wobei wir auf § 42 des Krankenversicherungs-Gesetzes und § 58 der Vormundschafts-Ordnung vom 5. Juli 1875 verweisen. Es entspricht dies auch der bei allen öffentlichen Behörden befolgten Praxis, wonach jeder Angestellte, welchem vermöge seines Amtes die Aufbewahrung, Verwaltung oder Einkassirung erheblicher Geldsummen anvertraut ist, ohne Ansehen der Person Kaution zu bestellen hat. Der Vorstand wolle daher, sofern nicht etwa eine Kautionsbestellung bereits erfolgt ist, sein Augenmerk auf diese hochwichtige Angelegenheit richten und uns jedenfalls binnen 4 Wochen über das Geschehene oder Beabsichtigte Bericht erstatten.

---

[1]) Entspricht dem § 25 Absatz 4 des Normalstatuts. A. d. H.

39. Mitgliedschaft bei einer den Anforderungen des § 75 des Krankenversicherungsgesetzes genügenden Eingeschriebenen Hülfskasse.

Bericht des Magistrats an den Oberpräsidenten von Berlin vom 10. Juni 1885.

.... Unterm 22. März cr. beschwerten sich bei uns einige Mitglieder der „Teltower Maurer- und Zimmer-Gesellen-Kranken-Kasse (Eingeschriebene Hilfskasse)“ darüber, daß ihnen trotz ihrer Mitgliedschaft bei der genannten Kasse, von ihren Arbeitgebern, Lohnabzüge zu Gunsten der hiesigen Ortskrankenkasse der Maurer gemacht würden. Nachdem wir festgestellt hatten, daß die genannte Eingeschriebene Hülfskasse unter dem 24. Februar 1885 als den Anforderungen des § 75 des Krankenversicherungsgesetzes entsprechend behördlich zugelassen war, haben wir die in Abschrift beifolgende Verfügung an den Vorstand der Ortskrankenkasse der Maurer erlassen. Durch diese Verfügung fühlt sich der Kassenvorstand beschwert und bittet um Aufhebung derselben.

Nach dem klaren Wortlaute des § 75 des Krankenversicherungsgesetzes und nach den betreffenden Kommissions- und Reichstags-Verhandlungen, insbesondere der im Plenum abgegebenen Erklärung des Herrn Regierungs-Kommissars (vgl. v. Woedtke: das Reichsgesetz betr. die Krankenversicherung der Arbeiter 2c. 2. Aufl. S. 221, Anm. 11), erscheint es zweifellos, daß für die Leistungen und Beiträge der eingeschriebenen Hülfskasse der Ort des Sitzes der Kasse allein maßgebend ist ohne Rücksicht auf den Ort der Versicherungspflicht der einzelnen Kassenmitglieder. Somit entbehren die Ausführungen des Vorstandes der Ortskrankenkasse einer gesetzlichen Basis [1]).......

40. Anwesenheit nicht stimmberechtigter Personen in der Generalversammlung.

Verf. vom 14. Juni 1885.

Auf das gefällige Schreiben vom 10. d. M. erwidern wir Ihnen, daß Kassenmitglieder, welche nicht zugleich Mitglieder der Generalversammlung oder des Vorstandes sind, im Verhältniß zu der Versammlung lediglich als Gäste betrachtet werden können. Es wird daher in jedem einzelnen Falle von dem Beschlusse der Generalversammlung abhängen, ob sie überhaupt Gäste zulassen will, auf welche Personen sich diese Erlaubniß erstrecken soll und wann die zugelassenen Gäste das Versammlungslokal verlassen sollen, ebenso, welche Plätze

[1]) In demselben Sinne spricht sich der auf diesen Bericht ergangene Oberpräsidial-Erlaß vom 29. Juni 1885 aus. A. d. H.

ihnen etwa anzuweisen sind. Selbstverständlich ist eine räumliche Trennung der Gäste von den Mitgliedern der Versammlung dringend geboten, und es dürfen sich die ersteren an den Debatten und Abstimmungen in keiner Weise betheiligen.

41. Anmeldung zur Kasse ohne thatsächlichen Eintritt in die die Mitgliedschaft begründende Beschäftigung.

Entschg. vom 15. Juni 1885 i. S. Ortskrankenkasse der Feilenhauer w. H.

Gründe.

Klägerin verlangt vom Beklagten Zahlung von Beiträgen für den am 19. März 1885 zur klägerischen Kasse vom Beklagten angemeldeten Feilenhauer W. Beklagter wendet ein, er habe zwar den W. zur Kasse angemeldet, derselbe habe aber bei ihm die Beschäftigung überhaupt nicht angetreten. Der W. bekundet, er habe sich am 19. März zu dem Beklagten gegeben, um Arbeit zu erhalten. An demselben Tage habe er auch im Auftrage des Beklagten die Anmeldung zur Ortskrankenkasse dem Rendanten der klägerischen Kasse überbracht. Da er sich aber am nächsten Tage mit dem Beklagten über die Höhe des Lohnes nicht einigen konnte, habe er die Arbeit bei dem Beklagten überhaupt nicht aufgenommen. Hiermit ist erwiesen, daß der W. bei dem Beklagten nicht in Beschäftigung gestanden hat und der Einwand, den der Beklagte hieraus herleitet, muß als begründet anerkannt werden, da das Krankenversicherungsgesetz die Mitgliedschaft einer versicherungspflichtigen Person nicht an die erfolgte Anmeldung, sondern an den Eintritt in die betreffende Beschäftigung knüpft (§ 19 Abs. 2).

42. Unterlassene Einzahlung der Beiträge Seitens der Arbeitgeber.

Bericht des Magistrats an den Oberpräsidenten von Berlin vom 22. Juni 1885.

...... Nach § 51 des Krankenversicherungsgesetzes sind die Arbeitgeber verpflichtet die Beiträge für die von ihnen beschäftigten versicherungspflichtigen Personen einzuzahlen. Kommen die Arbeitgeber dieser Verpflichtung nicht nach, so kann die Kasse die Beitreibung gemäß § 55 oder die Entscheidung der Aufsichtsbehörde gemäß § 58 des citirten Gesetzes beantragen. Strafbar ist das Verhalten des Arbeitgebers im Falle der Nichtzahlung der Beiträge ...... nicht, sondern erst dann ..... wenn er den Arbeitern höhere Lohnabzüge, als die gesetzlich zulässigen, vorsätzlich macht. (§ 82 des Krankenversicherungsgesetzes[1]) ......

---

[1]) In demselben Sinne spricht sich der auf diesem Bericht ergangene

43. Eintritt des Unterstützungsfalles innerhalb der im § 27 Absatz 1 des Gesetzes vom 15. Juni 1883 festgesetzten Frist zur Wahrung der freiwilligen Mitgliedschaft.

Entschg. vom 23. Juni 1885 i. S. St. w. Orts-Krankenkasse der Schneider.

Gründe.

Wie das vorgelegte Quittungsbuch ergiebt, ist die verwittwete B. am 12. Dezember 1884 verpflichtetes Mitglied der beklagten Kasse geworden und am 10. Februar 1885 aus der ihre Mitgliedschaft begründenden Beschäftigung ausgeschieden, ohne zu einer Beschäftigung überzugehen, vermöge deren sie Mitglied einer anderen Orts-Krankenkasse ꝛc., wurde. Am 16. Februar 1885 erkrankte sie, ohne vorher eine Erklärung über ihren Verbleib in der Kasse abgegeben zu haben, und wurde, nachdem sie 13 Wochen hindurch von der beklagten Kasse Krankenunterstützung erhalten hatte, in die Kgl. Charité überführt, woselbst sie nach ununterbrochener Krankheit am 16. Juni 1885 verstarb. Der von der Klägerin, der Mutter der B., erhobene Anspruch auf Sterbegeld ist begründet.

Bis zum Beginn des 16. Februar 1885, dem Tage der Erkrankung der B., war weder die Woche abgelaufen, innerhalb welcher sie nach § 8 Absatz 1 des Statuts (§ 27 Absatz 1 des Krankenversicherungsgesetzes) die Erklärung ihres Verbleibens in der Kasse abgeben konnte, noch war bis dahin ein weiterer Kassenbetrag fällig geworden; letzteres trat vielmehr erst mit dem Ablaufe des 16. Februar ein (§ 30 des Statuts). Die B. war daher zur Zeit ihrer Erkrankung noch unterstützungsberechtigt (vgl. Bericht der Reichstags-Kommission S. 48). Für die Zeit der durch Krankheit begründeten Erwerbsunfähigkeit aber waren weitere Beiträge nicht zu zahlen (§ 34 des Statuts). Da die Erwerbsunfähigkeit der B. bis zu ihrem Tode ununterbrochen fortdauerte, so ist sie auch nicht gemäß § 8 Absatz 2 des Statuts (§ 27 Absatz 2 des Gesetzes) aus der Kasse ausgeschieden.

Da die Klägerin das Begräbniß ihrer Tochter bewirkt hat, so ist sie nach § 27 des Statuts zur Erhebung des Sterbegeldes legitimirt.

44. Streitigkeiten zwischen den Kassen.

Verf. vom 25. Juni 1885 an den Vorstand der Krankenkasse für die Kgl. Artillerie-Werkstatt zu Sp.

Auf das Schreiben vom 12. d. M. erwidern wir dem (tit.) unter Rückgabe der Anlagen, daß die Entscheidung von Streitigkeiten

---

Oberpräsidial-Erlaß vom 29. Juni 1885 aus, ebenso die Staatsanwaltschaft in einem Schreiben vom 25. Juni 1885 in einem andern gleichliegenden Falle.

A. d. H.

zwischen zwei verschiedenen Kassen nicht zu unserer Kompetenz gehört (§ 58 des Krankenversicherungsgesetzes). Nur auf Anrufen des Kassenmitgliedes selbst würden wir in der Lage sein, eine Entscheidung abgeben zu können[1]).

45. Verpflichtung des Arbeitgebers zur Einzahlung der Beiträge.

Entschg. vom 25. Juni 1885 i. S. M. w. Ortskrankenkasse der Maurer.

Gründe.

Kläger hat die Arbeiter F. und B. am 15. Dezember 1884 zur beklagten Kasse angemeldet und am 19. Januar 1885 abgemeldet. Die Beiträge für diese Zeit der Mitgliedschaft betragen zusammen 3,76 *M*. Kläger hat 1,50 *M*. bereits zur Kasse gezahlt und weigert die Zahlung des Restes, weil er die Arbeiter entlassen habe, bevor ihm die Mitgliedsbücher von der Kasse zugestellt worden seien. Er sei daher nicht in der Lage gewesen, den Arbeitern den auf sie fallenden Theil von $^2/_3$ der Beiträge abzuziehen. Dieser Einwand des Klägers ist unbeachtlich, da es seine Pflicht gewesen wäre, sich über die Höhe der Beiträge bei dem Kassenvorstande bezieh. dem Rendanten zu erkundigen. Im Uebrigen beruht die Pflicht des Arbeitgebers die vollen Beiträge zur Kasse abzuführen auf gesetzlicher Vorschrift (§ 51 des Krankenversicherungsgesetzes). Zum Lohnabzug in Höhe von $^2/_3$ der Beiträge ist der Arbeitgeber nur berechtigt (§ 53 Abs. 1 l. c.), und diese Berechtigung läßt die oben erwähnte Verpflichtung gänzlich unberührt.

46. Weigerung des Kassenmitgliedes zur Annahme der Krankenhauspflege.

Entschg. vom 29. Juni 1885 i. S. R. w. Allgemeine Ortskrankenkasse.

Gründe.

Beklagte weigert deswegen die Zahlung des statutenmäßigen Krankengeldes an Kläger . . . ., weil derselbe den Anordnungen des Kassenarztes, welcher die Aufnahme in ein Krankenhaus für nothwendig erklärt hatte, nicht gefolgt sei. Nach der Erklärung des Kassenarztes Dr. W. hat Kläger sich am 6. Juni cr. krank gemeldet. Am 10 ten hat Dr. W. — auch auf Wunsch der Ehefrau des Klägers — die Aufnahme in ein Krankenhaus für nothwendig erklärt. Da die Aufnahme auf Grund des ausgestellten Scheines von der Kgl. Charité verweigert wurde, hat Dr. W. an demselben Tage einen zweiten

[1]) Wegen Unzuständigkeit wurde auch der Antrag eines „Krankenhauses" eine Ortskrankenkasse zur Zahlung von Krankenhauskosten zu verurtheilen, zurückgewiesen. A. d. H.

Schein ausgestellt und der Ehefrau zur Gegenzeichnung durch einen zweiten Arzt übergeben. Diesen zweiten Schein hat Dr. W. nach seiner Sprechstunde zerrissen vorgefunden. Dr. W. erklärt, daß die Aufnahme des Klägers im Sinne des § 13 Abs. 2 des Statuts (§ 7 Nr. 1 des Krankenversicherungsgesetzes) nothwendig gewesen ist.

Nach §§ 7, 20 des Krankenversicherungsgesetzes hat die Kasse die Wahl, ob sie die im § 6 des Gesetzes vorgeschriebenen Leistungen, oder freie Cur und Verpflegung in einem Krankenhause gewähren will. Diese gesetzliche Vorschrift ist im § 13 des Kassenstatuts zum Ausdruck gekommen. Darnach hatte Kläger der Verfügung des Kassenarztes Folge zu leisten, und die Kasse war berechtigt im Weigerungsfalle die Gewährung der im § 6 des Gesetzes festgesetzten Leistungen, insbesondere die Gewährung des Krankengeldes zu versagen.

47. Erwerb der freiwilligen Mitgliedschaft auf Grund des § 27 Absatz 1 des Gesetzes vom 15. Juni 1883 während der Dauer der Erwerbsunfähigkeit.

Entschg. vom 29. Juni 1885 i. S. der verehel. R. wider die Orts-Krankenkasse für den Gewerbebetrieb der Kaufleute 2c.

Gründe.

Klägerin war am 4. Dezember 1884 von ihrem damaligen Arbeitgeber als länger, als seit dem 1. Dezember 1884 in Arbeit stehend angemeldet und am 13. Februar 1885 in Folge Ausscheidens aus der Beschäftigung abgemeldet worden. Am 12. Februar 1885 erkrankte sie und erhielt hierauf 13 Wochen hindurch die statutenmäßige Krankenunterstützung von der beklagten Kasse, blieb aber nach dem Aufhören der Unterstützung noch krank und erwerbsunfähig und befindet sich auch jetzt noch in diesem Zustande. Am 18. oder 20. Mai 1885 nun gab der Ehemann der Klägerin in deren Auftrage beim Kassenvorstande die Erklärung ab, daß seine Ehefrau freiwilliges Mitglied der Kasse bleiben wolle, und erklärte sich zur Zahlung der Beiträge der 3. Mitgliederkasse bereit. Der Vorstand verweigerte die Annahme der Beiträge und die Aufnahme der Klägerin als freiwilliges Mitglied.

Es liegt hier der im § 27 Absatz 1 des Krankenversicherungsgesetzes (§ 8 Absatz 1 des Statuts) bezeichnete Fall vor. Klägerin ist am 13. Februar cr. aus der ihre Mitgliedschaft begründenden Beschäftigung ausgeschieden und nicht zu einer Beschäftigung übergegangen, vermöge deren sie Mitglied einer anderen der in den §§ 16, 59, 69, 73, 74 a. a. O. bezeichneten Krankenkassen geworden wäre; sie hielt sich auch innerhalb des Deutschen Reiches auf. Zur Wahrung der freiwilligen Mitgliedschaft nun standen ihr nach § 27

Absatz 1 cit. zwei Wege offen. Zunächst konnte sie ihre Absicht, freiwilliges Mitglied zu bleiben, innerhalb einer Woche nach ihrem Ausscheiden, also nach dem 13. Februar cr., dem Kassenvorstande mittheilen; dies ist in der gesetzlichen Frist nicht geschehen. Der ausdrücklichen Anzeige ist die Zahlung der vollen statutenmäßigen Beiträge zum ersten Fälligkeitstermine nach dem Ausscheiden gleich zu achten. Da nun Klägerin unbestritten seit dem 12. Februar cr. erwerbsunfähig ist, nach § 32 des Kassenstatuts aber für die Zeit der durch Krankheit herbeigeführten Erwerbsunfähigkeit Beiträge nicht gezahlt werden, so ist zur Zeit der erste Fälligkeitstermin für die Klägerin überhaupt noch nicht eingetreten; dies ist vielmehr gemäß § 28 Absatz 1 des Statuts erst an demjenigen Montage, welcher auf den Wiedereintritt der Erwerbsfähigkeit folgt, der Fall. Vorher ist die Beklagte zur Annahme von Beiträgen weder verpflichtet, noch berechtigt. Sobald dagegen Klägerin den Wiedereintritt der Erwerbsfähigkeit in genügender Weise darthut und an dem darauf folgenden Montage den vollen Beitrag für eine Woche zahlt, so hat sie sich dadurch die freiwillige Mitgliedschaft gewahrt. Die frühere Annahme von Beiträgen würde übrigens — abgesehen von dem vorstehend entwickelten Rechtsstandpunkte — insofern für die Klägerin ganz zwecklos sein, als sie trotzdem für die gegenwärtige Krankheit keine Unterstützung mehr erhalten würde; denn die freiwillige Mitgliedschaft gilt in dem in Rede stehenden Falle als ununterbrochene Fortsetzung der früheren zwangsweisen Mitgliedschaft, verleiht also für die fortdauernde Krankheit keine weiteren Rechte.

48. Auszahlung des Sterbegeldes an die hinterbliebene Wittwe.

Entschg. vom 3. Juli 1885 i. S. H. w. Ortskrankenkasse der Drechsler.

Gründe.

Der Bruder des Klägers . . . . . . ist Mitglied der beklagten Kasse gewesen und am 5. Mai cr. verstorben. Die Beklagte hat die Beerdigung besorgt und dafür 67,50 *M.* aufgewendet. Das statutenmäßige Sterbegeld beträgt 75 *M.* und Kläger verlangt — zugleich im Namen seiner Eltern und übrigen Geschwister — die Auszahlung des Restes von 7,50 *M.* unter Ueberreichung einer Quittung des Todtengräbers über 5 *M.*, welche vom Kläger für das Belegen des Grabhügels des verstorbenen Bruders bezahlt worden sind. Die beklagte Kasse weigert die Zahlung, weil nach § 25 des Statuts[1]) die Auszahlung nur an die Wittwe erfolgen kann und erst, falls eine solche nicht vorhanden, an die Hinterbliebenen, welche das Begräbniß zu bewirken haben. Diese Weigerung muß als begründet anerkannt

---

[1]) cf. § 28 des Normalstatuts. A. d. H.

werden, da es feststeht, daß die Wittwe des Verstorbenen noch lebt und der Umstand, daß die Eheleute bereits seit Jahren getrennt gelebt haben, nicht in Betracht kommen kann.

49. Einfluß irrthümlicher Anmeldung einer versicherungspflichtigen Person bei einer für sie nicht zuständigen Orts-Krankenkasse auf die Beitragspflicht des Arbeitgebers.

Entschg. vom 7. Juli 1885 i. S. des Musikinstrumenten-Fabrikanten Z. wider die Orts-Krankenkasse für den Gewerbebetrieb der Kaufleute 2c.

Gründe.

Kläger hat am 5. Dezember 1884 den in seiner Instrumentenfabrik beschäftigten Arbeiter S. als am 4. desselben Monats in die Beschäftigung eingetreten bei der Beklagten angemeldet — nach seiner Behauptung lediglich durch einen Irrthum des mit dem Abtragen des Meldezettels betrauten Boten — und hat ihn am 13. Dezember 1884 als am 10. desselben Monats ausgeschieden bei der Orts-Krankenkasse für das Gewerbe der Verfertigung von Musikinstrumenten abgemeldet. Da S. in letzterem Gewerbe, nicht im Gewerbebetriebe eines Kaufmannes, beschäftigt gewesen war, so ist er der unrichtigen Anmeldung ungeachtet nach § 19 Absatz 2 des Krankenversicherungsgesetzes nicht zwangsweises Mitglied der Beklagten, sondern der letztgenannten Kasse geworden, an welche die Beiträge zu zahlen sein werden. Die Beklagte aber ist zu ihrer Forderung dem Kläger gegenüber nicht legitimirt.

50. Versicherungspflicht von Gärtnern.

Verf. vom 11. Juli 1885 (an die Armendirektion).

...... daß nach einer uns zugegangenen Entscheidung des Herren Oberpräsidenten vom 2. Juli v. J. die in der Gärtnerei beschäftigten Arbeiter zu den im § 2 Nr. 6 des Krankenversicherungsgesetzes bezeichneten Personen gehören und daher hier nur durch Erlaß eines Ortsstatuts versicherungspflichtig gemacht werden könnten.

51. Bestellung eines Badedieners zur Vornahme einer Kaltwasserkur.

Entschg. vom 13. Juli 1885 i. S. P. w. Ortskrankenkasse der Maschinenbau-Arbeiter.

Gründe.

Beklagte hat die geforderte Leistung verweigert, weil sie nicht verpflichtet sei, auf Kosten der Kasse einen Mann zur Bedienung der Kranken zur Verfügung zu stellen. Dies ist der Beklagten an sich zuzugeben, und ist deshalb stets im einzelnen Falle zu prüfen, in wieweit die nach § 12 des Statuts zu gewährenden Heilmittel die Gestellung eines Hilfspersonals bedingen können. Eine Kaltwasser-Kur fällt nun unbedenklich unter den Begriff der „Bäder und ähnlichen Heilmittel", und da nach dem Attest des Kassenarztes die Gestellung einer männlichen Person zur Abreibungs-Kur nothwendig ist, so kann auch ferner dem Kläger nicht die Forderung einer solchen versagt werden, die danach nicht als „Bedienung" anzusehen ist. Es ist jedoch dabei zu bemerken, daß nach Lage der Verhältnisse sich die die Abreibungskur vornehmende Person darauf wird zu beschränken haben, die eigentlich technischen Funktionen vorzunehmen, die vom Kläger selbst nicht vorgenommen werden können, daß dagegen eine Bedienung oder Hilfsleistung in größerem Umfange, wie sie sonst auch wohl bei derartigen Maßnahmen von Heilgehilfen und dergl. erfahrungsgemäß geleistet wird, als von der Beklagten zu vergüten nicht beansprucht werden darf. In solchem Umfange sind die Funktionen der die Abreibekur vornehmenden Person ebenso anzusehen und zu behandeln, wie z. B. andere Leistungen von Heilgehilfen. Der als angemessen erscheinende Satz von 12 *M.* monatlich, der vom Kläger gefordert wird, muß in seiner Verwendung der Kasse nachgewiesen werden.

52. Zahlung rückständiger Kassen-Beiträge durch den Geschäfts-Nachfolger. Versicherungspflicht nicht vorübergehend beschäftigter Personen.

Entschg. vom 14. Juli 1885 i. S. Allgemeine Ortskrankenkasse w. V.

Gründe.

Der Beklagte hat die Zahlung der geforderten Kassen-Beiträge für die Zeit bis zum 15. Juni 1885 verweigert, weil er erst mit diesem Tage das unter der Firma L. u. Comp. vorher von einem Anderen nunmehr unter gleicher Firma von ihm betriebene Geschäft übernommen habe. Gerade aus dieser Ausführung folgt die Verpflichtung des Beklagten zur Zahlung der aus der Geschäftsführung des früheren Firma-Inhabers rückständigen Kassenbeiträge. Denn „es begründet die Fortführung eines Geschäfts unter veränderter Beibehaltung der Firma die Vermuthung, daß von dem neuen Firma-Inhaber die Passiva der früheren Firma übernommen sind". (Vgl. Entschg. des Reichsgerichts in Civil-Sachen Bd. II S. 53.) Eine „Fortführung" des Geschäfts ist aber vorliegend darin zu finden, daß die bei dem früheren Geschäftsinhaber beschäftigten Arbeiter von dem Beklagten weiter beschäftigt, gleichsam übernommen sind und, wenigstens so weit, als eine „Fortführung" des Geschäfts geschieht, müssen die bezüglichen Passiva als übernommen gelten. Wegen der seit dem 15. Juni fälligen Beiträge glaubt Beklagter seine Verpflichtung zur Zahlung ablehnen zu dürfen, weil die von ihm beschäftigten Arbeiter nur gegen Tagelohn von ihm angenommen seien. Dieser Grund ist nicht stichhaltig; für die Befreiung vom Versicherungszwange kommt der Umstand, daß der Lohn tageweise berechnet wird, nicht in Betracht (§ 1 des Ges. v. 15. Juni 1883), da auch beim Tagelohn die Arbeit nicht ihrer Natur nach nothwendig vorübergehend, noch der Arbeitsvertrag im Voraus auf weniger als 1 Woche beschränkt ist.

53. Befreiung von der Versicherungspflicht.

Verf. vom 15. Juli 1885.

Auf den Antrag eines Vaters, seinen Sohn von der Versicherungspflicht zu befreien, weil letzterer bei dem Malermeister W. als Lehrling in Arbeit getreten sei und er (der Vater) „laut Kontrakt die Verpflichtung übernommen habe, seinen Sohne in allen Krankheitsfällen .... verpflegen und kuriren zu lassen" erging die Verfügung

> „daß die übernommene Verpflichtung den Arbeitgeber nicht von dem Zwange befreit, den Knaben bei der Ortskrankenkasse der Maler anzumelden. Dies würde nur dann auf Ihren beim Vorstande dieser Kasse anzubringenden Antrag erfolgen, wenn der Arbeitgeber sich verpflichten würde, Ihren Sohn mindestens 13 Wochen lang in seiner Familie zu verpflegen (§ 3 Abs. 2 des Gesetzes vom 15. Juni 1883).

54. Anmeldung nicht versicherungspflichtiger Personen.

Entschg. vom 15. Juli 1885 i. S. S. w. Ortskrankenkasse der Maurer.

Gründe.

Nach den glaubhaften Ausführungen des Klägers stehen die Personen, für welche Kassenbeiträge gefordert werden, nur in einer „ihrer Natur nach vorübergehenden" Beschäftigung bei dem Kläger. Dieselben sind deshalb nach § 2 des Gesetzes vom 15. Juni 1883 nicht versicherungspflichtig. Auch durch die Anmeldungen des Klägers ..... sind diese Personen deshalb nicht versichert, weil sie nur auf Grund einer von ihnen selbst in Ausübung ihres Rechtes auf Versicherung ausgehenden Anmeldung freiwillige Mitglieder der Kasse werden konnten.

55. Begriff der „ihrer Natur nach vorübergehenden" Beschäftigung.

Entschg. vom 24. Juli 1885 i. S. R. w. Ortskrankenkasse der Drechsler.

Gründe.

Der Kläger ist durch die Thatsache, daß er am 9. April 1885 bei den Stockfabrikanten G. in Arbeit trat, Mitglied der beklagten Ortskrankenkasse geworden. Seine Beschäftigung war nicht ihrer Natur nach eine vorübergehende, selbst wenn Kläger, wie Beklagter behauptet, die Absicht geäußert hat, nach nur kurzer Zeit die Arbeit bei G. zu verlassen.

56. Zustellung von Entscheidungen der Aufsichtsbehörde.

Bekanntmachung vom 24. Juli 1885.

Es wird hierdurch zur öffentlichen Kenntniß gebracht, daß bei Streitigkeiten, die auf Grund des Gesetzes vom 15. Juni 1883 betreffend die Kranken=Versicherung der Arbeiter (R. G. Bl. 1883, S. 73 ff.) von der Gewerbe=Deputation des Magistrats als Aufsichtsbehörde entschieden werden (§§ 58 Absatz 1, 65 Absatz 5, 72 Absatz 4, 73 Absatz 1 ꝛc. ꝛc.), eine öffentliche Zustellung der Entscheidung durch vierzehntägigen Aushang an der für Bekanntmachungen bestimmten Tafel im Köllnischen Rathhause, Breitestraße 20a dann erfolgen wird, wenn die regelmäßige Zustellung durch Boten oder die Post nicht bewirkt werden kann.

57. Wem fließen die wegen Uebertretung des § 81 des Gesetzes vom 15. Juni 1883 verhängten Geldstrafen zu?

Verf. vom 1. August 1885.

Dem Vorstande erwidern wir auf das gefällige Schreiben vom 27. v. M., daß wir der darin aufgestellten Ansicht nicht beizutreten vermögen. Nach § 7 Absatz 1 des Gesetzes betreffend den Erlaß polizeilicher Strafverfügungen wegen Uebertretungen vom 23. April 1883 fallen die in Gemäßheit dieses Gesetzes durch polizeilichen Strafbefehl endgültig festgesetzten Geldstrafen demjenigen zu, welcher die sächlichen Kosten der Polizeiverwaltung zu tragen hat, d. i. in C. der Stadtgemeinde. Eine Ausnahme hiervon würde nach Absatz 3 a. a. O. nur dann stattfinden, wenn in C. abweichende lokalrechtliche oder vertragsmäßige Bestimmungen existiren würden. Eine allgemeine gesetzliche Vorschrift, wonach die auf Grund des § 81 des Krankenversicherungsgesetzes verhängten Geldstrafen bestimmten Kassen zufallen — wie dies z. B. in §§ 146, 154 Absatz 4 der Gewerbeordnung bestimmt ist — besteht nicht. Falls gegen den polizeilichen Strafbefehl auf gerichtliche Entscheidung angetragen wird oder das Gericht auf Antrag des öffentlichen Anklägers direkt einen Strafbefehl erläßt oder die Strafe durch Urtheil ausspricht, so fallen die Geldstrafen, wie alle von den staatlichen Gerichten festgesetzten Vermögensbußen, Mangels einer abweichenden gesetzlichen Bestimmung der Staatskasse zu.

58. Versicherungspflicht von Personen, welche in die Familiengemeinschaft des Arbeitgebers aufgenommen worden sind.

Entschg. vom 1. August 1885 i. S. R. w. die Ortskrankenkasse für das Gewerbe der Beherbergung und Erquickung.

Gründe.

Wie die polizeilichen Ermittelungen ergeben haben, ist die unverehelichte H. seit etwa 12 Jahren von der Klägerin in ihre Familie aufgenommen worden und wird von der Klägerin als Pflegekind behandelt. Sie hilft zwar jener in ihrem Gewerbebetriebe als Herbergswirthin, aber ohne dafür andere Leistungen zu erhalten, als ihr auch sonst zu Folge ihrer Aufnahme in die Familiengemeinschaft gewährt werden würden. Hiernach kann, da überhaupt ein Arbeitsverhältniß nicht vorliegt, die H. nicht als gegen Gehalt oder Lohn — wozu nach § 1 Absatz 3 des Krankenversicherungsgesetzes auch Naturalleistungen gehören würden — im Gewerbebetriebe der Klägerin beschäftigt und demnach nicht als unter § 1 Absatz 1 a. a. O. fallend angesehen werden, weshalb, wie geschehen, zu erkennen war.

59. Einreichung von Kassenabschlüssen.

Circularverf. vom 3. August 1885.

Um eine laufende Uebersicht über die Leistungsfähigkeit der unserer Aufsicht unterstellten Krankenkassen zu gewinnen, fordern wir die Vorstände hierdurch auf, innerhalb der ersten 8 Tage eines jeden Monats einen Kassenabschluß nebst Vermögens-Uebersicht an uns einzureichen.

Aus der letzteren müssen das Vermögen der Kasse, deren ausstehende Forderungen, sowie deren Schulden zu ersehen sein; eine Specification dieser Summen ist indeß nicht nöthig, es genügt vielmehr, wenn angegeben wird, auf welche Summen sich das Vermögen, die Forderungen, resp. die Schulden im Ganzen belaufen[1]).

---

[1]) Als ein Kassenvorstand erklärte, daß er zwar die Uebersichten einreichen werde, indeß eine gesetzliche Befugniß der Aufsichtsbehörde zu jener Forderung nicht anerkenne, erging folgende Antwort vom 14. Januar 1886:

...... Wir bemerken hierbei, daß wir der in dem Schreiben vom 7. d.

60. Form des Verfahrens der Aufsichtsbehörde gemäß § 58 Abs. 1 des Gesetzes vom 15. Juni 1883.

Verf. vom 15. August 1885.

Auf das gefällige Schreiben vom 8. d. M. erwidern wir Ihnen ergebenst, daß eine gesetzliche Bestimmung, wonach bei Entscheidung von Streitigkeiten gemäß § 58 Abs. 1 des Krankenversicherungsgesetzes eine mündliche Verhandlung erforderlich wäre, nicht existirt. Daß „wegen der Kosten" nicht erkannt ist, beruht darauf, daß durch die Entscheidung der Streitigkeit diesseits keine Kosten entstehen und auch über die Verpflichtung des von der Aufsichtsbehörde zu einer Zahlung Verurtheilten zur Tragung der dem Gegner etwa erwachsenden Kosten das Gesetz keine Bestimmung enthält.

Endlich bedarf es der von Ihnen gewünschten Zusendung einer „vollstreckbaren Ausfertigung" nicht, da die Vollstreckung unserer Entscheidung auf Antrag durch die diesseitigen Organe gemäß der Allerhöchsten Verordnung betreffend das Verwaltungszwangsverfahren wegen Beitreibung von Geldbeträgen vom 7. September 1879 (GS. S. 591) erfolgt.

61. Weigerung des Arbeitgebers zur Nachzahlung der Beiträge, weil letztere am Fälligkeitstage vom Kassirer nicht abgeholt wurden.

Entschg. vom 15. August 1885 i. S. Ortskrankenkasse der Conditoren w. M.

Gründe.

Beklagter weigert nur deswegen die Zahlung, „weil nach § 28 des Statuts die Beiträge am ersten Donnerstag jedes Monats vom Kassirer abzuholen seien, die Abholung jedoch bis zum Ausscheiden der Mitglieder (2 Arbeiter) aus seinem Dienste am 16. Juni cr. nicht erfolgt sei; er (Beklagter) habe deswegen die bereits einbehaltenen Beiträge seinen Arbeitern bei ihrem Abgange wieder herausgegeben, da er sich durch keine Quittung über die Zahlung der Beiträge ausweisen konnte".

Dieser Einwand des Beklagten ist nicht begründet.

Nach § 28 des Statuts sind die Beiträge am ersten Donnerstag

M. entwickelten Anschauung nicht beizutreten vermögen, da uns durch die Vorschriften des § 45 Absatz 1 und 2 des Krankenversicherungsgesetzes das unzweifelhafte Recht verliehen worden ist, von den unserer behördlichen Aufsicht unterstellten Kassenvorständen die Einreichung derartiger Nachweisungen zu verlangen; denn in welcher Weise wir von den Verhandlungen, Büchern und Rechnungen der Kasse Einsicht nehmen wollen (Absatz 2 cit.), ist unserem pflichtgemäßen Ermessen überlassen.

jedes Monats fällig, es ist aber nicht gesagt, daß die Beiträge auch an diesem Tage abgeholt werden mußten. Da Beklagter wissen mußte, daß er nach Gesetz und Statut bis zur erfolgten Abmeldung der Mitglieder zur Zahlung der Beiträge verpflichtet war, auch der § 28 des Statuts diese Verpflichtung völlig unberührt läßt, so hat Beklagter die Rückzahlung der $^{2}/_{3}$ der Beiträge an seine Arbeiter auf eigene Gefahr gethan. Beklagter ist daher schuldig, die eingeklagten 1,20 *M.* zu zahlen.

62. Anzeige von Meldekontraventionen.[1])

Circularverf. vom 15. August 1885.

Der Vorstand der tit. wird hierdurch angewiesen, alle Anträge auf Erlaß einer Strafverfügung auf Grund des § 81 des Kranken-versicherungs-Gesetzes zur Vermeidung unnöthigen Zeitverlustes und Schreibwerkes nicht, wie bisher, an die unterzeichnete Gewerbe-Deputation, welche dieselben lediglich an die für die Strafverfolgung zuständige Behörde weiter befördern könnte, sondern unmittelbar an das Königliche Polizei-Präsidium, Abtheilung VI. zu richten.

Die Anzeigen müssen für jeden Contraventionsfall besonders erstattet werden, genau den Namen und die Wohnung des Contravenienten bezeichnen, ferner aber auch Namen und Wohnung sowohl derjenigen Personen enthalten, bezüglich welcher die An- oder Abmelde-Contravention begangen ist, als auch derjenigen, durch deren Zeugniß der Beweis der unterlassenen oder verspäteten Meldung geführt werden soll, endlich auch alle etwaigen sonstigen Beweismittel bezeichnen.

Die bei uns direct von Privatpersonen eingehenden Denunciationen werden wir unverzüglich br. m. dem Vorstande zur Recherche und weiteren Veranlassung zugehen lassen.

Für die Anzeigen an das Königliche Polizei-Präsidium sind

---

[1]) Den Anlaß gab folgendes Rescript des Herrn Ministers für Handel und Gewerbe und des Innern vom 4. August 1885:

Ew. pp. erwidern wir auf den gefälligen Bericht vom 3. v. M. ergebenst, daß die Zulässigkeit der Festsetzung der durch Uebertretung des § 81 des Krankenversicherungsgesetzes vom 15. Juni 1883 verwirkten Strafen durch die Ortspolizeibehörden in Gemäßheit des § 1 des Gesetzes, betreffend den Erlaß polizeilicher Strafverfügungen vom 23. April 1883 (G.S. S. 65) unbedenklich erscheint, da die bezeichneten Uebertretungen in den polizeilichen Verwaltungsbereich einer anderen Behörde nicht fallen.

Die fernere Frage, in welche Kasse die endgültig festgesetzten Geldstrafen zu fließen haben, ergibt sich demgemäß nach § 7 des Gesetzes vom 23. April 1883. A. d. H.

zweckmäßig gedruckte und für jeden Anzeigefall auszufüllende Formulare zu benutzen.

Der Vorstand wolle von den auf derartige Anzeigen ergangenen rechtskräftigen Strafbefehlen und Urtheilen Verzeichnisse in tabellarischer Form nach den Namen der bestraften Arbeitgeber, dem Datum der Verurtheilung und der Höhe der Strafe anlegen und an uns an jedem 1. Januar, 1. April, 1. Juli und 1. October Auszüge aus diesen Verzeichnissen einreichen.

63. Abmeldepflicht des Arbeitgebers.

Entschg. vom 17. August 1885 i. S. Allgemeine Ortskrankenkasse w. K.

Gründe.

Klägerin verlangt vom Beklagten Zahlung von rückständigen Beiträgen für 4 vom Beklagten angemeldete Personen für die Zeit vom 11. April bis zum 25. Juli cr. Beklagter wendet ein, er habe drei Personen bald nach der Anmeldung und die vierte am 15. Juli cr. aus der Beschäftigung entlassen und dieselben bei ihrem Abgange beauftragt, sich bei der Krankenkasse abzumelden. Dieser Einwand des Beklagten ist nicht gegründet, da nach § 49 Abs. 1 des Krankenversicherungsgesetzes Beklagter selbst als Arbeitgeber zur Abmeldung verpflichtet war und nach § 51 eod. die Beiträge so lange fortzuzahlen hat, bis die vorschriftsmäßige (§ 49) Abmeldung erfolgt.

64. Anordnung der Aufnahme in ein Krankenhaus.

Entschg. vom 17. August 1885 i. S. P. w. Ortskrankenkasse der Maschinenbauarbeiter.

Gründe.

Beklagte weigert die Zahlung des Krankengeldes und verlangt Aufnahme des Klägers in ein Krankenhaus, weil Kläger zu seiner Behandlung einer Kaltwasserkur bedürfe und diese in der Familie des Klägers nicht vorgenommen werden kann. Dieser Einwand der Beklagten ist unbegründet, da nach dem ärztlichen Attest zur Vornahme der Kur nur die Zuziehung einer männlichen Dienst-Person (Badediener) nothwendig und nicht erwiesen ist, daß diese Zuziehung nur in einer Anstalt und nicht auch in der Familie des Klägers geschehen könnte. Daher war Beklagte nicht berechtigt, nach § 13 Abs. 2 des Statuts[1]) die Aufnahme des Klägers in ein Krankenhaus zu verlangen.

---

[1]) cf. § 14 Abs. 2 des Normalstatuts. A. d. H.

65. Zahlungsunfähigkeit einer Kasse.

Bericht des Magistrats an den Oberpräsidenten von Berlin vom 26. August 1885.

Die Ortskrankenkasse der F. hat gegenwärtig eine Unterbilanz von ca. 400 *M.*, die sich voraussichtlich in den nächsten Monaten noch bedeutend erhöhen wird.

Ueber die Ursache dieser mißlichen Vermögensverhältnisse erlauben wir uns . . . . . wie folgt, zu berichten:

Bereits bei der Reorganisation der alten F.-Gesellen-Kranken- und Sterbe-Kasse hatten wir auf Grund des Gutachtens unseres statistischen Amtes Bedenken gegen die künftige Leistungsfähigkeit der Kasse gehabt und Euer pp. in unserm Berichte vom 15. August 1884 den Vorschlag gemacht, die Kasse mit einer anderen dem Beruf der Mitglieder nach verwandten Kasse zu vereinigen. Die Insufficienz der Kasse stellte sich bald heraus und wir erließen in Folge dessen unterm 3. März 1885 eine Verfügung an den Vorstand, wonach in einer schleunigst einzuberufenden General-Versammlung, eine Beschlußfassung über die Auflösung der Kasse ev. Erhöhung der Beiträge herbeigeführt werden sollte. Ueber den Verlauf der am 23. März stattgefundenen General-Versammlung erlauben wir uns auf den in Abschrift beifolgenden Bericht unseres Beamten Bezug zu nehmen.

Der danach gefaßte Beschluß: einen Extra-Zuschuß von 3 *M.* zu erheben, konnte schon um deshalb keine Gültigkeit haben, weil die nach § 31 Absatz 2 des Kranken-Versicherungs-Gesetzes nothwendige Zustimmung der Arbeitgeber fehlte. Der Vorsitzende W. erbot sich hierauf durch freiwillige Beiträge der Mitglieder die Anfangs April vorhandene Schuldsumme von ca. 200 *M.* zusammenzubringen. Das Ergebniß der Sammlungen betrug indeß nur 66,50 *M.*

Als der von uns im Juli erforderte Quartal-Bericht wieder eine erhebliche Verschlechterung der Vermögensverhältnisse aufwies, erließen wir unterm 18. Juli an den Vorstand die gleiche Verfügung, wie unterm 13. März.

In der hierauf am 10. August cr. abgehaltenen General-Versammlung wurden sowohl die Anträge auf Erhöhung der Beiträge als auf Auflösung der Kasse abgelehnt. —

Wir erlauben uns in der Anlage Ew. pp. eine gedrängte Uebersicht der Monats-Abschlüsse der Kasse für die Zeit vom 1. Dezember 1884—10/15. August 1885 . . . . . zu überreichen und bitten daraus Ew. pp. . . . . . zu entnehmen, daß, wie bereits bemerkt, die Besserung der Vermögensverhältnisse nicht zu erwarten steht. Eine zwangsweise Erhöhung der Beiträge, welche jetzt nicht ganz 3 % des auf 3 *M.* festgesetzten durchschnittlichen Tagelohnes betragen, kann gemäß §§ 33, 47 Nr. 2 des Kranken-Versicherungs-Gesetzes erst nach erfolgtem Jahresabschlusse geschehen. Ebensowenig kann gemäß § 47 Nr. 1 die Schließung erfolgen, da die Mitgliederzahl ca. 120 beträgt. Die zur Auflösung gemäß § 47 Abs. 2 nothwendige Zustimmung der Generalversammlung könnte zwar — wie wir dies aus einer mit dem Vorsitzenden des Vorstandes gehaltenen Rücksprache entnommen haben — erreicht werden, indessen glaubt die unterzeichnete Gemeindebehörde den Antrag auf Auflösung so lange nicht stellen zu dürfen, als nicht die Schulden der Kasse bezahlt sind. Zu dieser Schuldentilgung können die Mitglieder mit Rücksicht auf § 25 Abs. 2 und § 29 Abs. 1 des Kranken-Versicherungs-Gesetzes nur durch gesetz- und statutenmäßige Beitragserhöhung herangezogen werden, welche jedoch, wie bemerkt, nach § 33 a. a. O. erst nach erfolgtem Jahresabschlusse der Kasse wird herbeigeführt werden können . . . . .

66. Zugehörigkeit der versicherungspflichtigen Personen zu den verschiedenen Ortskrankenkassen.

Cirkular-Verf. vom 26. August 1885.

Aus zahlreichen an uns gelangenden Beschwerden haben wir entnommen, daß von Seiten der Kassenvorstände nicht hinreichend Aufmerksamkeit darauf verwandt wird, daß nur solche Personen als Mitglieder aufgenommen werden, die statutenmäßig zu der betreffenden Kasse gehören. Namentlich wird häufig übersehen, daß es nach § 19 des Gesetzes vom 15. Juni 1883 und den Statuten der Ortskrankenkassen nicht darauf ankommt, welches Gewerbe die zu versichernde Person erlernt hat, und welcher Art ihre Thätigkeit ist, sondern allein, welches der hauptsächliche Gewerbszweig des Arbeitgebers ist, bei welchem die zu versichernde Person gerade in Beschäftigung steht, so daß z. B., wenn ein Steinmetzmeister einen Maurer beschäftigt, dieser zur Ortskrankenkasse der Steinmetzen gehören würde, wenn er auch nur mit den in dem Gewerbe des Steinmetzmeisters vorkommenden Maurerarbeiten beschäftigt wird. —

Dadurch, daß nicht zur Kasse gehörige Personen als Mitglieder eingetragen und von ihnen Beiträge entgegengenommen werden, erwachsen den dann zur nochmaligen Zahlung zu der berechtigten Kasse herangezogenen Arbeitgebern Umstände und in manchen Fällen auch Verluste. Ob nicht auch von den Ortskrankenkassen Rückerstattung der, für nicht als Zwangsmitglieder zur Kasse gehörige Personen, dieserhalb zu Unrecht erhobenen Beiträge verlangt werden kann, bleibt einstweilen dahingestellt, da bezügliche Ansprüche der Entscheidung der ordentlichen Gerichte unterliegen würden.

67. Leistung der Krankenunterstützung an unheilbare Kranke.

Entschg. vom 9. September 1885 in S. J. w. Ortskrankenkasse der Maschinenbau-Arbeiter.

Gründe.

Kläger ist arbeitsunfähig und hat während 6 Wochen die Krankenunterstützung erhalten. Beklagte weigert die Fortzahlung indem sie einwendet, Kläger sei dauernd erwerbsunfähig in Folge seines vorgerückten Alters und daher als Invalide zu betrachten, für welche die Kasse nach dem Statut keine Unterstützung zu leisten habe. Der Einwand der Kasse ist nicht gegründet. Durch das ärztliche Gutachten des Dr. med. B. ist festgestellt, daß Kläger ein schwächlicher frühzeitig gealterter 63jähriger Mann sei und an einer Krankheit leide, die in fortwährendem Zittern der Gliedmaßen besteht. Diese Krankheit sei bei dem Alter des Klägers unheilbar und Kläger könne daher nicht Gegenstand ärztlicher Behandlung sein. Der Umstand, daß die Krankheit des Klägers unheilbar ist, bezieh. daß Kläger durch Arzneien ꝛc. nicht kurirt werden kann, hebt den Anspruch des Klägers auf Gewährung der übrigen Krankenunterstützung (Krankengeld) nicht auf, da die Erwerbsunfähigkeit durch Krankheit herbeigeführt ist. (§ 5 des Krankenversicherungsgesetzes.)

68. Unzulässigkeit der freiwilligen Mitgliedschaft bei einer Zwangskasse trotz Ueberganges zu einer Beschäftigung, vermöge deren die Mitgliedschaft bei einer anderen Kasse eintritt.

Entschg. vom 11. September 1885 i. S. der Handlung L. w. Orts-Krankenkasse für den Gewerbebetrieb der Kaufleute ꝛc.

Gründe.

Klägerin hat am 2. Dezember 1884 den bei ihr länger, als seit dem 1. Dezember 1884 in Beschäftigung stehenden Arbeiter M. bei der Beklagten angemeldet. M. war früher Kraft seiner damaligen Beschäftigung als Bahnarbeiter zwangsweises Mitglied der bereits vor dem 1. Dezember 1884 bestehenden Betriebs-Krankenkasse des Kgl. Eisenbahn-Betriebsamtes B.-L. (Eisenbahn-Direktionsbezirk M.). In § 3 Absatz 5 des Statuts dieser Kasse ist in Uebereinstimmung mit den gesetzlichen Vorschriften (§§ 27 Absatz 1, 64 des Krankenversicherungsgesetzes) angeordnet:

> Kassenmitglieder, welche aus der die Mitgliedschaft begründenden Beschäftigung ausscheiden und nicht zu einer Beschäftigung übergehen, vermöge welcher sie Mitglieder einer andern Betriebs- (Fabrik-), Orts-, Innungs- oder Bau-Krankenkasse oder einer Knappschaftskasse werden, bleiben so

lange Mitglieder der Kasse, als sie sich im Gebiete des Deutschen Reiches aufhalten, sofern sie ihre dahingehende Absicht binnen einer Woche dem Kassenvorstande anzeigen ꝛc.

Hiernach und auf Grund des § 19 Absatz 2 des Krankenversicherungsgesetzes ist M. seit dem 1. Dezember 1884, dem Tage des Inslebentretens der beklagten Kasse zwangsweises Mitglied der letzteren und nicht mehr freiwilliges Mitglied der Betriebs-Krankenkasse. Hieran wird auch dadurch nichts geändert, daß M. unter Verschweigung des Ueberganges zu der neuen Beschäftigung die Beiträge bis zum 30. September 1885 an die Betriebs-Krankenkasse weiter gezahlt hat.

69. Zuziehung eines anderen Arztes, als des Kassenarztes.

Entschg. vom 12. September 1885 i. S. O. w. Ortskrankenkasse der Böttcher.

Gründe.

Kläger beansprucht gemäß § 20 des Statuts[1]) Ersatz von Kosten, welche durch Zuziehung eines andern, als des Kassenarztes, erwachsen sind, und produzirt einen von dem Rechnungsführer der Kasse auf diesen Arzt (Dr. S.) ausgestellten Arznei-Schein. Beklagte weigert die Zahlung. Nach dem amtlichen Bericht des Kassenarztes Dr. H. hatte sich Kläger Anfangs Juli cr. wegen einer Kniegeschwulst krank gemeldet. Dr. H. wies den Kläger an die Kgl. chirurgische Poliklinik zur Umlegung eines Druckverbandes. Als Kläger nach einigen Tagen wiederkam wies ihn Dr. H. wiederum zu demselben Zwecke an die Poliklinik, indem er ihm bemerkte, daß die Geschwulst durch die Druckverbände ohne Operation beseitigt werden könnte. Kläger kam indeß nach einiger Zeit wieder und sagte, er habe sich an seinen Hausarzt Dr. S. gewandt und wolle von Dr. H. nicht weiter behandelt werden. Hiernach ist erwiesen, daß die Zuziehung des Dr. S. ganz unbegründet war und jedenfalls nicht wegen Gefahr im Verzuge erfolgte. Aus dem vom Kläger produzirten Schein, welcher vom Rechnungsführer unterschrieben ist und dahin lautet, daß die Apotheke angewiesen wird, die von Dr. S. verschriebenen Arzneien zu liefern, kann die statutenmäßig erforderliche Genehmigung des Vorstandes keineswegs nachgewiesen werden. Da aber die Kosten, welche durch Zuziehung von anderen als Kassenärzten entstanden sind, nur dann erstattet werden, wenn die Zuziehung bei Gefahr im Verzuge oder mit Genehmigung des Vorstandes erfolgt (§ 20), so war Kläger mit seinem Anspruche abzuweisen.

---

[1]) cf. § 24 Abs. 1 des Normalstatuts. A. d. H.

70. Ausscheiden gemäß § 19 Absatz 4 des Gesetzes vom 15. Juni 1883.

Cirkularverf. vom 16. September 1885.

Der Kassenvorstand wird hierdurch aufgefordert, uns am 1. Oktober d. J. anzuzeigen, wie viel versicherungspflichtige Mitglieder ihren Austritt aus der dortigen Orts-Krankenkasse zum Schlusse des Rechnungsjahres angezeigt haben.

Wir weisen hierbei ausdrücklich darauf hin, daß nach § 19 Absatz 4 des Gesetzes, betreffend die Kranken-Versicherung der Arbeiter, vom 15. Juni 1883 den versicherungspflichtigen Personen der Austritt mit dem Schlusse des Rechnungsjahres nur gestattet ist, wenn sie denselben spätestens drei Monate zuvor bei dem Vorstande beantragen und vor dem Austritte nachweisen, daß sie Mitglieder einer der übrigen im § 4 des Gesetzes bezeichneten Kassen geworden sind.

Die betreffenden Mitglieder müssen also bis zum 30. September d. J. einschließlich den Austritt beim Vorstande erklären und demselben bis zum 31. Dezember d. J. nachweisen, daß sie Mitglieder einer der übrigen im § 4 des Gesetzes bezeichneten Kassen geworden sind.

71. Aufhören des Anspruchs auf Krankenunterstützung.

Entschg. vom 16. September 1885 i. S. D. w. Ortskrankenkasse der Bürstenmacher.

Gründe.

Kläger hatte 24 Wochen Krankenunterstützung erhalten, arbeitete dann wieder einige Zeit und meldete sich nochmals krank. Die Beklagte will dem Kläger nur noch Krankenunterstützung für 2 Wochen gewähren, indem sie ausführt: Kläger habe zwar nach Ablauf der 24 Wochen gearbeitet, sei aber thatsächlich nicht arbeitsfähig gewesen; er habe nur gearbeitet, um jetzt wieder die volle statutenmäßige Krankenunterstützung in Anspruch nehmen zu können. Diese Ausführungen der Beklagten sind durch das ärztliche Gutachten des Dr. L., welcher den Kläger s. Z. behandelte, vollinhaltlich bestätigt worden, indem Dr. L. die Ueberzeugung ausspricht, daß der Kläger nur zum Schein die Arbeit wieder aufgenommen habe und nur um längere Zeit Krankengeld beziehen zu können. Kläger wird daher mit seinem Anspruche abgewiesen.

72. Begriff der „Trunkfälligkeit".

Entschg. vom 18. September 1885 i. S. des Ortsarmenverbandes Berlin w. die Orts-Krankenkasse der Schuhmacher.

Aus den Gründen.

Der Einwand der Beklagten, daß S. sich seine Krankheit durch Trunkfälligkeit zugezogen, war nicht zu berücksichtigen. Denn unter Krankheiten, die durch Trunkfälligkeit entstanden sind, versteht das Gesetz nach den Materialien (vgl. z. B. Kommissionsbericht S. 47) lediglich solche Krankheiten, welche, wie das delirium tremens, die direkte Folge gewohnheitsmäßigen Trinkens sind. Daß dies bei einer Oberschenkel-Entzündung, an welcher S. gelitten hat, nicht der Fall sein kann, erhellt ohne weiteres.

73. Versicherungspflicht eines bei seinem Vater gegen besondere Vergütung beschäftigten Lehrlings.

Entschg. vom 21. September 1885 i. S. W. w. Orts-Krankenkasse der Tischler und Pianoforte-Arbeiter.

Gründe.

...... Wie der Kläger selbst angiebt, ist er seit längerer Zeit bei seinem Vater, welcher von Gewerbetreibenden der Tischlerbranche außerhalb ihrer Betriebsstätten beschäftigt wird, als Lehrling in jenes Betriebsstätte thätig und hat zunächst lediglich das zu seinem Unterhalt Erforderliche, seit dem 1. Januar 1885 aber außerdem noch 3 *M.* Wochenlohn erhalten. Hiernach ist Kläger gemäß §§ 1 Absatz 1 Nr. 2, 19 Absatz 2 des Krankenversicherungsgesetzes, mag er von seinem Vater angemeldet worden sein oder nicht, am 1. Januar 1885 verpflichtetes, nicht freiwilliges Mitglied der Kasse geworden, da das verwandtschaftliche Verhältniß zu seinem Lehrherrn der Annahme eines Arbeitverhältnisses, falls die sonstigen Voraussetzungen vorliegen, nicht im Wege steht.

74. Unterstützung eines Kassenmitgliedes im Wege der öffentlichen Armenpflege. Ersatzanspruch des Armen-Verbandes.

Entschg. vom 21. September 1885 i. S. Armendirektion zu Berlin w. Ortskrankenkasse der Drechsler.

Gründe.

Der Drechslergehülfe Paul St., welcher Mitglied der beklagten Kasse ist, mußte am 9. Mai in das Bethanien-Krankenhaus aufgenommen werden, weil er bei einer Schlägerei in der Hasenhaide eine Schußwunde erhalten hatte. Der P. St. wurde in dem Krankenhause auf Kosten der Klägerin bis zum 27. Mai verpflegt. Beklagte weigert die Erstattung der Kosten, da der St. sich die Krankheit durch Betheiligung an einer Schlägerei zugezogen habe (§ 17 des Statuts[1]) und weil die Aufnahme in das Krankenhaus ohne Verfügung des Vorstandes oder Antrag eines Kassenarztes erfolgt sei (§ 14 Abs. 1). Die Einwendungen der Beklagten sind ungegründet.

---

[1]) cf. § 17 des Normalstatuts.

Es ist nicht erwiesen, daß St. sich die Schußwunde durch schuldhafte Betheiligung an einer Schlägerei zugezogen habe, und nur in diesem Falle ist nach § 17 des Statuts die Entziehung des Krankengeldes gestattet, während die Leistung der übrigen Krankenunterstützung hierdurch unberührt gelassen wird ..... Im vorliegenden Falle war nach Lage der Sache Klägerin zur Unterstützung des St. nach § 28 des Gesetzes vom 6. Juni 1870 verpflichtet und da St. für die Zeit vom 9. Mai—27. Juni einen Anspruch auf Krankenunterstützung an die beklagte Kasse hatte, so geht dieser Anspruch im Betrage der geleisteten Unterstützung auf die Klägerin über. Die Vorschriften des § 57 Abs. 1 und 2 werden durch etwaige statutarische Bestimmungen über die Bedingungen der Krankenhauspflege nicht berührt. Schließlich kommt noch hinzu, daß Beklagte von der Aufnahme des St. Seitens der Klägerin sofort benachrichtigt wurde und daß auf diese Benachrichtigung Bekl. nur auf Grund des § 17 des Statuts Zahlung verweigerte. Es wäre eventuell Sache der Beklagten gewesen sofort auf Grund des § 14 Entlassung des St. aus dem Krankenhause zu verlangen.

Die Zuständigkeit der Gewerbedeputation des Magistrats als Aufsichtsbehörde der beklagten Kasse zur Entscheidung der vorliegenden Streitigkeit ergiebt sich aus § 58 Abs. 2 (letzter Satz) des Krankenversicherungsgesetzes, da das für die Entscheidung der Streitigkeiten aus § 57 Abs. 2—4 des Krankenversicherungsgesetzes angeordnete Verwaltungsstreitverfahren noch nicht besteht[1]). (§ 7 Abs. 2 des Gesetzes über die allg. L.V. vom 30. Juli 1883 Gesetz v. 27. April 1885 (G.S. S. 127).

75. Freiwillige Mitgliedschaft erwerbsloser Personen.

Verf. vom 23. September 1885 in S. W. wider Neue Maschinenbauer-Krankenkasse (Fabrikkasse).

Beschwerdeführer, welcher nach dem Ausscheiden aus der die Mitgliedschaft begründenden Beschäftigung erwerbslos geworden war, wurde, als er innerhalb einer Woche nach dem Ausscheiden die vollen Beiträge offerirte, vom Kassenvorstand zurückgewiesen. Darauf erging folgende

Verfügung:

...... Wenn Beschwerdeführer erwerbslos ist, so kann er gemäß § 3 Nr. II des Kassenstatuts[2]) seine freiwillige Mitgliedschaft

---

[1]) Die Zuständigkeit ist inzwischen durch Kgl. Verordnung vom 12. September 1885 (G.S. S. 333) geregelt, welche nach § 1 des Ges. vom 16. Februar 1874 am 24. October 1885 in Kraft getreten ist. A. d. H.

[2]) Entspricht dem § 3 Nr. 2 des Normalstatuts für Betriebs-Krankenkassen. A. d. H.

konserviren, da er nicht zu einer Beschäftigung übergegangen ist, vermöge deren er Mitglied einer anderen Betriebs-Krankenkasse ꝛc. wurde.

76. Berechnung der dreiwöchentlichen Frist in § 28 des Gesetzes vom 15. Juni 1883.

Entsch. vom 24. September 1885 i. S. R. wider Orts-Krankenkasse der Schneider.

Gründe.

Wie unstreitig, ist die Klägerin, nachdem sie länger als 3 Wochen verpflichtetes Mitglied der beklagten Kasse gewesen, am 26. August 1885 durch Aufgabe ihrer bisherigen Beschäftigung aus der Kasse ausgeschieden und erwerbslos geworden, hierauf laut der vorgelegten standesamtlichen Bescheinigung am 16. September 1885 entbunden worden. Der Einwand der Beklagten, daß die Entbindung nicht innerhalb dreier Wochen nach dem Ausscheiden aus der Kasse erfolgt sei, ist zu verwerfen, denn es ist ein nicht weniger im Gebiete des Preußischen Landrechts (vgl. Erk. des Obertribunals vom 21. April 1871, Entsch. Bd. 65, S. 18, des Reichsoberhandelsgerichts vom 25. November 1873, Entsch. Bd. 12, S. 127, Förster-Eccius, Preußisches Privatrecht, Bd. 1, S. 234), als durch die Reichsgesetzgebung (vgl. Artikel 32 der Wechselordnung, Artikel 328 des Handelsgesetzbuches, §§ 199, 200 der Civilprozeßordnung, §§ 42, 43 der Strafprozeßordnung) anerkannter Rechtsgrundsatz, daß bei Berechnung einer Frist der Kalendertag, auf welchen das die Frist in Bewegung setzende Ereigniß fällt, in die Frist nicht eingerechnet wird. Hiernach hat im vorliegenden Falle die Frist erst mit dem Ablauf des 16. September 1884 ihren Abschluß erreicht, so daß die Entbindung noch rechtzeitig erfolgt ist, um der Klägerin ihren Unterstützungsanspruch zu sichern.

77. Zugehörigkeit fabrikmäßiger Betriebe zu einer für einen bestimmten Gewerbszweig errichteten Orts-Krankenkasse.

Verf. vom 25. September 1885.

In der Beschwerdesache des Herrn S. W. hier weisen wir den Vorstand in Erwiderung des am 22. d. M. hier eingegangenen Berichtes an, den Buchdrucker A. S. seit dem 8. April d. J., das Arbeitsmädchen E. S. und den Arbeitsburschen H. K. seit dem 8. August d. J. als versicherungspflichtige Mitglieder einzutragen und die Einkassirung der seit dem Eintritt der genannten Personen in ihre Beschäftigung beim Beschwerdeführer rückständigen Beiträge zu veranlassen. Da der Beschwerdeführer hierselbst das Photographen-Gewerbe betreibt und die vorgenannten Personen seit den angegebenen Terminen in seinem Gewerbebetriebe innerhalb seiner Betriebsstätte gegen Lohn beschäftigt, auch die Mitgliedschaft derselben bei einer Betriebs-Krankenkasse ꝛc. nicht behauptet ist, so sind die qu. Personen gemäß § 19 Absatz 2 des Krankenversicherungsgesetzes, §§ 1, 2 des Statuts, seit ihrem Eintritt in die Beschäftigung zwangsweise Mitglieder der Kasse. Unerheblich ist es, daß der Beschwerdeführer sein Gewerbe fabrikmäßig betreibt, da das Statut alle photographischen Gewerbebetriebe ohne Unterschied der Kasse zuweist.

78. Versicherungspflicht nicht „vorübergehend" beschäftigter Personen.

Entschg. vom 6. Oktober 1885 i. S. Ortskrankenkasse der Buchdrucker w. M.

Gründe.

Beklagter erkennt seine Verpflichtung zur Zahlung von Beiträgen nur mit Bezug auf die Arbeiter K. und S. nicht an, weil ersterer nur aushilfsweise beschäftigt war und jeder Zeit entlassen werden konnte, letzterer probeweise als Lehrling beschäftigt war. Diese Einwände des Beklagten sind nicht gegründet, da nach § 1 des Krankenversicherungsgesetzes von dem Versicherungszwange nur diejenigen Arbeiter befreit sind, deren Beschäftigung ihrer Natur nach eine vorübergehende oder im Voraus durch Arbeitsvertrag auf weniger als eine Woche beschränkt ist. Weder das eine, noch das andere liegt hier vor.

79. Vertretung der Kassenmitglieder im Vorstande.

Verf. vom 8. Oktober 1885.

Der Barbiergehilfe S., welcher von den Kassenmitgliedern als Vorstandsmitglied gewählt wurde, machte sich „selbständig" und blieb jedoch „berechtigtes" Kassenmitglied. Der Kassenvorstand erachtete das Mandat des S. hierdurch für erloschen. Die Gewerbedeputation beschied den reclamirenden S.

> „daß, nachdem Sie freiwilliges Mitglied der Ortskrankenkasse der Barbiere geblieben sind, Ihre Funktion als Vertreter der Kassenmitglieder im Vorstande nicht als erloschen zu betrachten ist" . . . . . . aus folgenden

Gründen.

So lange S. freiwilliges Mitglied der Kasse bleibt, ist er seines Mandates als Vorstandsmitglied nicht verlustig. Daß er auf Grund des § 27 des Krankenversicherungsgesetzes freiwilliges Mitglied bleiben kann, erscheint unbedenklich. Denn er ist aus der die zwangsweise Mitgliedschaft begründenden Beschäftigung ausgeschieden und nicht zu einer Beschäftigung übergegangen, vermöge deren er Mitglied einer andern der in §§ 16. 58. 73. 74. bezeichneten Krankenkassen geworden ist, hält sich auch im Gebiete des deutschen Reiches auf. Die Voraussetzungen des § 27 cit. sind also gegeben (cf. v. Woedtke, Kommentar, 2. Aufl. Anm. 2 zu § 27, S. 124). Wenn aber S. Mitglied der Kasse geblieben ist, so ist er auch in seiner Stellung als von den Kassenmitgliedern gewähltes Vorstandsmitglied zu belassen. Der Vorstand ist nach § 34 Abs. 2, abgesehen von der den Arbeitgebern nach § 38 zustehenden Vertretung, aus der Mitte der Kassenmitglieder zu erwählen, und Kassenmitglied ist eben S. Hieran wird auch dann Nichts geändert, wenn S. später selbst versicherungspflichtige Personen beschäftigen sollte. Er würde nur dann hinsichtlich der letzteren Arbeitgeber, im übrigen Kassenmitglied sein. Er kann dann in beiden Abtheilungen der General-Versammlung wählen, unter den Kassenmitgliedern mit einer Stimme, unter den Arbeitgebern für jedes von ihm beschäftigte stimmberechtigte Kassenmitglied mit je einer Stimme. Er kann auch von beiden Wahlkörpern in den Vorstand gewählt werden, aber nur eine Wahl annehmen. Mag dieses Resultat etwas sonderbar erscheinen, so ist es doch nach den gesetzlichen Vorschriften nicht zu umgehen. Die Vorschrift des § 38 Abs. 2 dürfte der entwickelten Ansicht nicht im Wege stehen, denn S. ist eben, soweit er Kassenmitglied ist, nicht Arbeitgeber. Zu bemerken ist noch, daß nach § 64 Nr. 6 bei Betriebs-Krankenkassen die aus den Betrieben ausgeschiedenen freiwilligen Mitglieder überhaupt weder Stimmrecht ausüben, noch Kassenämter bekleiden können; die Ausdehnung dieser Vorschrift auf die Ortskrankenkassen ist aber ausdrücklich als „mindestens entbehrlich, vielleicht schädlich“ abgelehnt worden. (Vgl. v. Woedtke l. c. Anm. 5 zu § 27 S. 125.) Die freiwilligen Mitglieder des § 27 stehen also in ihrem aktiven und passiven Wahlrecht den andern Kassenmitgliedern völlig gleich.

80. Versicherungspflicht von Zeichnern bei Architekten.

Verf. vom 13. Oktober 1885.

Der tit. erwidern wir auf das gefällige Schreiben vom 4. d. M. ganz ergebenst, daß Zeichner, welche bei Architekten beschäftigt werden, hierorts nicht als versicherungspflichtig angesehen worden sind. Unseres Erachtens steht der Architekt als Verfertiger von Entwürfen zu Bauten auf gleicher Linie mit dem Musiker, Kunstmaler, Schriftsteller, Arzt rc. Diese Personen beschäftigen vielfach Gehülfen und üben ihre Kunst des Erwerbes wegen aus, ohne daß deshalb ihre Beschäftigung unter den Begriff des Handels und der Industrie fällt, für welche das Krankenversicherungsgesetz gegeben ist. Es kann daher die Thätigkeit des Architekten als Verfertiger von Entwürfen nicht als stehender Gewerbebetrieb im Sinne des § 1 Absatz 1 Nr. 2 a. a. O. angesehen werden. Ebensowenig aber kann angenommen werden, daß Personen der in Rede stehenden Art „bei Bauten" im Sinne der Nr. 1 a. a. O. beschäftigt sind; denn die Aufstellung der Entwürfe repräsentirt nicht einen Theil des Baues selbst.

81. Versicherungspflichtige Mitgliedschaft.

Verf. vom 20. Oktober 1885.

...... Auf Ihre Eingabe vom 14. d. M. gereicht Ihnen zum Bescheide, daß der B. gemäß der ärztlichen Bescheinigung zwar nicht gesund, aber erwerbsfähig und im Gewerbe der Goldschmiede beschäftigt, daher als Mitglied der Kasse zu betrachten ist, und daß der Annahme der Beiträge gemäß § 31 des Kassenstatuts Nichts im Wege steht.

82. Irrthümliche Aufnahme eines Beitrittsberechtigten als verpflichtetes Mitglied.

Entschg. v. 22. Oktober 1885 i. S. H. w. Ortskrankenkasse der Schuhmacher.

Gründe.

Nach § 20 des Statuts der beklagten Kasse haben Personen, welche der Kasse auf Grund des § 4 des Statuts (§ 19 Absatz 3 des Krankenversicherungsgesetzes) beitreten, keinen Anspruch auf Unterstützung, wenn der Unterstützungsfall eintritt, bevor 6 Wochen seit ihrer Anmeldung verstrichen sind.

Am 19. Juni cr. überreichte Kläger eine vom 1. desselben Monats datirte Anmeldung des Schuhmachermeisters S., wonach jener bei diesem länger, als seit dem 1. Dezember 1884, beschäftigt sein sollte. In Folge dessen und gemäß § 19 Abs. 2 des Gesetzes wurde Kläger als am 1. Dezember 1884 eingetretenes versicherungspflichtiges Mitglied eingetragen und zahlte auf Verlangen des Vorstandes die statutenmäßigen Beiträge für die Zeit vom 1. Dezember 1884 bis zum 19. Juni 1885 im Betrage von 6,24 *M.* aus eigenen Mitteln nach.

Am 11. Juli 1885 erkrankte Kläger und erhielt für 12 Wochen neben freier ärztlicher Behandlung ꝛc. ein Krankengeld in Höhe von 1,50 *M.* pro Arbeitstag. Nunmehr stellte sich heraus, daß Kläger nicht in der Betriebsstätte des S. sondern außerhalb derselben in seiner eigenen Behausung beschäftigt und daher gemäß §§ 1, 2 Nr. 4 des Gesetzes nicht versicherungspflichtig, sondern nur beitrittsberechtigt (§ 4 cit., § 19 Abs. 3 des Gesetzes) gewesen war. Die Weigerung der Kasse, ihm weitere Unterstützung zu gewähren, ist begründet.

Kläger ist nur in der irrthümlichen Annahme, daß er versicherungspflichtig sei, seit dem 1. December 1884 als Mitglied betrachtet worden. Thatsächlich ist er nur auf Grund des § 4 cit. als freiwilliges Mitglied beigetreten, und seine Mitgliedschaft datirt daher nach § 6 des Statuts erst vom Tage der Anmeldung, d. i. vom 19. Juni cr. Da er demnach innerhalb der ersten 6 Wochen seiner Mitgliedschaft erkrankt ist, so hatte er Krankenunterstützung überhaupt nicht zu fordern. Die Kasse würde allerdings ihrerseits zur Rückzahlung der zu Unrecht erhobenen 6,24 ℳ verpflichtet sein, diese sind aber gegen das gezahlte Krankengeld aufzurechnen, sodaß Kläger jedenfalls keine weiteren Ansprüche zu erheben hat.

83. Aufnahme eines erkrankten Kassenmitgliedes in ein Krankenhaus ohne Genehmigung des Vorstandes.

Entschg. vom 22. Oktober 1885 i. S. W. w. Ortskrankenkasse der Maschinenbauarbeiter.

Gründe.

Kläger ist ohne Genehmigung des Kassenvorstandes in ein Krankenhaus aufgenommen worden. Da nach § 13 des Statuts freie Kur und Verpflegung in einem Krankenhause nur auf Verfügung des Vorstandes eintritt, so ist Beklagte zur Gewährung dieser Leistung, bez. zur Erstattung der durch die Verpflegung verursachten Kosten nicht verpflichtet. Zur Gewährung des statutenmäßigen vollen Krankengeldes bleibt indeß Beklagte nach analoger Anwendung des § 20 Abs. 10 des Statuts verpflichtet. Die Kasse könnte es den Mitgliedern nicht verwehren, sich auf eigene Kosten in Krankenhauspflege zu begeben und von der Kasse nur die Leistung des Krankengeldes zu beanspruchen. Die durch Krankheit verursachte Erwerbsunfähigkeit muß natürlich dem Vorstande nachgewiesen werden.

84. Anspruch einer Kasse an den Arbeitgeber wegen Mißhandlung eines Lehrlings.

Verf. vom 23. Oktober 1885.

Dem Vorstande erwidern wir auf das Schreiben vom 20. d. M., daß allerdings dem Lehrling C., falls er durch die Mißhandlung seines Lehrherrn verletzt worden ist, gegen denselben nach §§ 111, 120 ff. ALR. I. 6 ein Entschädigungsanspruch zusteht und daß dieser Anspruch nach § 57 Abs. 4 des Krankenversicherungsgesetzes in Höhe der dem C. geleisteten Unterstützung auf die Orts-Krankenkasse übergegangen ist. Indeß sind wir zur Entscheidung derartiger Streitigkeiten nicht kompetent; dieselben sind vielmehr nach § 58 Abs. 2 a. a. O. im Verwaltungsstreitverfahren zu erledigen, und zwar ist gemäß der Allerhöchsten Verordnung vom 12. September d. J. die Klage beim hiesigen Bezirksausschuß anzubringen.

85. Vollstreckbarkeit der auf Grund des § 58 Absatz 1 ergangenen Entscheidung der Aufsichtsbehörden über Unterstützungsansprüche.

Verf. vom 23. Oktober 1885.

...... daß dem gestellten Antrage[1]) nicht stattgegeben werden kann. Unsere Entscheidung ist nach § 58 Abs. 2 des Krankenversicherungsgesetzes vorläufig vollstreckbar, nnd zwar im Wege des Verwaltungszwangsverfahrens in Gemäßheit der Kgl. Verordnung vom 7. September 1879. Dem Civilgericht steht gemäß § 652 der Civilprozeßordnung die Befugniß zur Einstellung der Zwangsvollstreckung nur gegenüber gerichtlichen Urtheilen, nicht gegenüber der Entscheidung einer Verwaltungsbehörde zu. Sollte daher wider Erwarten eine gerichtliche Einstellungsverfügung ergehen, so würden wir ungeachtet derselben bei fernerer Zahlungsverweigerung auf Antrag der Klägerin mit Pfändung vorgehen. Wir ersuchen Sie ergebenst, den Kassenvorstand hiervon zu benachrichtigen.

86. Begriff der vorübergehenden oder durch den Arbeitsvertrag im Voraus auf einen Zeitraum von weniger als einer Woche beschränkten Beschäftigung.

Verf. vom 28. Oktober 1885.

Ew. Wohlgeboren erwidern wir auf das gefällige Schreiben vom 27. d. M., daß auch nach unserer Ansicht Lohnkellner, welche gegen Tageslohn beschäftigt werden, sowie Kellnerinnen, welche täglich ihre Stellung aufgeben oder entlassen werden können, dem Versicherungszwange unterliegen. Denn weder ist die Beschäftigung dieser Personen an sich ihrer Natur nach eine vorübergehende, noch wird sie durch jene Umstände zu einer durch den Arbeitsvertrag im Voraus auf einen Zeitraum von weniger als einer Woche beschränkten. In letzterer Hinsicht spielt die Frage der Lohnzahlung und des Kündigungsrechtes gar keine Rolle; es kommt vielmehr lediglich auf das Vorhandensein einer bestimmten, vorher getroffenen Abrede an,

---

[1]) Es wurde angezeigt, daß gegen die Entscheidung der Gewerbe-Deputation die Berufung auf den Rechtsweg eingelegt und damit der Antrag auf Einstellung der Zwangsvollstreckung ev. gegen Sicherheitsleistung, verbunden worden sei, und gebeten, die Vollstreckung der Entscheidung bis zur Beschlußfassung des Gerichts über den erwähnten Antrag auszusetzen. A. d. H.

daß der Dienst im Ganzen weniger als 7 Tage dauern soll; hier dagegen ist das Dienstverhältniß auf ganz unbestimmte Dauer eingegangen. In diesem Sinne äußert sich auch Nr. 2 der Königlich Württembergischen Vollzugs-Verfügung vom 4. Dezember 1883 (Amtsblatt S. 329):

„Als eine ihrer Natur nach vorübergehende Beschäftigung im Sinne der durch § 1 des Gesetzes gestatteten Ausnahme ist nur diejenige anzusehen, bei welcher die Arbeitsleistung ihrem Gegenstande nach von vorübergehender kurzer (in der Regel nicht eine Woche übersteigender) und sich nicht regelmäßig wiederholender Dauer ist, wie z. B. Schneeschaufeln oder Abladen einer Ladung Kohlen.

„Als eine durch den Arbeitsvertrag im Voraus auf einen Zeitraum von weniger als einer Woche beschränkten Beschäftigung im Sinne der gleichen Gesetzesstelle ist nur diejenige anzusehen, bei welcher von vornherein eine spätere Fortsetzung über die Dauer einer Woche hinaus nicht in Aussicht genommen ist.

„Im Uebrigen kommt darauf, auf welche Dauer der Arbeitsvertrag abgeschlossen ist, nichts an und unterliegen daher der Versicherungspflicht auch diejenigen Personen, welche jederzeit entlaßbar angestellt oder beschäftigt sind".[1])

87. Leistung des erhöhten Krankengeldes bei „Unfällen".

Cirkularverf. vom 30. Oktober 1885.

Nach § 5 Absatz 9 des am 1. Oktober cr. in Kraft getretenen Unfallversicherungs-Gesetzes haben die durch einen Betriebsunfall verletzten Personen vom Beginn der 5. Woche nach Eintritt des Unfalls bis zum Ablauf der 13. Woche Anspruch auf Gewährung eines Krankengeldes in Höhe von mindestens $^2/_3$ des statutenmäßig fixirten durchschnittlichen Tagelohnes. Die Differenz zwischen diesen $^2/_3$ und dem statutenmäßigen Krankengelde ist von der betheiligten Krankenkasse zu verauslagen und ungesäumt nach der Wiederherstellung bez. nach dem Ablaufe der 13. Woche, ev. nach dem etwa früher erfolgten Ableben des Kassenmitgliedes bei dem Unternehmer desjenigen Betriebes zu liquidiren, in welchem sich der Unfall ereignet hat.

Zahlt bereits die Kasse nach ihren Statuten ein Krankengeld

---

[1]) Das Kgl. Amtsgericht I hat diese Auffassung, welche in den Entscheidungen der Gewerbe-Deputation durchweg festgehalten worden ist, wiederholt bestätigt. A. d. H.

von $^2/_3$ des Tagelohnes oder mehr, oder ist der Verletzte bei mehreren Kassen versichert, und bezieht von den Kassen zusammen soviel Krankengeld, daß die Höhe von $^2/_3$ des Tagelohnes erreicht wird, so hat auch der Verletzte keinen Mehranspruch und natürlich die Kasse auch keinen Ersatzanspruch an den Betriebsunternehmer.

Ist der Verletzte in einem Krankenhause untergebracht, so sind 2 Fälle zu unterscheiden:

a) Der Verletzte hat Angehörige, deren Unterhalt er bisher aus seinem Arbeitsverdienste bestritten hat. Alsdann ist das ihm statutenmäßig zustehende Krankengeld ($^1/_2$ des Hauskrankengeldes) auf nur $^1/_3$ des durchschnittlichen Tagelohnes zu erhöhen.

b) Der Verletzte hat keine Angehörige. Hier kommt es darauf an, ob die Kasse nach ihren Statuten überhaupt ein Krankengeld gewährt, und nur in diesem Falle ist das Krankengeld auf $^1/_6$ des durchschnittlichen Tagelohnes zu erhöhen. Giebt die Kasse statutenmäßig kein Krankengeld, so findet auch keine Erhöhung statt.

Auch für diese Fälle der Krankenhauspflege gilt gleicherweise das bisher Gesagte.

Im Uebrigen und bezüglich des Formulars für die Liquidation der Kasse an den Betriebsunternehmer verweisen wir auf die anliegende „Bekanntmachung" des Reichs-Versicherungs-Amtes[1]) und bemerken nur noch, daß es sich empfehlen dürfte, gemäß § 6 der Bekanntmachung in allen Fällen vor Bewilligung des Mehrbetrages an Krankengeld die Erklärung des Betriebsunternehmers einzufordern.

88. Verweigerung des Sterbegeldes bei Selbstmord. Formlose Entscheidung.

Bericht des Magistrats an den Oberpräsidenten von Berlin vom 10. November 1885.

...... Am 16. v. M. erschien im Büreau unserer Gewerbe-Deputation die Frau H. und gab zu Protokoll, daß ihr Ehemann am 13. desselben Monats verstorben sei und daß die Ortskrankenkasse der Maler — welcher ihr Ehemann als Mitglied angehört habe — die Auszahlung des Sterbegeldes verweigere, weil die Ursache des Todes Selbstmord gewesen sei. Da die Frau erklärte, sie sei in der größten Bedrängniß, so erging sofort eine urschriftliche Verfügung an den Kassenvorstand, welche ein Beamter der Gewerbedeputation in Begleitung der Ehefrau dem Rendanten persönlich

---

[1]) Hier nicht abgedruckt; vgl. Reichsanzeiger 1885 Nr. 234.

überbrachte. Dies hatte in sofern den gewünschten Erfolg, als das Sterbegeld an die H. unter Vorbehalt der Rechte aus §16 des Statuts gezahlt wurde. Was den Punkt 2 der Eingabe des Kassenvorstandes vom 23. November anlangt, so ist es zweifellos, daß eine Verweigerung des Sterbegeldes in Fällen, in denen der Tod durch eigenes Verschulden eingetreten ist, unbegründet ist. Nach § 26 Abs. 4 Nr. 2 des Krankenversicherungsgesetzes kann durch Kassenstatut bestimmt werden, daß Mitgliedern, welche sich die Krankheit vorsätzlich ... zugezogen haben, das statutenmäßige Krankengeld gar nicht oder nur theilweise zu gewähren ist. Von dieser Befugniß hat auch die Ortskrankenkasse der Maler im § 16 ihres Statuts Gebrauch gemacht. Danach tritt also nur eine Entziehung des Krankengeldes bei Krankheit ein, nicht eine Entziehung des Sterbegeldes bei Todesfällen. Eine Beschränkung in der Gewährung der gesetzlichen Minimalleistungen der Ortskrankenkasse — wozu auch das Sterbegeld gehört (§ 20 a. a. O.) — könnte nur innerhalb der im Gesetze selbst (§ 26) gezogenen Grenzen stattfinden. Da das Gesetz eine Entziehung des Sterbegeldes in keinem Falle gestattet, so wäre auch selbst eine diesbezügliche statutarische Bestimmung unanwendbar.

Zu Punkt 1 der Beschwerde erlauben wir uns noch Folgendes ... zu bemerken: Abgesehen davon, daß unsere Verfügung vom 16. Oktober cr. sehr wohl als Entscheidung im Sinne des § 58 a. a. O. gelten kann und es der Kasse freigestanden hätte gegen diese Entscheidung den Weg der Klage zu beschreiten, glauben wir auch berechtigt zu sein, in Fällen, in denen es sich um streitige Unterstützungs-Ansprüche handelt, mit Rücksicht darauf, daß hier unsere Entscheidung vorläufig vollstreckbar ist, schon vor Abgabe einer formellen Entscheidung die Kasse mit entsprechenden Anweisungen zu versehen. Ein solches Verfahren erscheint dringend nothwendig, da es in vielen — ja vielleicht allen — solchen Fällen darauf ankommt, daß die Unterstützung sofort und noch während der Hilfsbedürftigkeit geleistet wird und damit nicht durch die — wie im vorliegenden Falle — völlig unbegründete Weigerung der Kasse die Wohlthat der Unterstützung vereitelt wird ......[1])

---

[1]) Der auf diesen Bericht ergangene Oberpräsidial-Erlaß vom 19. November 1885 lautet:

...... Diese Bestimmung (§ 16 des Statuts) kann nicht auf solche Fälle ausgedehnt werden, in welchen der Tod eines Mitgliedes durch eigenes Verschulden desselben eingetreten ist. Das Sterbegeld mußte demnach, obwohl der Maler H. den Tod sich durch Vergiftung zugezogen hat, an die Wittwe desselben gezahlt werden. Die Entscheidung der dortigen Gewerbe-Deputation erscheint hiermit mit Rücksicht auf § 58 des Krankenversicherungsgesetzes begründet.

A. d. H.

89. Gewährung von Krankenunterstützung an Altersschwache.

Entschg. vom 10. November 1885 i. S. S. w. die Orts-Krankenkasse des Zimmrergewerbes.

Gründe.

Durch die Bekundungen des Kassenarztes Dr. K. ist erwiesen, daß Kläger, nachdem er sechs Wochen hindurch wegen Muskelrheumatismus behandelt worden und während dieser Zeit statutenmäßig unterstützt worden war, nicht mehr als an dieser Krankheit leidend, sondern lediglich als in Folge von Altersschwäche erwerbsunfähig befunden worden ist. Da aber Krankenunterstützung nur bei Krankheit oder bei durch Krankheit herbeigeführter Erwerbsunfähigkeit gewährt werden darf, Altersschwäche aber, welche an der Arbeit hindert, als Krankheit nicht angesehen werden kann, so war unter Berücksichtigung des § 21 Absatz 2 des Krankenversicherungsgesetzes, wie geschehen, zu entscheiden[1]).

90. Kompensation der Forderung des Unterstützungsberechtigten gegen seine eigenen Beitragsschulden.

Entschg. vom 10. November 1885 i. S. H. w. Orts-Krankenkasse der Schuhmacher.

Gründe.

Kläger ist nach seinem Zugeständniß noch aus den Jahren 1881—1883 und aus der Zeit vom 1. Januar bis 30. November 1884 mit 28 ℳ. 80 ₰ Beiträgen an die Schuhmachergesellen-Kranken- und Sterbe-Kasse, an deren Stelle seit dem 1. Dezember 1884 die Beklagte getreten ist, im Rückstande. Da nach dem bis zum 1. Dezember 1884 in Geltung gewesenen Recht das versicherungspflichtige Mitglied selbst, nicht, wie jetzt (§ 51 des Krankenversicherungsgesetzes) nur der Arbeitgeber der Kasse gegenüber zur Zahlung der Beiträge verpflichtet war (vgl. § 4 Absatz 1, § 6 Absatz 11 des früheren Statuts vom $\frac{\text{27. September}}{\text{15 October}}$ 1872), so stellt sich jener Rückstand als eine eigene Schuld des Klägers dar, und nach § 56 des Gesetzes würde daher der Vorstand berechtigt sein, bis auf Weiteres das ganze dem Kläger gebührende Krankengeld auf seine Forderung aufzurechnen. Wenn er sich, wie geschehen, bereit erklärt hat, den Kläger bis zur Tilgung seiner Schuld die Hälfte des statutenmäßigen Krankengeldes auszuzahlen, so hat er mehr gewährt, als wozu er angehalten werden könnte.

---

[1]) Ebenso ist in der Entschg. vom 23. Juli 1885 in Sachen S. wider die Orts-Krankenkasse der Maschinenbauarbeiter dem Kläger, welcher an allgemeinem Siechthum litt, der Anspruch auf Krankenunterstützung aberkannt worden.

91. Einfluß irrthümlicher Anmeldung einer versicherungspflichtigen Person bei einer für sie nicht zuständigen Orts-Krankenkasse auf die Unterstützungsansprüche.

Entschg. vom 17. Nov. 1885 i. S. Wittwe W. w. die O. K. K. der Uhrmacher

Gründe.

Der Ehemann der Klägerin, welcher das Uhrmacher-Gewerbe erlernt hat, war länger als seit dem 1. Dezember 1884, in einer hiesigen Telegraphen-Bau-Anstalt beschäftigt. Von seinem Arbeitgeber wurde er am 3. Dezember 1884 zu der beklagten Kasse angemeldet, zu welcher auch die Beiträge gezahlt wurden und aus der er wiederholentlich Kranken-Unterstützung erhielt. Auf Grund einer generellen Anweisung der Aufsichtsbehörde[1]) forderte der Vorstand der beklagten Kasse am 1. Oktober den Arbeitgeber des W. auf, denselben bei der für ihn zuständigen Orts-Krankenkasse der Mechaniker, Optiker und verwandten Gewerbe anzumelden. Die Annahme der Anmeldung wurde jedoch von dem Vorstand der letztgenannten Kasse verweigert. Am 11. Oktober cr. ist W. gestorben.

Es war, wie geschehen, zu erkennen.

Für die zwangsweise Zugehörigkeit zu einer bestimmten Orts-Krankenkasse ist lediglich der Gewerbszweig und die Betriebsart maßgebend, in welchem die betreffende Person beschäftigt ist (§ 19 Absatz 1 und 2 des Krankenversicherungsgesetzes). Entscheidend ist also der Gewerbszweig des Arbeitgebers, unerheblich dagegen ist es, welches Gewerbe der Arbeiter erlernt hat. W. war in einer Telegraphen-Bau-Anstalt beschäftigt, für diesen Gewerbszweig aber ist die Orts-Krankenkasse der Mechaniker, Optiker und verwandten Gewerbe bestimmt (§ 1 des Statuts vom 15. November 1884), während die beklagte Kasse nur für die im Betriebe des Uhrmachergewerbes thätigen Personen zuständig ist. W. ist daher Kraft Gesetzes (§ 19 Absatz 2 rc.), ohne daß es einer neuen Anmeldung bedurfte, bereits am 1. Dezember 1884 Mitglied der Orts-Krankenkasse der Mechaniker rc. geworden und nur irrthümlich als Mitglied der beklagten Kasse betrachtet worden. Letztere wird an die erstere die zu Unrecht erhobenen Beiträge herausgeben müssen, falls dieselben nicht, wie anzunehmen, durch die dem W. gewährte Krankenunterstützung, welche von Rechtswegen die Orts-Krankenkasse der Mechaniker rc. hätte leisten müssen, absorbirt sind.

Der Anspruch auf Sterbegeld aber kann nur gegen die letztgenannte Kasse geltend gemacht und mußte daher der Beklagten gegenüber abgewiesen werden[2]).

---

[1]) Cirkularverf. vom 26. Aug. 1885, unter Nr. 66 abgedruckt. A. d. H.

[2]) Durch Entschg. vom 2. Dez. 1885 ist demgemäß die Orts-Krankenkasse der Mechaniker zur Zahlung des Sterbegeldes verurtheilt worden. A. d. H.

92. Erlöschen der Mitgliedschaft berechtigter Kassenmitglieder durch Nichtzahlung der Beiträge.

Entschg. vom 24. November 1885 in Sachen K. w. Ortskrankenkasse der Maurer.

Gründe.

Wie das vorgelegte Quittungsbuch erweist, hat Kläger, welcher freiwilliges Mitglied der Orts-Krankenkasse der Maurer war, die Beiträge für die Monate September und Oktober cr. mit je 1,50 *M.* am 24. Oktober, an welchem Tage er nach seiner Behauptung erkrankt ist, entrichtet. Nach §§ 26, 27 und 30 des Kassenstatuts war Kläger als freiwilliges Mitglied verpflichtet, die vollen Monatsbeiträge am Beginn eines jeden Kalender-Monats pränumerando selbst zur Kasse einzuzahlen; nach § 8 Abs. 2 des Statuts erlischt die Mitgliedschaft der freiwilligen Mitglieder, falls die Kassenbeiträge an zwei auf einander folgenden Terminen nicht gezahlt werden, mit dem zweiten Zahlungs-Termin; für die bis zum Erlöschen der Mitgliedschaft fällig gewordenen Beiträge bleiben die Ausgeschiedenen verhaftet. Hiernach war am 24. Oktober — dem Tage der Erkrankung und zugleich der Zahlung der für Oktober und September nicht an den Zahlungsterminen geleisteten Beiträge — die Mitgliedschaft des Klägers erloschen, so daß sein Anspruch auf Krankenunterstützung abzuweisen war. Die Kasse war auch berechtigt, vom Kläger den Beitrag pro September nachträglich anzunehmen, da Kläger für diesen nach der citirten Bestimmung noch verhaftet war. Anders verhält es sich mit dem Beitrage pro Oktober. Nach § 8 cit. erlosch die Mitgliedschaft des Klägers mit dem zweiten Zahlungstermine. Man könnte dies so auslegen, daß, da Kläger noch den ganzen Tag, auf welchen der zweite Zahlungstermin trifft, zur Erfüllung seiner Zahlungsverbindlichkeit zur Verfügung hat (§ 47 A.L.R. I, 3), auch die Mitgliedschaft mit dem Ende dieses Tages d. h. des 1. Oktobers erlischt, so daß Kläger, da an diesem Tage der Beitrag pro Oktober zu zahlen war, auch für diesen Beitrag verhaftet sein würde. In der gesetzlichen Bestimmung aber, auf welche sich jene statutarische Vorschrift gründet (§ 27 Abs. 2 des Krankenversicherungsgesetzes), und welche allein maßgebend ist, heißt es nur: „Die Mitgliedschaft erlischt, wenn die Beiträge an zwei auf einander folgenden Zahlungsterminen nicht geleistet werden". Der Termin des Erlöschens ist hier nicht ausdrücklich fixirt. Die Auslegung, daß die Mitgliedschaft bereits mit dem Ende des Tages erlischt, welcher dem zweiten Zahlungstermine vorausgeht, also hier mit dem Ende des 30. September, ist mit dem Wortlaute des Gesetzes nicht in Widerspruch, sie steht aber im Einklang mit der Absicht des Gesetzgebers. Nach § 51 des Krankenversicherungsgesetzes sind die Kassenbeiträge im Voraus zu zahlen. Ein freiwilliges Mitglied sichert sich also durch

Zahlung seines Beitrages die Mitgliedschaft bis zum Ende der begonnenen Zahlungsperiode; es würde der Consequenz entsprechen, daß seine Mitgliedschaft sofort erlischt, wenn es einen Beitrag nicht pünktlich gezahlt hat. Aus Billigkeitsrücksichten giebt das Gesetz ihm eine Frist bis zum nächsten Zahlungstermin; wenn es aber auch diesen nicht innehält, so kann seine Mitgliedschaft nicht weiter reichen, als sie durch den gestundeten Betrag gedeckt sein würde d. h. bis zum Ende der ersten Zahlungsperiode. Wenn man demnach annehmen muß, daß die Mitgliedschaft des Klägers mit dem Ende des 30. September erloschen war, so ist er nur noch für den Beitrag pro September verhaftet; denn der Beitrag für Oktober ist erst nach dem Erlöschen seiner Mitgliedschaft fällig geworden. Die Kasse hat letzteren Beitrag in irrthümlicher Auslegung der gesetzlichen Vorschrift und keineswegs in der Absicht angenommen, dadurch die durch die Zahlungszögerung entstandene Wirkung — d. h. die Aufhebung der Mitgliedschaft — nachträglich wieder zu beseitigen; sie muß daher diesen Beitrag dem Kläger zurückerstatten. Letzterer müßte andernfalls für eine Zeit beitragen, während welcher er in keinem Momente mehr Mitglied der Kasse gewesen ist.

93. Austritt aus der die Mitgliedschaft begründenden Beschäftigung.

Entschg. vom 25. November 1885 i. S. T. w. Ortskrankenkasse der Maurer.

Gründe.

Kläger hat vom 15. Juli bis zum 1. August 1885 der Ortskrankenkasse der Maurer als verpflichtetes Mitglied angehört und ist sodann auf Grund des § 27 des Krankenversicherungsgesetzes freiwilliges Mitglied geblieben, hat auch seine Beiträge bis ult. November 1885 bezahlt. Am 14. September 1885 ist Kläger bei dem Architekten und Maurermeister M., welcher seine Wohnung und gewerbliche Niederlassung in Charlottenburg hat, in Arbeit getreten und hierbei am 10. November 1885 auf einem zu Charlottenburg belegenen Neubau verunglückt. Dadurch daß Kläger am 14. September d. J. bei M. in Arbeit trat, ging er zu einer Beschäftigung über, kraft deren er Mitglied einer andern Ortskrankenkasse — hier die zuständige Charlottenburger Ortskrankenkasse — wurde. Denn für die Zugehörigkeit zu einer Ortskrankenkasse ist nicht der Wohnsitz des Mitgliedes, sondern nach § 16 Abs. 1 a. a. O. der Ort der Beschäftigung maßgebend. Dieser würde hier auch dann Charlottenburg sein, wenn der betreffende Neubau sich auf Berliner Terrain befunden hätte, da der Ort der gewerblichen Niederlassung des Arbeitgebers als Beschäftigungsort anzusehen ist[1]). Nach § 27 cit. hat daher Kläger am 14. September 1885 aufgehört freiwilliges Mitglied der Orts-Krankenkasse der Maurer zu Berlin zu sein und ist zwangsweises Mitglied der betreffenden Ortskrankenkasse zu Charlottenburg geworden, an welche er sich wenden mag. Wenn die erstere Kasse in Unkenntniß der anderweitigen Beschäftigung des Klägers die Beiträge bis ult. November angenommen hat, so ändert dies an der sachlichen Entscheidung nichts; es werden nur dem Kläger auf Verlangen die irrthümlich zu viel erhobenen Beiträge zurückzuzahlen sein.

94. Annahme von Beiträgen eines freiwilligen Mitgliedes, nachdem dasselbe die Beiträge an zwei aufeinander folgenden Terminen nicht geleistet hatte.

Entschg. vom 26. November 1885 i. S. T. w. Orts-Krankenkasse der Schuhmacher.

Gründe.

Kläger war seit dem 1. Dezember 1884 gemäß § 19 Absatz 3 des Krankenversicherungsgesetzes (§ 4 Nr. 2 des Statuts) freiwilliges Mitglied der beklagten Kasse und hatte als solches nach §§ 27 und 31 des Statuts die Monatsbeiträge am ersten Tage jedes Kalendermonats pränumerando selbst einzuzahlen. Er hat, wie das vorgelegte Quittungsbuch ergiebt, die Beiträge für die Monate April bis Oktober 1885 zusammen erst am 17. Oktober 1885 an die Kasse bezahlt, und es sind diese Beiträge von dem fungirenden Kassenbeamten vorbehaltlos angenommen und im Quittungsbuch abgestempelt worden. Am 2. November cr. erhielt Kläger auf sein Ansuchen einen sog. Medizinschein, auf welchem auch der Kassenarzt seine Erwerbsunfähigkeit bescheinigte. Die Gewährung der Krankenunterstützung wurde jedoch nunmehr vom Vorstande unter Berufung auf § 19 Absatz 5 des Gesetzes (§ 8 Absatz 2 des Statuts) verweigert, wonach die freiwillige Mitgliedschaft erlischt, wenn die Beiträge an zwei auf einander folgenden Zahlungsterminen nicht geleistet worden sind. Dieser Einwand der Kasse kann aber nicht für durchgreifend erachtet werden. Die vorbehaltlose Annahme der rückständigen Beiträge durch den kompetenten Beamten ist nach § 33 Absatz 3 des Statuts für die Kasse verbindlich. Durch diese Annahme aber hat die Kasse ihren Willen dokumentirt, den T. trotz seiner Säumigkeit im Zahlen der Beiträge fernerhin als Mitglied zu betrachten, und zwar ohne Unterbrechung; sie hat sich damit einverstanden erklärt, daß aus der konkludenten Handlung des Nichtzahlens der Beiträge das Erlöschen der Mitgliedschaft in diesem

[1]) In einem Schreiben des Reichsamtes des Innern vom 8. Oktober 1884 an die Bundesregierungen wird dieser Satz ausgesprochen.

Falle nicht hergeleitet werden soll. Da hiernach T. zur Zeit seiner Erkrankung länger als 6 Wochen Mitglied war und nicht etwa erst am 17. Oktober cr. von Neuem Mitglied geworden ist, so findet die für neu eintretende freiwillige Mitglieder durch § 20 Absatz 2 des Statuts eingeführte sechswöchentliche Karenzzeit auf den vorliegenden Fall keine Anwendung[1]).

95. Weiterzahlung des Lohnes während der Erkrankung.

Verf. vom 27. November 1885.

Dem Vorstande erwidern wir auf das gefällige Schreiben vom 23. d. M., daß das statutarische Krankengeld in jedem Falle der Erwerbsunfähigkeit, d. h. wenn das betreffende Mitglied durch die Krankheit an und für sich und abgesehen von seinen vertragsmäßigen Ansprüchen gehindert ist, seinem Erwerbe nachzugehen, zu zahlen ist, daß es also dabei nicht in Betracht kommt, ob dem Erkrankten sein Gehalt oder Lohn weiter gezahlt wird. Das gilt sowohl von versicherungspflichtigen, wie von freiwilligen Mitgliedern.

96. Beitragszahlung für Lehrlinge.

Verf. vom 30. November 1885.

Auf die Anfrage, wer für die Beiträge eines Lehrlings hafte, welcher nur Kost und Wohnung bei seinem Meister erhalte, erging folgender Bescheid:

Auf das Schreiben vom 26. d. M. erwidern wir Ihnen, daß sich die Beantwortung der gestellten Frage aus §§ 1, 19 Abs. 2, 51 des Krankenversicherungsgesetzes ergiebt. Falls Hugo H. bei seinem Lehrherrn auch nur Kost oder Wohnung erhält, so ist er Kraft Gesetzes Mitglied der Orts-Krankenkasse der Schuhmacher geworden, und sein Arbeitgeber ist verpflichtet, den auf den Knaben entfallenden Beitrag voll zur Kasse einzuzahlen; nöthigenfalls wird diese Leistung durch Zwangsvollstreckung erzwungen. Wenn durch den Lehrvertrag oder in anderer Weise die Erstattung der dem Knaben zur Last fallenden zwei Drittel an den Lehrherrn nicht vorgesehen ist, so bleibt dies für das Verhältniß des letzteren zur Kasse unerheblich.

---

[1]) Der gleiche Grundsatz ist in der Entschg. vom 20. Januar 1886 i. S. H. wider die O.K.K. der Maurer hinsichtlich eines auf Grund des § 27 Abs. 1 des Gesetzes in der Kasse verbliebenen Mitgliedes ausgesprochen worden, wobei noch ausgeführt wurde, daß die Kasse durch die vorbehaltlose Annahme der Beiträge in dem Kläger, welcher sich vielleicht sonst anderweitig gegen Krankheit versichert haben würde, den Glauben erweckt habe, daß er noch versichert sei.

97. Anspruch eines als „Lehrling" Angemeldeten auf das Krankengeld für „erwachsene männliche Personen".

Entschg. vom 3. Dezember 1885 i. S. L. w. Ortskrankenkasse der Mechaniker.

Gründe.

Beklagte gewährt dem erkrankten Kläger nur das Krankengeld für Lehrlinge, bez. Mitglieder unter 16 Jahre in Höhe von 3,90 *M.* pro Woche. Da Kläger unbestritten am 10. September cr. — also vor seiner Erkrankung — sein 16. Lebensjahr vollendet hat und nach Aussage des Arbeitgebers nicht Lehrling, sondern Arbeitsbursche ist, so ist Beklagte verpflichtet dem Kläger das Krankengeld für „erwachsene männliche Kassenmitglieder" zu gewähren. Ob Kläger bei seiner Aufnahme als Mitglied am 1. September cr. noch nicht 16 Jahr alt war, ist für die Beurtheilung des vorliegenden Falles gleichgiltig.

98. Zuständigkeit für Entscheidung von Streitigkeiten aus § 50 des Gesetzes vom 15. Juni 1883.

Verf. vom 4. Dezember 1885.

Das Kgl. Amtsgericht I hatte durch Urtheil vom 21. November 1885 eine Klage der Orts-Krankenkasse für das Gewerbe der Beherbergung und Erquickung gegen den Restaurateur K. aus § 50 des Krankenversicherungsgesetzes wegen Unzulässigkeit des Rechtsweges abgewiesen, indem es annahm, daß auch derartige Streitigkeiten auf Grund des § 58 Absatz 1 a. a. O. zunächst von der Aufsichtsbehörde entschieden werden müßten. Da die Gewerbe-Deputation sich vorher in zahlreichen derartigen Fällen für unzuständig erklärt und die Kassenvorstände auf die direkte Beschreitung des ordentlichen Rechtsweges verwiesen hatte, so fragte Rechtsanwalt M. an, ob die Gewerbe-Deputation auch fernerhin bei ihrer Ansicht verbleibe. Darauf erging folgende Antwort:

Ew. Wohlgeboren erwidern wir auf die gefälligen Schreiben vom 21. und 27. v. M. unter Wiederbeifügung der Urtheils-Ausfertigung ergebenst Folgendes:

Wir sind auch jetzt noch der Ansicht, daß Streitigkeiten aus § 50 des Krankenversicherungsgesetzes nicht gemäß § 58 Absatz 1 a. a. O. in erster Linie von der Aufsichtsbehörde, sondern von vornherein durch die ordentlichen Gerichte zu entscheiden sind. Diese Ansicht stützt sich insbesondere darauf, daß es sich hier nicht um „Beiträge" handelt, wie es § 58 cit. verlangt, und daß auch „Unterstützungsansprüche" dabei nicht unmittelbar, als fundamentum proximum, verhandelt werden, sondern nur als fundamentum remotum in Betracht kommen. Für derartige Rechtsansprüche, bei welchen der nächste Rechtsgrund nicht der Unterstützungsanspruch ist, liegt auch ein besonderes Interesse daran, im beschleunigten, möglichst formlosen Verfahren zu einer vollstreckbaren Entscheidung zu gelangen, nicht vor. Diesem Interesse aber verdankt der § 58, und vornehmlich der Schlußsatz des Absatz 1, seine Entstehung. In einem in der „Arbeiterversorgung", Jahrg. 1885, S. 370 ff. abgedruckten endgiltigen Urtheil des Kgl. Württembergischen Landgerichts zu Ravensberg vom 13. Juli d. J. ist zwar die gegentheilige Meinung acceptirt worden, unseres Erachtens jedoch mit Unrecht. Wir verweisen in dieser Hinsicht auf den Aufsatz in der „Arbeiterversorgung", Jahrg. 1885 S. 387 ff. Auch das uns gütigst mitgetheilte Urtheil des Kgl. Amtsgerichts I hier[1])

---

[1]) Die Gründe desselben lauten:

Gemäß § 58 des Reichsgesetzes betreffend die Krankenversicherung der Arbeiter vom 15. Juni 1883 werden Streitigkeiten, welche zwischen den auf Grund dieses Gesetzes zu versichernden Personen oder ihren Arbeitgebern einerseits und der Gemeinde-Krankenversicherung oder der Orts-Krankenkasse andrerseits über die Verpflichtung zur Leistung oder Einzahlung von Beiträgen oder über Unterstützungsansprüche entstehen, von der Aufsichtsbehörde entschieden. Gegen deren Entscheidung findet binnen 2 Wochen nach Zustellung derselben die Berufung auf den Rechtsweg mittelst Erhebung der Klage statt.

Regreßansprüche dagegen sind im Verwaltungsstreitverfahren zum Austrage zu bringen.

Eine Entscheidung der Aufsichtsbehörde als erster Instanz war also erforderlich, wenn die Leistung des Arbeitgebers an die Kasse nach Maßgabe des § 50 sich als Leistung eines Beitrages (Regreßbeitrag) qualificirt und wenn das ganze Rechtsmittel-System des Gesetzes zu erkennen giebt, daß die gesetzgebenden Factoren in erster Linie eine Entscheidung der Aufsichtsbehörde wollten. Beides erhellt aus der Entstehungsgeschichte. § 50 des Gesetzes deckt sich mit § 45 des Entwurfs (S. 133 Band 5 der stenographischen Berichte über die Verhandlungen des Reichstages, 5. Legislaturperiode, II. Session 1882/83 Anlagen) mit der einzigen (von der Commission getroffenen) Abänderung, daß es am Schlusse hieß: „einer nicht angemeldeten Person" statt: „einer vor der Anmeldung erkrankten Person".

Im Anschlusse an § 45 bestimmte § 46, daß die Arbeitgeber für die Arbeiter deren Beiträge bis zu einer vorschriftsmäßig erfolgten Abmeldung wöchentlich im Voraus einzuzahlen hätten, davon nach § 47 ein Drittel der ganzen Beiträge aus eigenen Mitteln. Nach § 48 waren sie zum Abzuge der Beiträge vom folgenden Lohne berechtigt. Auf Streitigkeiten über die Berechnung sollte § 120a der Gewerbe-Ordnung Anwendung finden. Dann bestimmte § 49 wörtlich: „Rückständige Beiträge werden in derselben Weise beigetrieben wie erscheint uns nicht geeignet, unsere Auffassung zu entkräften. Denn mögen auch die Materialien des Gesetzes den vom

---

Gemeindeabgaben". Endlich gab § 52 für die Streitigkeiten des jetzigen § 58 des fertigen Gesetzes, mitinbegriffen die Regreßansprüche an Dritte, ausschließlich das Verwaltungsstreitverfahren und bestimmte nur, daß da, wo solches nicht existire, die Aufsichtsbehörde entscheide und gegen deren Entscheidung binnen 4 Wochen der Rechtsweg beschritten werden könne.

Aus den Motiven (S. 149, 150 a. a. O.) interessirt zunächst, daß sie die §§ 44—49 zusammen damit begründen, daß der Versicherungszwang nur durch Anmeldepflicht der Arbeitgeber durchgeführt werden könne, daß zur Erfüllung der Anmeldepflicht außer der Strafbestimmung des § 70 noch die Bestimmung des § 45 treten müsse, „wodurch der Arbeitgeber verpflichtet wird, alle Aufwendungen, welche die Ortskrankenkasse für einen von ihm beschäftigten und nicht angemeldeten Arbeiter zu machen gehabt hat, zu erstatten".

Zur Begründung des § 52 ferner ist angeführt: „Der Charakter der Krankenversicherung als einer öffentlichen Interessen dienenden und öffentlich rechtlichen Institution rechtfertigt die Bestimmung, daß die aus dem Versicherungsverhältniß entspringenden Streitigkeiten zwischen der Kassenverwaltung und den betheiligten Arbeitern und ihrem Arbeitgeber im Verwaltungsstreitverfahren und sofern ein solches nicht besteht, wenigstens vorläufig im Verwaltungswege ihre Erledigung finden".

Die I. Berathung dieses Gesetzentwurfes, verbunden mit der betreffend die Unfallversicherung, fand in der 10. und 11. Sitzung des Reichstages statt. (Band I a. a. O. Seite 199 ff.)

Die Abgeordneten Petersen und Lenzmann sprachen schon hier abweichende Meinungen hinsichtlich des Rechtsmittel-Systems aus. Ersterer sagte (S. 229): „Es ist kaum möglich, daß ein und dasselbe Verfahren paßt für den Fall, daß sich ein Arbeiter einen Finger gequetscht hat und dadurch wenige Tage arbeitsunfähig ist, und für diejenigen Fälle, in denen eine Reihe von Personen getödtet worden, und nun Ansprüche der erheblichsten Art entstehen. Für die letzteren Fälle ist eine gründliche, genaue, eingehende Prüfung, unter Umständen unter Vorbehalt des Rechtsweges, ein Instanzenzug erforderlich, während, wenn ein solches Verfahren angewendet wird auf die unerheblichen, unbedeutenden Unfälle, welche die große Zahl bilden, ein durchaus schleppendes, unpraktisches Verfahren entsteht, welches ein Gesetz ganz untauglich machen kann".

Der zweite Abgeordnete äußerte (S. 247): „Ein fernerer Mangel des Gesetzes ist es auch, daß dem Arbeiter der Rechtsweg abgeschnitten ist für den Fall, daß die von dem Staate eingesetzten Schiedsgerichtsinstitute ihm zu wenig zubilligen. Ich habe alles Vertrauen zu Laiengerichten, aber das werden Sie mir doch zugeben, daß die auch irren können, daß sie möglicher Weise Verhältnisse nicht berücksichtigen, die sehr in Frage kommen, und daß demzufolge der Entschädigungsanspruch nach ganz falschen Grundsätzen festgestellt wird. Ich will deshalb, daß gegen Entscheidungen der erstinstanzlichen Organe,

Richter angegebenen Inhalt haben, so ist jedenfalls in dem allein maßgebenden Inhalt des vorliegenden Gesetzes das,

---

mögen dieselben nun Korporationsinstanzen, mögen sie Verwaltungsbehörden sein, dem Arbeiter der Rechtsweg offen gelassen wird, und zwar vollständig wie in unserem gewöhnlichen Civilverfahren die Appellation, daß er also berechtigt ist, Beweise anzutreten, neue Thatsachen vorzuführen und sein Recht nach allen Richtungen hin zu wahren. Der verehrte Vertreter der nationalliberalen Partei sagte schon, daß er auch dasselbe wünsche, aber nur bei erheblichen Unfällen. Ich sehe gar nicht ein, weshalb wir da eine Unterscheidung machen sollen; haben wir doch bei den gewöhnlichen Polizei-Uebertretungen, bei denen es sich um eine Mark Geldbuße handelt, die Möglichkeit der Provokation auf den Rechtsweg; warum sollen wir sie da nicht haben, wo es sich um einen Anspruch handelt, der sicherlich in den meisten Fällen mehr als eine Mark beträgt? Man braucht ja nicht so ängstlich zu sein, daß die Gerichte unrecht erkennen werden oder daß sie die Interessen der betreffenden Kreise nicht genügend erwägen; die Richter sind nicht alle trockene Aktenmenschen, sondern wissen — wenigstens sollten sie es — mitten im Leben zu stehen und Alles zu würdigen, was an der Hand des gegebenen Materials zu würdigen ist".

In der 12. Sitzung (S. 251) wurde sodann zur Vorberathung eine Commission von 28 Mitgliedern, darunter die beiden Vorredner, gewählt.

Der Commissionsbericht befindet sich Band VI S. 767 ff. a. a. O. —

Er lautet zu § 45 (50 des Gesetzes): „Die Nichtbeachtung der Vorschriften des § 44 (Meldewesen) zieht für die Säumigen die im § 70 angeordneten Geldstrafen nach sich. Außerdem macht § 45 den säumigen Arbeitgeber regreßpflichtig. Diese Bestimmung hat bei der Schlußredaktion auf Antrag eines Commissionsmitgliedes eine Aenderung des Wortlautes erfahren, indem die Worte: „zur Unterstützung einer nicht angemeldeten Person gemacht hat" durch die Worte „einer vor der Anmeldung erkrankten Person gemacht hat" ersetzt wurden. Es geschah dies, um zu verhüten, daß ein säumiger Arbeitgeber durch nachträgliche Anmeldung derselben sich der Regreßpflicht entziehen könne."

Aus dem Berichte zu § 52 (S. 804, im Gesetz: § 58) ist von Interesse, daß derselbe überhaupt nur 2 Arten des Verfahrens unterscheidet:

a) Verwaltungsstreitverfahren,
b) Entscheidung der Aufsichtsbehörde mit Berufung auf den Rechtsweg dagegen binnen 2 Wochen.

Er beginnt: Der § 52 bestimmt das Verfahren bei Entscheidung von Streitigkeiten, und zwar einerseits solcher, welche zwischen Versicherten oder deren Arbeitgebern und der Kasse oder Gemeinde-Krankenversicherung, andrerseits solcher, welche zwischen letzteren und den regreßpflichtigen Personen gemäß § 51 entstehen. Nach der Vorlage sollte in beiden Fällen das Verwaltungsstreitverfahren und nur da, wo ein solches nicht besteht, die Entscheidung der Aufsichtsbehörde mit Berufung auf den Rechtsweg Platz greifen".

Nun folgen die nicht mehr interessirenden abweichenden Beschlüsse der was jenes Urtheil aus den Materialien herleitet, nicht zum Ausdruck gelangt; diesseits wird daher auch fernerhin in der-

1. Commissions-Lesung. Dann heißt es weiter: „Bei der zweiten Lesung führte eine erneute Erörterung des Gegenstandes jedoch die Majorität der Commission zu der Ueberzeugung, daß das Verwaltungsstreitverfahren überhaupt nicht wohl auf alle in diesem Paragraphen behandelten Streitigkeiten passe, da einerseits kein Anlaß vorliege, das richterliche Gehör durchweg auszuschließen, andrerseits das Verwaltungsstreitverfahren, wie es in einzelnen Bundesländern, z. B. in Preußen und Hessen, gestaltet ist, eine zu große Verzögerung der Entscheidung zur Folge haben würde. Man überzeugte sich, daß es zweckmäßig sei, die verschiedenen Fälle zu sondern.

Die Streitigkeiten über Regreßansprüche beschloß man dem Verwaltungsstreitverfahren — und nur, wo solches nicht besteht, der Entscheidung der Aufsichtsbehörde unter Zulassung der Berufung an den Richter, dann aber ohne vorläufige Vollstreckbarkeit der Verwaltungsentscheidung — zu belassen.

Für die Entscheidung aber über Streitigkeiten zwischen den Versicherten oder deren Arbeitgebern einerseits und den Kassen bezw. der Gemeinde-Krankenversicherung andrerseits entschied man sich dahin, der Aufsichtsbehörde die Entscheidung mit Berufung auf den Rechtsweg zu übertragen und diese Entscheidung, soweit es sich um Unterstützungsansprüche handelt, für vorläufig vollstreckbar zu erklären."

Seitens der Regierungsvertreter war gegen diese Veränderungen ein Widerspruch nicht erhoben (S. 805). — In der 67. Sitzung (Band III S. 1966 ff.) begann die zweite Lesung im Reichstage. § 45 wurde in der 72. Sitzung nach dem Commissionsantrage ohne Discussion angenommen (S. 2140 a. a. O.), ebenso § 52 in der 73. Sitzung (S. 2161).

Die dritte Lesung begann in der 84. Sitzung (S. 2466 ff.).

Es erfolgte ebenso in der 87. Sitzung (S. 2574 und 2575) die unveränderte Annahme beider Paragraphen ohne Discussion. Die Umnumerirung erfolgte vor der Publication. —

Dies ist das Material aus den Reichstagsverhandlungen. Maßgebend für die Interpretation erscheint also der Commissionsbericht, weil er die Aenderungen erläutert, welche die Commissionsbeschlüsse im Rechtsmittelsystem des Gesetzes trafen, weil er konstatirte, daß die Regierungsvertreter den von der Commission gewollten Aenderungen nicht widersprachen, endlich weil der Reichstag ohne Debatte in 2. und 3. Berathung die Commissionsbeschlüsse genehmigte. Zur Interpretation darf wohl auch die Lenzmann'sche Rede in erster Berathung herangezogen werden, weil sie dieselbe Tendenz verficht, welche Beschluß wurde.

Danach ist an die Stelle des von der Regierung zuerst gewollten Umlageverfahrens nach Bestimmung der Aufsichtsbehörde und Verwaltungsstreitverfahrens, das Rechtsmittelsystem des § 52, welcher § 58 des Gesetzes wurde, getreten. Der Commissionsbericht ergiebt ganz klar, daß § 52 sedes materiae artigen Fällen an der Unzuständigkeit der Aufsichtsbehörde festgehalten werden. Sollte das Kgl. Landgericht I die erst=

---

sein sollte, welches die Materia generell und erschöpfend — mit 2 Ausnahmen — regeln wollte.

Denn er beginnt mit dem Satze: „Der § 52 bestimmt das Verfahren bei Entscheidung von Streitigkeiten". An anderen Stellen des Gesetzes finden sich nur 2 Ausnahmen, die streng genommen keine Ausnahmen sind:

a) Die Vertheilung der Beiträge zwischen den Pflichtigen, den Arbeitgebern und Arbeitnehmern, ist als Lohnstreitigkeit anerkannt, und dem schon bestehenden, übrigens gleichen Verfahren aus § 120a der Gewerbe-Ordnung überlassen. (§ 53 des Gesetzes.)

Dies ist kaum eine Ausnahme, weil das Gesetz ein bestehendes, organisch gleiches, prozessuales Gebilde einfach als maßgebend, auch für die Zukunft anerkannte, also nur nicht beseitigte, weil dazu kein Grund vorlag.

b) Strafen und die Rechtsmittel dagegen unterliegen dem ordentlichen Verfahren.

Dies ist auch keine eigentliche Ausnahme gegenüber § 52 (58), weil dieser Strafprozessualisches überhaupt nicht regeln wollte.

Dagegen wird die Judicatur aus allgemeinen gesetzlichen Regeln, weil es der Paragraph nicht ausdrücklich untersagt, der Charakter der bürgerlichen Rechtsstreitigkeit aber jetzt im Gesetze nicht mehr ausgeschlossen erscheint, in einzelnen dazu gearteten Fällen, wo es sich um Streitigkeiten der Arbeitgeber oder Arbeitnehmer einerseits, der Krankenkassen andrerseits nicht mehr handelt, die principale Klage schlechthin ohne Vorbescheid der Aufsichtsbehörde zugestehen müssen unter Prüfung von Fall zu Fall, weil die Beschränkung des Rechtsweges für bürgerliche Rechtsstreitigkeiten eine Ausnahme bildet, welche stricte interpretirt werden muß. Dies ist bereits in einem Falle in zwei Instanzen geschehen bei Erben, genauer: bei einem Anspruche der Wittwe gegen die Kasse auf Rückzahlung vom Erblasser zu Unrecht erhobenen Krankengeldes.

Das Rechtsmittelsystem des Gesetzes ist also dahin zusammen zu fassen:

a) Die Regreßansprüche gehören in's Verwaltungsstreitverfahren.

b) bezüglich aller anderen Civil-Streitigkeiten zwischen Pflichtigen und Berechtigten aus dem Gesetze ist gegeben:

1. Klage als Berufung auf den Rechtsweg aus § 58;
2. Klage als Berufung auf den Rechtsweg aus §. 53 (§ 120a der Gewerbeordnung);

beide nach Vorentscheidungen.

3. Klage ausnahmsweise schlechthin für Erben 2c.

c) strafprozessualer Rechtsweg, wie allgemein.

Noch ist zu erörtern, daß § 58 leider nicht so redigirt ist, daß herausgehoben ist, zuerst, daß Regreßansprüche ausschließlich im Verwaltungsstreitverfahren zu entscheiden sind, dagegen alle übrigen Ansprüche auf Grund des instanzliche Auffassung bestätigen, so würde es sich empfehlen, daß die Kassen in jedem einzelnen Falle unsere Entscheidung anrufen und den dann unsererseits ergehenden ablehnenden Bescheid dem Gerichte vorlegen. Nach dem zu § 120a der Gewerbeordnung ergangenen Urtheil des Reichsgerichts vom 4. Oktober 1884 (Entsch. Bd. 12, S. 61) dürfte dann dem gerichtlichen Verfahren kein Hinderniß mehr im Wege stehen[1]).

Gesetzes vom 15. Juni 1883 in dem Vorbescheids- und Berufungs-Verfahren. Es mag dies zu Gunsten einer Parallelität zwischen Verwaltungs- und ordentlichen Gerichten geschehen sein, um das Verfahren vor ersteren nicht etwa als ein Ausnahme-Verfahren erscheinen zu lassen, während doch die maßgebende Meinung der Verwaltungs-Entscheidung günstiger war, als der der Gerichte. Ist doch die Bewilligung einer Unterstützung durch Bescheid der Aufsichtsbehörde wegen der vorläufigen Vollstreckbarkeit und factischen Schwierigkeit einer Wiedereinziehung vom Arbeiter noch jetzt in Wirklichkeit das factische, wenn auch nicht prozessuale Definitivum. Weiter mag vielleicht des mögliche Ausnahme-Erforderniß prozessualer Klage dabei auch vorgeschwebt haben. Immerhin sollte der Ausdruck „für die Verpflichtung zur Leistung der Einzahlung von Beiträgen oder über Unterstützungs-Ansprüche" sonst alle aus dem Gesetze entstehenden Streitigkeiten umfassen, denn andere sind nicht daraus herzuleiten.

Speciell qualificirt sich die Leistung aus § 50 lediglich als Regreßbeitrag (vergl. „Commissionsbericht"). Hat der Arbeitgeber die Kasse dadurch geschädigt, daß sie wegen unterlassener Anmeldnng der von ihm vorzuschießenden Beiträge verlustig ging, so soll nicht etwa nur eine Nachleistung der geringeren normalen Beiträge eintreten, sondern er soll soviel beizutragen haben, als die Kasse aufwenden mußte. Beitrag ist hierbei also nicht für gleichbedeutend zu erachten mit terminlicher Zahlung, sondern umfaßt alle die Zahlungen, welche die Pflichtigen leisten müssen, um den Bestand der nur auf sie angewiesenen Kasse zu ermöglichen und zu sichern. Hätte der Gesetzgeber unter Beitrag etwas Anderes und Minderes verstanden, so wäre dies mindestens im § 58 zu Tage getreten.

Endlich schließen sich die §§ 2 und 9 des Statuts lediglich dem Gesetze an unter Wiederholung zumeist sogar des Wortlauts desselben.

Hiernach war für gegenwärtige Streitigkeit zunächst die Entscheidung der Aufsichtsbehörde einzuholen, Mangels solcher nicht sofort — in II. Instanz — in die materielle Prüfung einzutreten, sondern lediglich Mangels Beobachtung des Instanzenzuges unter Beachtung der §§ 87, 649 C.P.O., wie geschehen, abzuweisen.

[1]) Die Entscheidung des Kgl. Landgerichts I ist z. Z. noch nicht ergangen; dagegen haben sich andere Abtheilungen des Kgl. Amtsgerichts I zur direkten Entscheidung derartiger Streitigkeiten für zuständig erklärt. A. d. H.

99. Zeitpunkt des Eintritts der Befreiung von der Versicherungspflicht.

Entschg. vom 10. Dezember 1885 i. S. der Handlung E. A. S. w. die Orts-Krankenkasse für den Gewerbebetrieb der Kaufleute, Handelsleute ꝛc.

Gründe.

Der bei der Klägerin länger, als seit dem 1. Dezember 1884 beschäftigt gewesene Hausdiener S. stellte auf Grund des § 3 Absatz 2 des Krankenversicherungsgesetzes in einer am 7. Januar 1885 beim Vorstande der beklagten Kasse eingegangenen Eingabe vom 6. desselben Monats den Antrag auf Befreiung von der Versicherungspflicht, da er im Krankheitsfalle für 13 Wochen Anspruch auf Fortzahlung seines Lohnes habe. Da diese Angabe gehörig bescheinigt war, so wurde er vom Vorstande völlig sachgemäß mit dem auf den Tag des Einganges jenes Gesuches folgenden nächsten Zahlungstermine, d. h. mit dem 11. Januar 1885, gestrichen. Bis dahin ist S., welcher am 1. Dezember 1884 gemäß § 19 Absatz 2 a. a. O. zwangsweises Mitglied der Kasse geworden war, in derselben verblieben, da der Befreiungs-Antrag keine rückwirkende Kraft hat, und gemäß § 51 a. a. O. muß die Klägerin die bis zum Ausscheiden des S. fällig gewordenen Beiträge einzahlen.

100. Alleinige Haftung des Arbeitgebers für Entrichtung der Beiträge.

Verf. vom 10. Dezember 1885.

Auf das Schreiben vom 8. d. M. erwidern wir Ihnen, daß Ihr Arbeitgeber, Herr Qu. durch unsere nicht angefochtene Entscheidung vom 16. Oktober d. J. für verpflichtet erklärt worden ist, für Sie die Beiträge für die Zeit vom 15. Januar bis zum 15. Oktober cr. an die Orts-Krankenkasse der Möbelpolirer einzuzahlen. Diese Verpflichtung aber liegt nach § 51 des Krankenversicherungsgesetzes der Kasse gegenüber lediglich Herrn Qu., nicht Ihnen ob. Falls ersterer Ihnen die nachzuzahlenden Beiträge etwa vom Lohne abzieht und Sie sich dadurch beschwert fühlen, so steht es Ihnen frei, Ihren Anspruch im Wege der Klage bei unserem Kommissarius für Gewerbestreitsachen (§§ 53 Absatz 2 des Krankenversicherungsgesetzes, 120a der Gewerbe-Ordnung) geltend zu machen.

101. Erlöschen der freiwilligen Mitgliedschaft durch Nichtzahlung der Beiträge.

Entschg. vom 12. Dezember 1885 i. S. W. w. Ortskrankenkasse der Maurer.

Gründe.

Kläger ist freiwilliges Mitglied bei der beklagten Kasse. Die Beiträge sind bis zum 1. November cr. gezahlt. Beklagte weigert die Gewährung der Krankenunterstützung, weil die Beitragszahlung pro November erst am 29. November gleichzeitig mit der Erkrankung des Klägers erfolgte. Die Weigerung der Kasse ist unbegründet, weil das Ausscheiden freiwilliger Mitglieder gemäß § 8 Abs. 2 des Statuts erst bei einem Rückstande von zwei Kassenbeiträgen erfolgt, die Beiträge aber gemäß § 26 des Statuts monatlich gezahlt werden.

102. Weigerung der Kasse eine im Betriebe ihres Ehemanns beschäftigte Ehefrau als Mitglied aufzunehmen.

Verf. vom 12. Dezember 1885.

...... Die Behauptung der Kasse, sie sei zur Aufnahme von Frauen nicht verpflichtet, ist zwar unrichtig, da nach § 2 des Statuts zur Kasse alle im Korbmacher-Gewerbe beschäftigten Personen gehören, indessen ist doch im vorliegenden Falle die Vorbedingung für die Mitgliedschaft, ein Arbeitsverhältniß gegen Gehalt oder Lohn, nicht vorhanden. Denn, vorausgesetzt, daß Ihre Angaben bezüglich des Verdienstes Ihrer Ehefrau richtig sind, so fällt doch dieser Verdienst nach den bestehenden gesetzlichen Bestimmungen (§ 211 II, 1 ALR.) an Sie als Ehemann, wieder zurück. Eine Beschäftigung Ihrer Ehefrau gegen Lohn ist daher nicht als vorhanden anzunehmen[1]).

103. Versicherungspflicht von Gewerbegehülfen, welche unter der Bezeichnung „Dienstbote" angenommen sind.

Entschg. vom 16. Dezember 1885 i. S. des Gastwirths E. w. die Ortskrankenkasse für das Gewerbe der Beherbergung und Erquickung.

Gründe.

Kläger giebt selbst an, daß er die R. in seinem Geschäfte als Magd verwendet habe. Hiernach ist die R. nicht als Dienstbote im Sinne des § 4 Absatz 2 des Krankenversicherungsgesetzes anzusehen — denn dies ist nur eine Person, welche ausschließlich oder doch überwiegend in der Privatwirthschaft ihres Brotherrn mit häuslichen Diensten beschäftigt ist —, sondern als Gewerbegehülfin des Klägers, und unterliegt daher gemäß § 1 Absatz 1 Nr. 2 a. a. O. dem Krankenversicherungszwange[2]). Nach § 19

---

[1]) Vgl. Nr. 6 der Anleitung des Reichs-Versicherungsamtes betr. die Anmeldung unfallversicherungspflichtiger Betriebe (Amtl. Nachr. I. S. 159).

[2]) Der gleiche Grundsatz ist in der Entschg. vom 3. Oktober 1885 i. S. des Restaurateurs D. wider die genannte Kasse hinsichtlich eines vom Kläger in seinem Gewerbebetriebe beschäftigten Hausdieners ausgesprochen und ist vom Kgl. Amtsgericht I wiederholt aufrecht erhalten worden.

Absatz 2 a. a. O. ist sie daher Kraft Gesetzes zwangweises Mitglied der beklagten Kasse geworden, und nach § 51 a. a. O. muß Kläger die Beiträge so lange fortzahlen, bis er die R. vorschriftsmäßig beim Kassenvorstande abgemeldet hat.

104. Vertretung der Arbeitgeber im Vorstande.

Verf. vom 23. Dezember 1885.

In den Vorstand der Orts-Krankenkasse der Tischler war von den Vertretern der Arbeitgeber ein gewisser W. gewählt worden, welcher weder Kassenmitglied war, noch für Kassenmitglieder Beiträge aus eigenen Mitteln leistete. Der hiergegen erhobene Protest wurde durch folgende Verfügung zurückgewiesen:

Ihr Protest gegen die Wahl des Herrn W. zum Vorstandsmitgliede wird hiermit als unbegründet zurückgewiesen. Nach § 34 Absatz 2 des Statuts[1]) werden 4 Vorstandsmitglieder von den der Generalversammlung angehörenden Arbeitgebern gewählt; die von Ihnen citirten Worte „aus ihrer Mitte" finden sich hierbei nicht. Die Arbeitgeber sind hiernach in Uebereinstimmung mit den gesetzlichen Vorschriften (§§ 34 Absatz 1, 38 Absatz 1 des Krankenversicherungsgesetzes) befugt, zu ihren Vertretern im Vorstande Personen zu wählen, welche außerhalb des Kassenverbandes stehen[2]).

105. Abhebung von Sparkassengeldern.

Cirkularverf. vom 2. Januar 1886.

Das Statut der Ortskrankenkasse .... bestimmt im § . . .

> Die gerichtliche und außergerichtliche Vertretung der Kasse mit Einschluß derjenigen Geschäfte und Rechtshandlungen, für welche nach den Gesetzen eine Spezialvollmacht erforderlich ist, wird von dem Vorsitzenden in Gemeinschaft mit dem ...... wahrgenommen. Ihre Legitimation bei allen Rechtsgeschäften erfolgt durch die Bescheinigung der Aufsichtsbehörde, daß die darin bezeichneten Personen zur Zeit die bezeichneten Stellen im Vorstande bekleiden.

Da zu den Geschäften der vorbezeichneten Art vor Allen die Erhebung von Geldern und geldwerthen Papieren von anderen Kassen oder Instituten und die Quittungsleistung bei Empfangnahme gehört, so kann es jetzt, da alle Ortskrankenkassen die sta-

---

[1]) Vgl. § 38 Absatz 2 des Normalstatuts. A. d. H.

[2]) Die gegen diesen Bescheid eingelegte Beschwerde ist durch Oberpräsidialerlaß vom 30. Januar 1886 zurückgewiesen worden. A. d. H.

tutenmäßigen Organe besitzen, nicht mehr als zulässig erachtet werden, daß die Abhebung von Geldern bei der städtischen Sparkasse durch Vorstandsmitglieder oder Funktionäre stattfindet, welche die vorbezeichneten Aemter nicht bekleiden und nur durch Vorstandsbeschluß zur Geldempfangnahme beauftragt sind.

Indem wir unsere generelle Verfügung vom 16. Januar v. J., welche lediglich den Zweck hatte, den Verkehr mit der Sparkasse provisorisch, bis zur definitiven Constituirung der Vorstände, zu regeln, hiermit außer Kraft setzen, theilen wir dem Vorstand mit, daß wir die städtische Sparkasse ersucht haben, künftig die Zahlungen nur an die im Statut bestimmten Organe und gegen Uebergabe des daselbst vorgeschriebenen Legitimations-Attestes zu leisten.

Die Ertheilung des letzteren ist in jedem Falle, wenn eine Abhebung stattfinden soll, bei uns in Antrag zu bringen und verbleibt dieses Attest im Besitz der Sparkasse.

Die Einrichtung, welche bezweckt, eine Prüfung der Echtheit der Unterschriften der Geldempfänger zu ermöglichen, bleibt bestehen und wolle deshalb der Vorstand veranlassen, daß die nach dem Statut zum Geldempfang berechtigten Personen sich im Laufe der nächsten Tage zur Abgabe ihrer Unterschrift in unserm Bureau einfinden. . . . . . .

106. Kann ein Mitglied einer dem § 75 des Krankenversicherungsgesetzes genügenden freien Hülfskasse nachträglich verpflichtetes oder berechtigtes Mitglied einer Orts-Krankenkasse werden?

Entschg. vom 2. Januar 1886 i. S. P. w. Orts-Krankenkasse der Möbelpolirer.

Gründe.

Kläger ist Ende Oktober 1885 von seinem Arbeitgeber zur beklagten Kasse als verpflichtetes Mitglied angemeldet und als solches auch angenommen worden. Nach vierwöchentlicher Mitgliedschaft erkrankte Kläger, und die Kasse verweigerte die Gewährung von Krankenunterstützung mit Hinweis darauf, daß Kläger, da er seiner Versicherungspflicht auch schon vor Eintritt in die beklagte Kasse bei einer eingeschriebenen Hülfskasse genügt habe, nur als freiwilliges Mitglied betrachtet werden könne, als solches aber gemäß § 20 Absatz 2 des Statuts eine sechswöchentliche Karenzzeit durchzumachen habe. Die Weigerung der Kasse ist begründet, freilich theilweise aus anderen Gründen, als von ihr angeführt sind.

Nach § 2 Nr. 2 des Kassenstatuts (vgl. § 19 Abs. 2 des Krankenversicherungsgesetzes) sind von der versicherungspflichtigen Mitgliedschaft ausgenommen die Mitglieder einer den Anforderungen des § 75 a. a. O. genügenden eingeschriebenen oder auf Grund landesrechtlicher Vorschriften errichteten sog. freien Hülfskasse. Durch das vorgelegte Quittungsbuch ist nun erwiesen, daß Kläger seit dem 8. September 1884 ununterbrochen Mitglied der den Anforderungen des § 75 cit. genügenden Central-Kranken- und Sterbe-Kasse der Tischler ꝛc. (Eingeschriebenen Hülfskasse) zu Hamburg war und noch ist. Somit konnte er nicht zu den versicherungspflichtigen Mitgliedern der beklagten Kasse gehören.

Aber auch die Beitrittsberechtigung des Klägers ist weder nach dem Statut, noch nach dem Gesetze begründet. Zu den im § 4 des Statuts als beitrittsberechtigt bezeichneten 3 Kategorien[1]) gehört Kläger nicht, ebensowenig zu den nach § 4 Absatz 2 und § 19 Absatz 3 Beitrittsberechtigten. Eine an sich versicherungspflichtige Person kann — abgesehen von gewissen Uebergangsbestimmungen in den Statuten einzelner schon vor dem 1. Dezember 1884 bestandener Kassen — nicht freiwilliges Mitglied einer Orts-Krankenkasse werden. Daher wird die Beklagte die bereits gezahlten Beiträge zurückgewähren müssen. Ein Anspruch auf Krankenunterstützung steht aber dem Kläger gegenüber der Kasse, deren Mitglied er nicht werden konnte, nicht zu.

107. Persönliche Verhaftung des Arbeitgebers für Einzahlung der Beiträge.

Entschg. vom 14. Januar 1886 i. S. T. w. Orts-Krankenkasse für das Gewerbe der Beherbergung und Erquickung.

Gründe.

Nach § 51 des Krankenversicherungsgesetzes ist lediglich der Kläger zur Einzahlung der in Rede stehenden Beiträge gegenüber der Beklagten verpflichtet. Wenn er sich bei der Erfüllung dieser Verbindlichkeit der L. als Bevollmächtigten bedient hat, letztere aber den Auftrag, das Geld abzuliefern, nicht ausgeführt hat, so ist die Verpflichtung des Klägers der Kasse gegenüber noch nicht erfüllt, und er kann daher persönlich zur Zahlung herangezogen werden.

108. Entziehung des Krankengeldes.

Entschg. vom 16. Januar 1886 i. S. N. w. Ortskrankenkasse der Dachdecker.

Gründe.

Beklagte hat dem erkrankten Kläger das Krankengeld entzogen, weil Kläger im betrunkenen Zustande von dem Krankenbesucher auf

---

[1]) a) vorübergehend oder auf weniger als eine Woche Beschäftigte; b) außerhalb der Betriebsstätten des Arbeitgebers Beschäftigte; c) selbständige Möbelpolirer. A. d. H.

der Straße und von anderen Personen auf Plätzen angetroffen wurde, wo er Weihnachtsbäume zum Verkauf anbot. Da diese Vorgänge durch das Zeugniß des Krankenbesuchers B. und des Arbeiters R. erwiesen sind, so war die Entziehung des Krankengeldes Seitens der Beklagten als gerechtfertigt zu erachten, weil Kläger durch dieses sein Verhalten seine Erwerbsunfähigkeit — auch trotz eines entgegenstehenden ärztlichen Attestes — in Frage gestellt hat.

109. Freiwillige Mitgliedschaft nach Ausscheiden aus der versicherungspflichtigen Beschäftigung.

Entschg. vom 25. Januar 1886 i. S. F. w. Ortskrankenkasse der Kürschner.

Gründe.

Der verstorbene Ehemann der Klägerin hatte vom 7. März bis zum 3. September 1885 von der beklagten Kasse die statutenmäßigen Unterstützungen erhalten. Am 3. September 1885 wurde derselbe — nach einem vorgelegten Krankenschein — von dem behandelnden Kassenarzte „arbeitsfähig geschrieben". Als Klägerin die Beiträge für ihren Ehemann weiter zahlen wollte, wurde sie von der beklagten Kasse zurückgewiesen. Bis zum 9. November 1885 hat dann der Ehemann F. seiner Ehefrau in deren Handel geholfen; an diesem Tage erkrankte er und starb am 15. November. Die Klägerin verlangt nun das statutenmäßige Sterbegeld, welches von der Beklagten verweigert wird. Die Weigerung der Kasse ist begründet. Der verstorbene Ehemann war zwar berechtigt auf Grund des § 27 Abs. 1 des Krankenversicherungsgesetzes der beklagten Kasse fernerhin als Mitglied anzugehören. Da aber die Kasse die Annahme der Beiträge — wenn auch grundlos — verweigert und Klägerin dabei sich beruhigt, eine Zahlung mithin während der Zeit vom 3. September bis zum 9. November nicht stattgefunden hat, so hat die berechtigte Mitgliedschaft entweder überhaupt nicht begonnen oder die begonnene Mitgliedschaft ist gemäß § 27 Abs. 2 l. c. wieder erloschen. Klägerin, bezieh. ihr Ehemann hätte seiner Zeit wegen der Weigerung der Kasse Beschwerde führen und die Verurtheilung derselben zur Annahme der Beiträge beantragen sollen. Da sie dies aber nicht gethan haben, so muß angenommen werden, daß der p. F. von dem ihm nach § 27 cit. zustehenden Rechte keinen Gebrauch machen wollte.

110. Voraussetzungen der Verweisung in ein Krankenhaus.

Entschg. vom 25. Januar 1886 i. S. B. w. Betriebs-Krankenkasse der Neuen Berliner Pferdebahn-Gesellschaft.

Gründe.

Durch das Zeugniß des Kassenarztes, Sanitätsrath Dr. Z., ist erwiesen, daß Kläger sich am 1. April 1885 als an einer Handaffektion leidend bei ihm gemeldet hat und erwerbsunfähig gewesen ist. Durch dasselbe Zeugniß ist erwiesen, daß während dieser Krankheit und Erwerbsunfähigkeit sich beim Kläger eine chronische Augenentzündung einstellte und daß hierauf Herr Dr. Z. den Kläger, welcher mit seiner Familie zusammenlebt, der sicheren Kontrolle wegen und weil ihm berichtet worden war, daß Kläger sich nicht nach den gegebenen ärztlichen Verordnungen in seiner Wohnung verhielte, in Uebereinstimmung mit dem Vorstande in ein Krankenhaus verwies. Kläger leistete dieser Anweisung keine Folge, ließ sich vielmehr weiter durch den von ihm bereits früher konsultirten Augenarzt Dr. B., welcher nicht Kassenarzt ist, behandeln und ist nach dessen Bekundung bis zum 7. Mai 1885 einschließlich erwerbsunfähig geblieben.

Es war, wie geschehen, zu erkennen.

Die Verweisung des Klägers in ein Krankenhaus war ungerechtfertigt, da nicht, wie § 22 des Statuts (§ 7 des Krankenversicherungsgesetzes) verlangt, die Art der Krankheit an sich Anforderungen an die Behandlung oder Verpflegung des Klägers gestellt hat, denen in seiner Familie nicht genügt werden konnte; denn die Beobachtung und Kontrolle des Kranken, die krankenpolizeiliche Aufsicht, kann nicht unter den Begriff der Behandlung und Verpflegung gebracht werden. Da nun Dr. Z., wie er weiter bekundet hat, dem Kläger einen Krankenschein nur bis zum 18. April 1885 ausgestellt und die Ausstellung weiterer Scheine — nach Vorstehendem ohne Grund — abgelehnt hat, so muß für die Bewilligung des Krankengeldes trotz des Mangels der im Statut vorgesehenen Krankenscheine des Kassenarztes die Bekundung des Dr. B. genügen ......

111. Leistung des Sterbegeldes.

Entschg. vom 28. Januar 1886 i. S. H. w. Ortskrankenkasse der Mechaniker.

Gründe.

Der verstorbene Ehemann der Klägerin ist von der beklagten Kasse vom 1. September 1884 bis zum 1. September 1885 unterstützt worden. Nach Ablauf dieser 52wöchigen Unterstützung hörte statutengemäß die Krankenunterstützung auf. Am 5. October 1885 erfolgte der Tod des p. H., und da Klägerin durch 2 ärztliche Atteste nachgewiesen hat, daß die Erwerbsfähigkeit ihres verstorbenen Ehemannes während der Zeit vom 1. September 1885 bis zum Tode ausgeschlossen war, so ist Beklagte zur Leistung des Sterbegeldes verpflichtet.

Bezüglich der von der Beklagten gemachten Einwände ist zu bemerken, daß das Sterbegeld zu den gesetzlichen Minimalleistungen der Ortskrankenkassen gehört und unabhängig von der sonstigen Krankenunterstützung zu gewähren ist. Durch das Aufhören der Krankenunterstützung erlischt an sich die Mitgliedschaft nicht ......

112. Gewährung des Krankengeldes nur für Arbeitstage.

Cirkularverf. vom 29. Januar 1886.

Nach der ausdrücklichen Bestimmung des § 6 Nr. 2 in Verbindung mit §§ 20 Nr. 1, 64, 73 des Reichsgesetzes, betreffend die Krankenversicherung der Arbeiter vom 15. Juni 1883 soll das im Falle der Erwerbsunfähigkeit dem Unterstützungsberechtigten zustehende Krankengeld nur für Arbeitstage gewährt werden. Eine Erweiterung der Kassenleistungen dahin, daß auch für andere Tage als für Arbeitstage, Krankengeld gewährt werden kann, ist nach § 21 a. a. O. unzulässig.

Hiernach widerspricht es den gesetzlichen Vorschriften, die Gewährung des Krankengeldes auf Sonn- und Festtage zu erstrecken, falls nicht etwa in dem Gewerbszweige, für welchen die betreffende Kasse bestimmt ist, die Sonn- und Feiertags-Arbeit die Regel bildet, wie im Bäcker- und Gastwirthsgewerbe, im Betriebe der Pferde-Eisenbahnen.

Da bei einzelnen Kassen ein hiervon abweichendes Verfahren beobachtet worden ist, so nehmen wir Veranlassung, den Kassenvorständen, welche durch Ueberschreitung der durch das Gesetz für die Krankenunterstützung gezogenen Grenzen sich nach § 42 a. a. O. regreßpflichtig machen würden, Vorstehendes zur strikten Beachtung in Erinnerung zu bringen.

113. Bezieht sich § 28 des Gesetzes vom 15. Juni 1883 auch auf freiwillige Mitglieder? Nachweis der Erwerbslosigkeit.

Entschg. vom 1. Februar 1886 i. S. B. w. Ortskrankenkasse der Schneider.

Gründe.

Klägerin ist nach ihrer Angabe vom 13. bis 25. November 1885 auf Grund ihrer Beschäftigung als Mäntelnäherin verpflichtetes Mitglied der beklagten Kasse gewesen, nach ihrem Ausscheiden aus dieser Beschäftigung, welche sie ihrer Schwangerschaft wegen aufgab, auf Grund des § 27 des Krankenversicherungsgesetzes (§ 8 Absatz 1 des Statuts) freiwilliges Mitglied geblieben und hat als solches die nach §§ 30, 33 des Statuts am Beginn jeder Woche im Voraus einzuzahlenden Beiträge für die Zeit bis zum 26. Dezember 1885 entrichtet. Am 15. Januar 1886, dem Tage der Entbindung, war demnach Klägerin mit mehr als zwei Wochenbeiträgen im Rückstande, sodaß ihre Mitgliedschaft gemäß § 27 Absatz 2 des Gesetzes (§ 8 Absatz 2 des Statuts) bereits erloschen war. Dem gegenüber kann sich Klägerin auch nicht auf § 28 des Gesetzes (§ 22 des Statuts) berufen, obwohl anerkannt werden muß, daß diese Bestimmung, welche von Kassenmitgliedern ohne weitere Unterscheidung handelt, sich nicht nur auf verpflichtete, sondern auch auf berechtigte Kassenmitglieder, welche erwerbslos werden, bezieht. Indeß kann jene Vorschrift, wie aus ihrem Wortlaute und dem Zusammenhange mit § 27 des Gesetzes hervorgeht, nur auf solche Personen Anwendung finden, welche durch die Erwerbslosigkeit in die Unmöglichkeit versetzt werden, die Beiträge weiter zu leisten. Der bloße Hinweis auf die vorgerückte Schwangerschaft kann die Ueberzeugung, daß ein derartiger Zustand der Erwerbslosigkeit bei der Klägerin obgewaltet hat, noch nicht begründen. Nach ihrer eigenen Angabe schied sie schon am 25. November cr. aus der ihre Zwangsmitgliedschaft bei der Beklagten begründenden Beschäftigung, ohne den Eintritt der Erwerbslosigkeit von diesem Zeitpunkte ab zu behaupten. Ohne nähere Nachweise ist daher nicht abzusehen, weshalb gerade vom 27. Dezember ab Erwerbslosigkeit bei ihr eingetreten sein sollte. So gut, wie sie in der Zeit vom 28. November bis zum 26. Dezember nach eigener Darstellung und erfolgter Beitragszahlung nicht erwerbslos war, muß bis auf etwaige anderweitige Beweisführung angenommen werden, daß sie einen Erwerb durch häusliche Beschäftigung oder sonst auch in der Zeit hatte, in welcher die Beiträge vom 28. Dezember pr., 4. und 11. Januar d. J. fällig wurden. Es muß daher wegen Nichtzahlung der Beiträge an zwei aufeinander folgenden Zahlungsterminen, ohne daß der Zustand der Erwerbslosigkeit bei der Klägerin, einer bei ihrem Ehemanne lebenden Ehefrau, als vorhanden angenommen werden kann, die Mitgliedschaft der Klägerin als erloschen angesehen werden.

114. Weigerung einer Kasse, Krankenhauspflege zu gewähren.

Verf. vom 1. Februar 1886.

Auf den protokollarischen Antrag vom 28. v. M. erwidern wir Ihnen, daß wir den Vorstand der Ortskrankenkasse der Schlosser nicht anweisen können, Ihren Ehemann in ein Krankenhaus aufnehmen zu lassen, da diese Maßregel nach § 12 des Kassenstatuts[1]) in Uebereinstimmung mit § 7 des Krankenversicherungsgesetzes von dem Ermessen des Vorstandes abhängt.

---

[1]) § 12 Absatz 1: An die Stelle der im § 11 unter 1 und 2 bezeichneten Unterstützungen tritt auf Antrag des Kassenarztes und Verfügung des Vorstandes freie Kur und Verpflegung in einem Krankenhause. A. d. H.

115. Gewährung freier ärztlicher Behandlung und Arznei an versicherungspflichtige Mitglieder, welche in krankem Zustande ihren Wohnort verlassen.

Entschg. vom 2. Februar 1886 i. S. H. w. Ortskrankenkasse für das Gewerbe der Beherbergung und Erquickung.

Gründe.

Durch das zu Protokoll des Kgl. Amtsvorstehers zu M. erklärte Zeugniß des praktischen Arztes Dr. med. F. ist in Ergänzung des Attestes vom 28. August v. J. erwiesen, daß Kläger auch während der Zeit vom 31. Juli bis zum 27. August v. J. einschließlich erwerbsunfähig gewesen ist. Durch dasselbe Zeugniß aber ist erwiesen, daß Kläger bereits vor seiner Abreise von Berlin nach M. krank gewesen ist. Hiernach kann Kläger auf Gewährung freier ärztlicher Behandlung und Arznei durch die Kasse bez. Ersatz der ihm hierfür erwachsenen Kosten keinen Anspruch machen, da er denselben jedenfalls durch das unbefugte Verlassen Berlins verwirkt hat. Er kann daher nicht mehr, als das einfache Krankengeld, d. i. nach §§ 11 und 12 des Statuts 1,50 ℳ für jeden Arbeitstag, fordern. rc.

116. Fortzahlung der Beiträge bis zur vorschriftsmäßigen Abmeldung.

Entschg. vom 4. Februar 1886 i. S. H. w. Ortskrankenkasse der Weber.

Gründe.

Nach § 51 des Krankenversicherungsgesetzes (§ 30 Abs. 2 des Statuts der Beklagten) muß Kläger die Beiträge für den von ihm beschäftigt gewesenen Arbeiter M. so lange fortzahlen, bis er denselben vorschriftsmäßig beim Kassenvorstande abgemeldet hat, mag auch M. schon früher aus dem Arbeitsverhältniß ausgeschieden sein; die Abmeldung beim Vorstand der Beklagten aber ist erst am 8. Januar 1886 erfolgt[1]). Unerheblich ist es, ob M. schon im August 1885 zu einem andern Arbeitgeber übergegangen, von diesem bei der Beklagten angemeldet worden ist und auch die Beiträge für die fragliche Zeit bezahlt worden sind. Denn dadurch wird die im § 51 a. a. O. festgesetzte Folge der Vernachlässigung der Meldepflicht nicht alterirt. Diese Folge besteht in einer Civilstrafe des säumigen Arbeitgebers, welcher unabhängig von anderweit erfolgter

---

[1]) Abmeldung bei einer anderen Orts-Krankenkasse befreit den Arbeitgeber nicht, Entschg. vom 18. Juni 1885 i. S. B. wider Orts-Krankenkasse für den Gewerbebetrieb der Kaufleute, ebensowenig Abmeldung bei der Polizeibehörde, Entschg. vom 12. Januar 1886 i. S. W. wider Orts-Krankenkasse für das Gewerbe der Beherbergung und Erquickung. A. d. H.

Versicherung und Beitragszahlung des nicht abgemeldeten Arbeiters, die Beiträge bis zur vorschriftsmäßigen Abmeldung fortzuzahlen hat. Dem gegenüber kann sich auch Kläger nicht auf die weitere Vorschrift des § 51 cit. berufen, wonach die Beiträge für den betreffenden Zeittheil zurückzuerstatten sind, wenn die abgemeldete Person innerhalb der Zahlungsperiode aus der bisherigen Versicherung ausscheidet: denn diese Vorschrift findet, wie aus ihrem Wortlaut hervorgeht, nur dann Anwendung, wenn die Abmeldung bis zu dem auf die Beendigung des Arbeitsverhältnisses folgenden Zahlungstermin bewirkt ist.

117. Nicht-versicherungspflichtige Personen.

Verf. vom 4. Februar 1886.

Auf Ihre Eingabe[1]) vom . . . . . erwidern wir Ihnen, daß die im Speicherbetriebe beschäftigten Personen erst durch die für diese Betriebe noch nicht in Kraft getretene Novelle vom 25. Mai 1885 versicherungspflichtig werden, und daß Sie auch den § 1 ad 3 des Krankenversicherungsgesetzes nicht für Sich geltend machen können, da in dem vorliegenden Falle die Wellenleitung in engster Verbindung mit der Mühle steht und die bewegende Kraft in der Mühle und nicht im Speicher liegt. Auf Grund des Krankenversicherungsgesetzes können Sie demnach weder an eine Kasse, noch an den Arbeitgeber Ansprüche erheben.

118. Karenzzeit für versicherungspflichtige Mitglieder.

Entschg. vom 12. Februar 1886 i. S. W. w. Ortskrankenkasse der Maschinenbau-Arbeiter.

Gründe.

Unbestritten ist Kläger seit dem 1. Dezember 1884 freiwilliges Mtiglied der beklagten Kasse. Er hat vom 11. Januar bis zum 16. April 1885 von der Kasse Unterstützung erhalten, trat dann bis Mitte Juli 1885 in Arbeit, zahlte während dieser Zeit die Beiträge aus eigenen Mitteln fort, meldete sich am 14. Juli 1885 wiederum

---

[1]) Beschwerdeführer trägt vor:

„. . . . . Seit länger als den 1. Dezember 1884 bin ich als Arbeiter . . . . . . im Mehl- und Getreidespeicher . . . . . . beschäftigt gewesen. Die Arbeitgeber lagern in ihren Speichern das Korn fremder Geschäftsleute — das in ihrer Mühle zu mahlende Korn lagert nicht dort. Da von der Mühle aus nach diesen Speichern eine Wellenleitung besteht, also ein Triebwerk, welches durch den Dampf der Mühle bewegt wird, glaube ich dem Versicherungszwang nach § 1 ad. 3 K.V.G. zu unterliegen. . . . . . A. d. H.

krank und wurde vom 21. Juli bis zum 18. Oktober 1885 in der Kgl. Charité verpflegt. Bei der Entlassung aus der Charité war er noch erwerbsunfähig uud sollte 14 Tage Schonung haben. Indessen schon vor Ablauf dieser 14 Tage, am 23. November 1885, meldete er sich krank und wurde bis 21. Januar d. J. verpflegt. Weitere Unterstützung weigert die Kasse. Die Weigerung ist unbegründet, da die Kasse nach § 12 des Statuts eine 52wöchige Unterstützung gewährt und nur im Falle, daß der Unterstützungs-Fall in den ersten 6 Wochen der Mitgliedschaft eintritt, eine 13wöchige. Da Kläger aber bei Beginn der Unterstützung am 14. Juli pr. länger als 6 Wochen Mitglied war, so ist die Kasse verpflichtet, von diesem Tage an eine 52wöchige Unterstützung zu gewähren. Es ist unerheblich, ob Kläger zuerst freiwilliges Mitglied und dann — seit dem Eintritt in die Beschäftigung bei dem Civilingenieur B. — verpflichtetes Mitglied war; jedenfalls hatte seine Mitgliedschaft länger als 6 Wochen gedauert, als der Unterstützungsfall am 14. Juli 1885 eintrat.

119. Dauer der nach § 28 des Gesetzes vom 15. Juni 1883 zu gewährenden Unterstützung.

Verf. vom 13. Februar 1886.

...... Nach nebenstehender Aussage ist die Beschwerdeführerin mindestens 12 Tage lang verpflichtetes Mitglied der Kasse gewesen und ist früher, als 12 Tage nach ihrem Ausscheiden erkrankt. Demgemäß hat sie nach § 28 des Krankenversicherungsgesetzes Anspruch auf die gesetzlichen Mindestleistungen, also auf Krankenunterstützung bis zur Dauer von 13 Wochen, nicht nur, wie der Vorstand irriger Weise annimmt, auf so lange Zeit, als sie der Kasse angehört hat. Dies ist auch in der unzweideutigen Fassung des § 22 des Statuts[1]) zum klaren Ausdruck gebracht.

120. Entziehung der Krankenunterstützung wegen angeblicher Schädigung der Kasse.

Entschg. vom 16. Februar 1886 i. S. K. w. Ortskrankenkasse der Maschinenbau-Arbeiter.

Gründe.

Kläger wurde im Juli 1885 auf Grund seiner Beschäftigung in der Eisenwaaren-Fabrik von D. versicherungspflichtiges Mitglied der beklagten Kasse. Anfangs Dezember meldete er sich krank und erhielt von

---

[1]) Entspricht dem § 23 des Normalstatuts. A. d. H.

der beklagten Kasse bis zum 16. Dezember 1885 Krankenunterstützung. Die weitere Gewährung von Krankenunterstützung weigert Beklagte. Der von der Kasse angeführte Grund: dem Kläger sei bei einer früheren Erkrankung desselben im Januar 1885 die Krankenunterstützung wegen Uebertretung der „Verhaltungsmaßregeln“ entzogen worden, kann die Kasse zur Verweigerung der Krankenunterstützung bei dem vorliegenden neuen Unterstützungs-Falle nicht berechtigen. Daß eine „Ausschließung“ des Klägers auf Grund des § 8 des Statuts wegen wiederholter (§ 26 Abs. 3 des Krankenversicherungsgesetzes) Schädigung durch Betrug stattgefunden hat, ist von der Beklagten nicht dargethan, insbesondere ist auch nicht behauptet, daß dem Kläger diese Ausschließung mitgetheilt worden ist — und erst dann konnte eventuell die Mitgliedschaft erlöschen (§ 8 des Statuts) . . . . . .

121. Begriff der ihrer Natur nach vorübergehenden Beschäftigung.

Entschg. vom 19. Februar 1886 i. S. K. w. Orts-Krankenkasse für den Gewerbebetrieb der Kaufleute.

Gründe.

Durch das Zeugniß des Verwalters P. ist erwiesen, daß Kläger in dem vom Kaufmann N. betriebenen, von dem Zeugen verwalteten Holzgeschäfte vor seiner Erkrankung in der Weise thätig war, daß er sich seit längerer Zeit des Morgens dort einfand, nach Arbeit — Holzspalten — fragte, eventuell solche in den Vormittagsstunden verrichtete und alsbald nach Beendigung der Arbeit dafür abgelohnt wurde, sich dagegen, wenn, was oft vorkam, keine Arbeit vorhanden war, wieder entfernte. Hiernach muß angenommen werden, daß nicht ein bestimmtes, fortdauerndes Arbeitsverhältniß vorlag, sondern daß die jedesmalige kurz andauernde und sich nicht regelmäßig wiederholende Beschäftigung des Klägers bei N. eine ihrer Natur nach vorübergehende und der Kläger dem Versicherungszwange nach § 1 des Krankenversicherungsgesetzes nicht unterworfen war. Er ist daher auch nicht auf Grund seiner Beschäftigung bei N. gemäß § 19 Absatz 2 a. a. O. zwangsweises Mitglied der beklagten Kasse geworden und kann, da er nicht etwa derselben freiwillig beigetreten ist, keinen Anspruch auf Krankenunterstützung erheben.

122. Gewährung von Heilmitteln.

Entschg. vom 19. Februar 1886 i. S. K. w. Ortskrankenkasse der Buchdrucker.

Gründe.

Kläger verlangt von der beklagten Kasse die Gewährung eines Zuschusses zu den Anschaffungskosten eines künstlichen Gebisses. Da die beklagte Kasse in ihrem Statut von der Zulässigkeit der Erweiterung ihrer Leistungen gemäß § 21 Nr. 2 (2. Satz) des Krankenversicherungsgesetzes keinen Gebrauch gemacht hat, da ferner gemäß § 21 Absatz 2 auf „weitere Leistungen" als die dort bezeichneten, die Leistungen der Ortskrankenkasse nicht ausgedehnt werden dürfen, so kommt es lediglich darauf an, ob ein künstliches Gebiß zu den „Heilmitteln" im Sinne des § 6 Nr. 1 a. a. O. gehört. Diese Frage muß jedoch verneint werden. Der Begriff des Heilmittels setzt einen krankhaften Zustand voraus, der durch das Mittel geheilt werden soll und aus der Exemplificirung des Gesetzes (Brillen, Bruchbänder) geht deutlich hervor, daß das Gesetz diesen Begriff festgehalten wissen will. Nun ist es zwar selbstverständlich, daß gute Zähne zum Zerkleinern der Speisen und somit zur Verdauung derselben beitragen und daß der Mangel guter Zähne durch ein künstliches Gebiß ersetzt werden kann. Es ist jedoch klar, daß durch dieses Mittel nicht eine Heilung irgend einer Krankheit, sondern lediglich eine Erleichterung geschaffen werden soll, welche vom hygieinischen Standpunkt sehr vortheilhaft sein mag. Zur Hygieine gehört aber heute Manches, was über den Rahmen dessen, was die Kassen gewähren sollen und können, hinausgeht. Es ist im Interesse der Leistungsfähigkeit der Kassen dringend nothwendig, daß an dem Begriffe des Heilmittels streng festgehalten werde......

123. Austritt aus einer Orts-Krankenkasse gemäß § 19 Absatz 4 des Krankenversicherungsgesetzes.

Entschg. vom 20. Februar 1886 i. S. H. w. Ortskrankenkasse der Schmiede.

Gründe.

Nach § 19 Absatz 4 des Krankenversicherungs-Gesetzes konnten die in der Entscheidungsformel genannten versicherungspflichtigen Personen aus der beklagten Kasse mit dem Schlusse des Rechnungsjahres, d. h. mit dem 31. Dezember 1885 ausscheiden, falls sie den Austritt spätestens drei Monate zuvor bei dem Vorstande beantragten und vor dem Austritt nachwiesen, daß sie Mitglieder der am 1. Januar 1886 in's Leben getretenen, dem § 73 a. a. O. genügenden Krankenkasse für Gesellen und Lehrlinge der Schmiede-Innung geworden sind. Es mag dahingestellt bleiben, ob die am 27. September 1885 dem Vorstande der beklagten Kasse zugegangene „die Gesellen des Schmiedemeisters H." unterzeichnete Kündigung vom 26. September 1885 als eine von den Versicherungspflichtigen selbst ausgehende Willenserklärung anzusehen ist, wie sie § 19 Absatz 4 cit. erfordert. Jedenfalls hat Kläger nicht dargethan, daß die in Rede stehenden Versicherungspflichtigen vor dem Austritt auch nachgewiesen haben, daß sie der Innungs-Krankenkasse angehören. Das Schreiben vom 26. September 1885 ist hierbei unerheblich, da das Statut der Innungskasse erst am 7. November 1885 genehmigt ist. Nun ist zwar dem Vorstande der beklagten Kasse ein vom 31. Dezember v. J. datirtes, vom Obermeister der Schmiede-Innung und dem Vorstand der Innungs-Krankenkasse unterzeichnetes Schreiben zugegangen, wonach die z. Z. bei Innungsmeistern arbeitenden Gesellen und Lehrlinge der Innungs-Krankenkasse angehören; indeß wenn man selbst in diesem generellen Schreiben eine genügende Erfüllung des den Gesellen und Lehrlingen selbst obliegenden Nachweises erblicken wollte, so kommt es doch nicht in Betracht, da es dem Vorstande der beklagten Kasse nach dessen amtlicher Erklärung erst nach dem Beginne des 1. Januar 1886, also nach Schluß des Rechnungsjahres, demnach verspätet zugegangen ist. Hierdurch aber hat die Kündigung ihre Wirksamkeit verloren, sodaß die in Rede stehenden Personen, falls sie in ihrer gegenwärtigen Beschäftigung verbleiben, erst mit dem 31. Dezember 1886, unter Beobachtung der Vorschriften des § 19 Abs. 4 cit. aus der beklagten Kasse ausscheiden können.

Die vorgelegte, vom 31. Dezember 1885 datirte Abmeldung des Klägers kommt ebenfalls nicht in Betracht, denn, wie Kläger selbst in seiner Reklamationsschrift angiebt, sind die Gesellen thatsächlich nicht aus der Arbeit ausgeschieden, vielmehr sollte die Abmeldung lediglich zur Unterstützung der vorangegangenen Kündigung dienen.

Die beklagte Kasse ist daher berechtigt, vom Kläger für die Gesellen M. und P. Beiträge für die Zeit vom 4. bis 31. Januar 1886 zu fordern[1]).

124. Einzahlung des Eintrittsgeldes durch den Arbeitgeber.

Entschg. vom 24. Februar 1886 i. S. H. w. Ortskrankenkasse der Maurer.

Gründe.

Kläger wendet nur ein, er als Arbeitgeber sei zur Zahlung der Eintrittsgelder für die von ihm beschäftigten versicherungspflichtigen Personen nicht verpflichtet, vielmehr müsse sich die Kasse direkt an die Arbeiter halten. Dieser Einwand des Klägers ist nicht gegründet, da für denselben das Krankenversicherungsgesetz keinen Anhalt bietet und in den Statuten der beklagten Kasse ausdrücklich das Eintrittsgeld sub IV als „Beiträge" aufgeführt ist, zu deren Einzahlung die Arbeitgeber gemäß § 27 verpflichtet sind. Von der

[1]) Gegen diese Entscheidung ist der Rechtsweg beschritten; z. Z. ist ein Urtheil noch nicht ergangen. A. d. H.

Einzahlung des Eintrittsgeldes sind nur diejenigen befreit, welche innerhalb der letzten 13 Wochen vor ihrem Eintritt in die Kasse bereits Mitglieder einer Kasse waren oder Beiträge zur Gemeinde-krankenversicherung geleistet haben. Dies ist vom Kläger nicht behauptet, geschweige denn nachgewiesen worden ......

125. Verweigerung der Krankenunterstützung. Transport-Kosten.

Entschg. vom 1. März 1886 i. S. B. w. Ortskrankenkasse der Kürschner.

Gründe.

Kläger verunglückte am 22. Oktober 1885 durch einen Sturz auf der Treppe und mußte auf ärztliche Anordnung nach dem Lazarus-Krankenhause transportirt werden, woselbst er im Wege der öffentlichen Armenpflege verpflegt wurde. Da Kläger — wie von der Beklagten nicht bestritten — den Unterhalt von Angehörigen aus seinem Arbeitsverdienste bisher bestritten hatte, so verlangt er das im § 12 Abs. 3 des Statuts festgesetzte Krankengeld für die Zeit seiner Verpflegung im Krankenhause. Beklagte weigert die Gewährung des Krankengeldes, weil Kläger den Kranken-Kontrolleur wörtlich beleidigt habe, weil er ferner aus der Maschinenbauer-Kasse als Simulant gestrichen sei, weil endlich das Vorstandsmitglied Sch. dem Kläger das Zeugniß gebe, „daß er stark trinkt". Da die von der Beklagten angeführten Thatsachen zur Verweigerung des Krankengeldes nicht berechtigen, so ist Beklagte zur Zahlung des Krankengeldes verpflichtet. Eine Pflicht der Kasse zum Ersatz der durch den Transport des Klägers nach dem Krankenhause entstandenen Kosten läßt sich weder aus gesetzlichen noch statutarischen Bestimmungen herleiten. Die Verpflichtung der Kasse zum Ersatz der durch Verpflegung im Krankenhause entstandenen Kosten an die Armendirektion bleibt durch diese Entscheidung unberührt.

126. Versicherung vorübergehend beschäftigter Personen.

Entschg. vom 2. März 1886 i. S. St. w. Ortskrankenkasse der Maurer.

Gründe.

Kläger war bis ult. November 1885 auf Grund seiner Beschäftigung Mitglied der bekl. Kasse, blieb dann einige Zeit erwerbslos und trat am 12. Dezember 1885 in die Beschäftigung einer Brauerei. An demselben Tage verunglückte er daselbst, und es wurde von der beklagten Kasse seine Aufnahme in ein Krankenhaus bewirkt. Am 2. Februar 1886 wurde er aus dem Krankenhause entlassen mit dem Vermerke, daß er noch 14 Tage Schonung bedürfe. Die Beklagte weigert sich nunmehr die fernere Krankenunterstützung zu gewähren, weil Kläger mit dem Eintritt in die Beschäftigung bei der Brauerei Mitglied einer anderen Ortskrankenkasse geworden und die Mitgliedschaft bei der beklagten Kasse erloschen sei. Der Einwand der Beklagten ist nicht begründet. Kläger ist in der Brauerei zum Zerhauen des Eises engagirt worden. Das Engagement wurde immer nur auf einen Tag abgeschlossen, weil sich die Arbeit nach dem Frostwetter und dem Vorhandensein des Eises richtete. Die Beschäftigung war also eine sowohl „ihrer Natur nach" vorübergehende, als auch durch den Arbeitsvertrag im Voraus auf weniger als eine Woche beschränkte. Somit war Kläger auf Grund dieser Beschäftigung auch nicht versicherungspflichtig, und seine freiwillige Mitgliedschaft bei der beklagten Kasse war nicht erloschen. Für die Zeit seiner Verpflegung im Krankenhause hat Kläger Anspruch auf das halbe Krankengeld, falls er der Kasse durch eine Bescheinigung des Bezirksvorstehers oder des Polizei-Reviers oder auf andere Weise den Nachweis liefert, daß er bisher den Unterhalt von Angehörigen aus seinem Arbeitsverdienste bestritten hat. Für die Zeit nach seiner Entlassung aus dem Krankenhause hat er gegen Bescheinigung seiner Krankheit, bez. Erwerbsunfähigkeit Anspruch auf die volle Krankenunterstützung.

127. Beginn des Bezuges von Krankengeld.

Entschg. vom 2. März 1886 i. S. B. w. Orts-Krankenkasse des Zimmerergewerbes.

Die Kasse wurde zur Zahlung von Krankengeld für 7 Arbeitstage verurtheilt.

Aus den Gründen.

Kläger erhielt vom 9. Januar bis zum 6. Februar 1886 von der beklagten Kasse freie ärztliche Behandlung und Arznei, dagegen kein Krankengeld, da er erwerbsfähig war. Am 6. Februar cr. wurde er erwerbsunfähig und hat für die Zeit vom 6. bis 13. Februar nur 6 *M.* Krankengeld erhalten; er verlangt für diese Zeit noch 3 *M.* Der Einwand der Beklagten, Kläger habe erst vom vierten Tage der Erwerbsunfähigkeit ab Anspruch auf Krankengeld, ist unbegründet, da die im § 6 Nr. 2 des Krankenversicherungsgesetzes angeordnete dreitägige Karenzzeit nicht vom Tage des Beginns der Erwerbsunfähigkeit, sondern vom Tage der Erkrankung an zu rechnen ist, im vorliegenden Falle also beim Eintritt der Erwerbsunfähigkeit längst verstrichen war. Kläger hat somit auf die Zeit vom 6. bis 13. Februar für sieben Arbeitstage Krankengeld zu beanspruchen. . . .

128. Versicherungspflicht der Beamten.

Schreiben vom 3. März 1886 an die Kgl. Ministerial-, Militair- und Bau-Kommission.

Auf das gef. Schreiben vom 28. Januar cr. erwidern der (tit.) wir ganz ergebenst, daß wir der Ansicht der (tit.), wonach die seiner Zeit erfolgte Anmeldung des Heizers K. als versicherungspflichtiges Mitglied der Gemeindekrankenversicherung eine irrthümliche gewesen sei, nicht beizutreten vermögen. Wie die Motive zu § 3 Abs. 2 des Krankenversicherungsgesetzes hervorheben, besteht für die daselbst bezeichneten Personen ein Bedürfniß der Krankenversicherung nach Maßgabe dieses Gesetzes nicht, da sie auch während der Krankheitszeit ihren Arbeitsverdienst beziehen. Für welche Dauer der Fortbezug des Arbeitsverdienstes gesichert sein soll, wird hier nicht ausdrücklich gesagt; es kann jedoch keinem Zweifel unterliegen, daß diese Dauer mindestens diejenige der gesetzlichen Mindestleistungen — 13 Wochen — sein muß, wie dies auch im Abs. 2 des § 3 l. c. ganz bestimmt zum Ausdruck gekommen ist. Dieser Gesichtspunkt muß für die Interpretation des Begriffes „festes Gehalt" in erster Linie maßgebend sein. Wenn also auch der Heizer K. in „förmlicher Weise angestellt" und eidlich verpflichtet worden ist, so muß doch der Umstand, daß eine vierwöchentliche Kündigung vorbehalten ist, daß also im Falle einer Erkrankung ein Anspruch auf den Fortbezug des Gehalts für die Dauer der gesetzlichen Mindestleistungen nicht vorhanden ist, dazu führen, den p. K. für versicherungspflichtig zu erklären. Wir sind daher nicht in der Lage, die Zurückzahlung der bisher für den p. K. gezahlten Beiträge anordnen zu können.

129. Erhebung von Kassenbeiträgen während der Zeit der Erwerbsunfähigkeit der Mitglieder.

Verf. vom 3. März 1886.

...... Auf die Eingabe vom 11. v. M. gereicht dem Vorstande zum Bescheide, daß die Kasse berechtigt ist, in allen Fällen, in denen die Auszahlung von Sterbegeld für Mitglieder verlangt wird, welche länger als 52 Wochen krank waren und daher Krankenunterstützung nicht bis zu ihrem Tode bezogen haben, den Nachweis zu verlangen, daß der Verstorbene auch thatsächlich bis zu seinem Tode erwerbsunfähig war. Im Uebrigen bemerken wir, daß die Erhebung von Beiträgen von erwerbsunfähigen Mitgliedern, soweit dadurch nicht die gesetzlichen Mindestleistungen der Kasse verkürzt werden, mit dem Gesetze vom 15. Juni 1883 nicht in Widerspruch steht. Zu diesen gesetzlichen Mindestleistungen gehört aber auch das Sterbegeld (§ 20 Nr. 3 a. a. O.). Will also die Kasse auf dem Wege der Statuten-Aenderung die Erhebung von Beiträgen von erwerbsunfähigen Mitgliedern, welche bereits die statutenmäßig höchste Krankenunterstützung bezogen haben, festsetzen[1]), so kann doch der Anspruch auf Sterbegeld durch Nichtzahlung der Beiträge nicht verloren gehen[2]). Das Fortbestehen der versicherungspflichtigen Mitgliedschaft wird durch das Aufhören der Krankenunterstützung nicht alterirt und da eine Verpflichtung zur Einzahlung der neuen Beiträge für den früheren Arbeitgeber nicht besteht, so tritt hier der im Gesetz allerdings nicht vorgesehene Fall ein, daß Beiträge von versicherungspflichtigen Mitgliedern direkt eingezogen werden. Für die Beitreibung der rückständigen Beiträge findet der § 55 a. a. O. Anwendung. . . . . .

130. Anwendung abgeänderter Statuten-Bestimmungen auf Unterstützungs-Fälle, welche vor der Abänderung begonnen haben.

Entschg. vom 10. März 1886 i. S. W. w. Ortskrankenkasse der Drechsler.

Gründe.

Beklagte hat den Kläger bis zum 21. Februar cr. unterstützt, weigert aber die Gewährung der ferneren Krankenunterstützung, indem sie einwendet, Kläger sei erst seit dem 5. Januar 1885 Mitglied, sei also beim Eintritt des Unterstützungsfalles (29. Juli 1885) noch nicht 1 Jahr Kassenmitglied gewesen und habe mithin gemäß § 20 Abs. 3 des Statuts nur Anspruch auf Gewährung der Krankenunterstützung für denselben Zeitraum, für welchen er Kassenmitglied gewesen sei. Ferner sei Kläger am 31. Januar 1886 „arbeitsfähig geschrieben" worden. Was den letzteren Einwand anlangt, so steht fest, daß die Kasse dem Kläger die Krankenunterstützung bis 21. Februar 1886 gewährt hat. Falls also Kläger seine Krankheit bezw. Erwerbsunfähigkeit für die Zeit nach dem 21. Februar 1886 durch ärztliche Bescheinigung nachweisen kann, ist die Kasse an sich zur Leistung der Unterstützung verpflichtet. Aber auch der erste Einwand der Kasse ist hinfällig. Die Statuten-Bestimmung (§ 20 Abs. 3), auf welche sich Beklagte beruft, ist nämlich erst am 12. September 1885 — im Wege der Statuten-Aenderung — in Kraft getreten,

---

[1]) Eine diesbezügliche Statuten-Aenderung ist vom Bezirks-Ausschuß bei der Ortskrankenkasse der Gelbgießer genehmigt worden. A. d. H.

[2]) Die Ortskrankenkasse der Schlosser hatte die Beitragserhebung mit dem Zusatze beschlossen: „Um sich das Recht auf Zahlung des Sterbegeldes zu erhalten". Gegen diesen Zusatz hat der Bezirksausschuß aus den angeführten Gründen Bedenken erhoben. A. d. H.

zu einer Zeit also, als der Unterstützungsfall bei dem Kläger bereits eingetreten war. Zu dieser Zeit galt noch der § 20 in der Fassung des Statuts vom 12. November 1884, welche für den Einwand der Beklagten keinen Anhalt bietet. Vielmehr hatte Kläger nach dem alten Statut vom 12. November 1884 beim Beginn seiner Krankheit Anspruch auf die höchste Unterstützungsdauer von 52 Wochen. Nach § 6 letzter Absatz des Krankenversicherungsgesetzes finden Abänderungen des Statuts, durch welche die bisherigen Kassenleistungen herabgesetzt werden, auf solche Mitglieder keine Anwendung, welchen bereits zur Zeit der Abänderung ein Unterstützungs-Anspruch wegen eingetretener Krankheit zusteht. Daß aber in der Abänderung des § 20 eine Herabsetzung der Kassenleistungen liegt, kann nicht zweifelhaft erscheinen. Beklagte ist somit verpflichtet, dem Kläger die Unterstützung für diejenige Dauer zu Theil werden zu lassen, auf welche der Kläger zur Zeit des Eintritts seiner Krankheit Anspruch hatte.

131. Vorläufige Vollstreckbarkeit der Entscheidungen der Aufsichtsbehörde über Unterstützungs-Ansprüche.

Verf. vom 12. März 1886.

Auf Ihren Antrag vom 5. d. M. eröffnen wir Ihnen, daß eine Anfechtung unserer Entscheidung vom 22. v. M. nur durch Berufung auf den Rechtsweg mittels Erhebung der Klage stattfindet (§ 58 Abs. 1 des Krankenversicherungsgesetzes), daß wir daher nicht in der Lage sind, Ihrem Antrage auf Abänderung unserer Entscheidung statt geben zu können. Im Uebrigen bemerken wir, daß der Anspruch der Kassenmitglieder auf das statutenmäßige Sterbegeld zweifellos als Unterstützungsanspruch anzusehen ist (§ 20 Nr. 3 a. a. O.) — wenn auch nicht als **Kranken**unterstützungs-Anspruch — und daß darnach die Entscheidung auch über einen solchen Unterstützungs-Anspruch gemäß § 58 Abs. 1 a. a. O. vorläufig vollstreckbar ist.

132. Kürzung der Krankenunterstützung bei Doppelversicherung.

Verf. vom 15. März 1886.

Auf die Eingabe vom 28. Februar cr. erwidern wir dem Vorstande, daß die nach § 26 Abs. 3 des Krankenversicherungsgesetzes (§ 17 des Statuts) zulässige Kürzung bei Doppelversicherung nur dann und insoweit eintreten kann, als die aus den verschiedenen Kassen bezogene Unterstützung den Betrag des durchschnittlichen Tagelohns des betreffenden Mitgliedes übersteigt. Der von der höheren Verwaltungsbehörde in Gemäßheit des § 8 (§ 20) des Krankenversicherungsgesetzes festgesetzte durchschnittliche Tagelohn ist hierbei nicht maßgebend. Es bedarf vielmehr einer besonderen Ermittelung darüber, wie viel das betreffende Mitglied zur Zeit durchschnittlich täglich verdient hat.

Was die weitere Anfrage des Vorstandes anlangt, ob in dem Verschweigen des Vorhandenseins der Doppelversicherung Seitens des betreffenden Mitgliedes eventuell der Thatbestand des Betruges gefunden werden könnte, so bemerken wir, daß unseres Erachtens in dem bloßen Verschweigen dieser Thatsache, ohne daß auf eine besondere diesbezügliche Anfrage des Vorstandes von dem betreffenden Mitgliede eine unwahre Angabe gemacht worden ist, eine „Vorspiegelung falscher", bezw. eine „Unterdrückung wahrer Thatsachen" im Sinne des § 263 des Reichsstrafgesetzbuches nicht gefunden werden dürfte.

133. Versicherungspflicht von Personen, welche nur auf Trinkgelder angewiesen sind. Begriff der ihrer Natur nach vorübergehenden oder durch den Arbeitsvertrag im Voraus auf weniger als eine Woche beschränkten Beschäftigung. Berechtigung des Arbeitgebers zu Lohnabzügen.

Entschg. vom 18. März 1886 i. S. K. w. Orts-Krankenkasse für das Gewerbe der Beherbergung und Erquickung.

Gründe.

Kläger giebt zu, daß die vorstehend bezeichneten Personen im Laufe des Jahres 1885 während verschiedener Zeiträume als Kellnerinnen bei ihm thätig gewesen sind und daß er dieselben bei der beklagten Kasse weder an- noch abgemeldet hat. Für die Beurtheilung der Frage, ob die in Rede stehenden Kellnerinnen dem Versicherungszwange gemäß § 1 des Gesetzes vom 15. Juni 1883 unterliegen, ist es völlig unerheblich, ob, wie Kläger behauptet, das Arbeitsverhältniß jeder Zeit von beiden Theilen gelöst werden konnte; denn durch eine solche Abrede verliert das Arbeitsverhältniß nicht den Charakter eines auf unbestimmte Zeit abgeschlossenen, während nur die im Voraus verabredete Beschränkung des Verhältnisses auf einen Zeitraum von weniger als einer Woche geeignet sein würde, die betreffenden Personen vom Versicherungszwange zu eximiren. Ebensowenig kann davon die Rede sein, daß die Beschäftigung der Kellnerinnen beim Kläger eine ihrer Natur nach vorübergehende war.

Wenn Kläger endlich die Versicherungspflicht der Kellnerinnen deshalb verneint, weil sie lediglich auf die Trinkgelder der Gäste angewiesen worden seien und von ihm keinerlei Leistung an Gehalt, Lohn, Kost oder Wohnung erhalten hätten, so kann dieser Auffassung nicht beigestimmt werden.

Nach § 1 Absatz 3 des Gesetzes vom 15. Juni 1883 gelten als Gehalt oder Lohn im Sinne dieses Gesetzes auch Tantièmen und Naturalbezüge, und es muß angenommen werden, daß die qu. Personen vom Kläger gegen Gewährung von Naturalbezügen beschäftigt worden sind. Das Gesetz geht allerdings von der regelmäßigen Voraussetzung aus, daß nur solche Personen versicherungspflichtig sind, welchen vom Arbeitgeber für ihre Dienste ein Aequivalent in Gestalt von Gehalt, Lohn, Tantièmen oder Naturalbezügen gewährt wird. Diese Voraussetzung trifft aber hier zu, obwohl der Arbeitgeber den Bediensteten keine directen Zuwendungen in Geld, Kost oder sonstigen körperlichen Dingen oder durch Gewährung von Wohnung macht. Er giebt ihnen aber als Aequivalent für ihre Dienste die Befugniß, durch Bedienung seiner Gäste und durch Empfangnahme der gewohnheitsmäßig von den Gästen gewährten Trinkgelder Gelderwerb zu machen. Die Gewährung dieser Befugniß und Gelegenheit, welche von dem Aufenthalte im Locale des Klägers, der Verfügung über Utensilien und Geschirr zur Bedienung der Gäste und der von dem Kläger zugelassenen Ausführung der in seinem Gewerbebetriebe vorkommenden Functionen abhängig ist, muß als die Gegenleistung des Klägers und zwar als Gewährung von Naturalbezügen aufgefaßt werden. Denn zu dem Begriffe der letzteren ist es nicht erforderlich, daß der Arbeitgeber dem Bediensteten körperliche Sachen übergiebt — hierfür giebt das Gesetz keinen Anhalt —, es fällt vielmehr nach Zweck und Beweggründen des Gesetzes jeder Bezug unter diesen Begriff, welcher den als Arbeitern im Sinne der Kranken-Versicherung des Gesetzes vom 15. Juni 1883 anzusehenden Personen gewährt wird und in anderen als Geld-Leistungen besteht, wenn dieselben auch nicht unmittelbarem Verbrauche oder Gebrauche, sondern nur mittelbar zur Verschaffung von zum Gebrauche geeigneten Gegenständen dienlich sind.

Hiernach muß angenommen werden, daß die in Rede stehenden Kellnerinnen in dem stehenden Gewerbebetriebe des Klägers gegen Naturalbezüge beschäftigt waren und also gemäß § 1 Absatz 1 Nr. 2 des citirten Gesetzes dem Versicherungszwange unterlagen. Sie sind daher mit dem Eintritt in die Beschäftigung beim Kläger gemäß § 19 Absatz 2 a. a. O. zwangsweise Mitglieder der beklagten Kasse geworden, und nach § 51 a. a. O. muß Kläger die statutenmäßigen Beiträge, und zwar die vollen Beiträge so lange fortzahlen, bis die vorschriftsmäßige Abmeldung beim Kassenvorstande erfolgt ist.

Hieran wird auch dadurch nichts geändert, daß Kläger nicht in der Lage ist, den Kellnerinnen die im § 53 Absatz 1 a. a. O. erwähnten Lohnabzüge zu machen; denn dieser Paragraph giebt dem Arbeitgeber nur ein Recht, solche Abzüge vorzunehmen, wo er baaren Lohn zahlt. Wo dies nicht geschieht und nur Naturalbezüge stattfinden, von denen ein Abzug nicht geschehen kann, fällt dieses Recht von selbst fort, ohne daß deshalb die Befreiung des Arbeitgebers von der ihm durch § 51 a. a. O. auferlegten Haftung für die vollen Beiträge gegenüber der Kasse eintritt.

Gegen die durch die Einreihung der qu. Kellnerinnen in die einzelnen Lohnklassen Seitens des Vorstandes vorgenommene Abschätzung der Naturalbezüge (§ 5 des Kassenstatuts)[1]) sind Einwendungen nicht erhoben.

134. Entscheidung über Rückforderung gezahlten Krankengeldes und über zukünftigen Bezug von Krankengeld.

Verf. vom 19. März 1886.

Auf die Eingabe vom 11. März cr. gereicht dem Vorstande zum Bescheide, daß wir dem ersten Antrage, den L. zur Rückzahlung von 16,50 *M.* empfangenen Krankengeldes zu verurtheilen, nicht Statt geben können, da wir nur gemäß § 58 des Krankenversicherungsgesetzes zur Entscheidung von Streitigkeiten kompetent sind, der Anspruch auf Rückzahlung bereits empfangener Krankenunterstützung unter die im § 58 aufgeführten Fälle indeß nicht gebracht werden kann. Wir können daher nur anheimstellen, in dieser Beziehung gegen den L. auf dem ordentlichen Rechtswege klagbar zu werden. Auch dem zweiten Antrage, den L. zu verurtheilen „anzuerkennen, daß ihm auch für die Zeit vom 9. Januar bis zum 6. Februar cr. kein Anspruch auf Krankengeld zusteht“, vermögen wir nicht Statt zu geben. Es muß vielmehr abgewartet werden, bis L. seinen angeblichen Anspruch gegen die Kasse bei uns geltend macht; alsdann kann die Kasse ihre Einwendungen erheben, und es wird dann die Entscheidung gemäß § 58 l. c. erfolgen.

135. Verpflichtung des Arbeitgebers zur Zahlung der Beiträge. Uebertritt der Arbeitnehmer zu einer eingeschriebenen Hülfskasse.

Entschg. vom 24. März 1886 i. S. Sch. w. Ortskrankenkasse der Goldschmiede.

Gründe.

Kläger erkennt seine Zahlungsverpflichtung für die Arbeiter L. und M. an und behauptet nur, der Rendant habe die Annahme der Beiträge verweigert; bezüglich der drei übrigen Personen wendet Kläger ein, dieselben hätten sich Ende September 1885 von der beklagten Kasse abgemeldet und seien der „eingeschriebenen Hülfskasse der Goldschmiede“ beigetreten. Den Eintritt in die freie Hülfskasse

---

[1]) § 5 des Normalstatuts. A. d. H.

hätten die drei Personen ihm durch Vorlegung der Kassenbücher nachgewiesen.

Es war, wie geschehen, zu erkennen.

Was die Arbeiter L. und M. anlangt, so ist zu bemerken, daß die Zahlungsverpflichtung des Arbeitgebers auf gesetzlicher Bestimmung beruht (§ 51 des Krankenversicherungsgesetzes) und auch eine etwaige Weigerung des Kassirers zur Annahme der Beiträge den Arbeitgeber von dieser Verpflichtung nicht befreien, sondern ihn nur vor etwaigen nachtheiligen Folgen des Verzuges sicher stellen und berechtigen kann, die Beiträge zu deponiren.

Was die übrigen drei Arbeiter anlangt, so giebt die beklagte Kasse zu, daß dieselben ihren Austritt aus der Kasse Ende September 1885 angezeigt haben. Zwei derselben hatten aber nicht nachgewiesen, daß sie Mitglieder einer den Anforderungen des § 75 des Krankenversicherungsgesetzes entsprechenden freien Hülfskasse geworden seien. Da nun nur unter der Voraussetzung dieses Nachweises, welcher dem Kassenvorstande geführt werden muß — der dem Arbeitgeber geführte Nachweis ist unerheblich — der Austritt aus der Kasse gestattet werden darf (§ 19 Abs. 4 Krankenversicherungsgesetz), so sind die Arbeiter H. und M. auch fernerhin (nach dem 1. Januar 1886) als Mitglieder der beklagten Kasse zu betrachten, und der Kläger als Arbeitgeber ist zur Einzahlung der Beiträge verpflichtet.

Auch der Arbeiter H. ist nicht als aus der Kasse ausgeschieden zu betrachten. Derselbe hat zwar der beklagten Kasse den oben erwähnten Nachweis geführt, erklärte indeß — wie dies ein von der beklagten Kasse vorgelegtes Schreiben d. d. 14. Februar 1886 beweist — als ihm von der Kasse die Konsequenzen seines Schrittes klar gemacht wurden, noch vor dem 1. Januar 1886, daß er Mitglied der beklagten Kasse bleiben wolle. Diese Erklärung ist aber für die Mitgliedschaft des H. bei der beklagten Kasse maßgebend, da die rechtzeitige Anmeldung des Austritts und die Führung des erwähnten Nachweises nicht schon an sich den Austritt am Schlusse des Jahres zur Folge hat, sondern nur die Möglichkeit für den Austritt schafft. Somit ist Kläger zur Zahlung der Beiträge für sämmtliche im Tenor genannten fünf Personen verpflichtet.

136. Verfahren bei der Beitreibung von Kassenbeiträgen.

Verf. vom 25. März 1886.

Auf den Antrag eines Rechtsanwalts, welcher im Namen eines Arbeitgebers gegen dessen Verbindlichkeit zur Zahlung geforderter Beiträge reklamirt hatte, die Zwangsvollstreckung bis zur Entscheidung über die Reklamation auszusetzen, erging folgender Bescheid:

...... Wir weisen darauf hin, daß nach § 55 des Krankenversicherungsgesetzes rückständige Beiträge in derselben Weise beigetrieben werden, wie Gemeinde-Abgaben, und daß daher gemäß § 16 Absatz 3 des Regulativs betreffend die Erhebung der Gemeinde-Einkommensteuer in der Stadt Berlin vom $\frac{\text{29. September}}{\text{7. Oktober}}$ 1874 und § 18, letzter Absatz, des Zuständigkeitsgesetzes vom 1. August 1883 Reklamationen die Beitreibung nicht aufhalten. Ihrem Antrage auf Sistirung der Vollstreckungsmaßregeln kann daher nicht stattgegeben werden.

137. Abmeldepflicht des Arbeitgebers.

Entschg. v. 27. März 1886 i. S. G. w. Ortskrankenkasse der Bildhauer.

Gründe.

Es steht fest, daß Kläger die drei im Tenor genannten Personen von der Kasse nicht abgemeldet hat. Kläger wendet nur ein, er habe im April 1885 sein Geschäft aufgegeben, sei daher weder zur Abmeldung noch zur Weiterzahlung der Beiträge verpflichtet, vielmehr müsse sein Geschäftsnachfolger für die beiden von ihm mit übernommenen Arbeiter die Beiträge weiter zahlen.

Der Einwand des Klägers ist unbegründet. Nach § 49 Abs. 1 Krankenversicherungsgesetzes hat der Arbeitgeber jede von ihm beschäftigte versicherungspflichtige Person spätestens am dritten Tage nach Beendigung des Arbeitsverhältnisses abzumelden. Daß im vorliegenden Falle durch die Aufgabe des Geschäfts das Arbeitsverhältniß zwischen Kläger und den von ihm beschäftigten Arbeitern beendet ist, kann nicht zweifelhaft erscheinen. Hieran kann auch der Umstand Nichts ändern, daß der „Geschäfts-Nachfolger" des Klägers — von einer kaufmännischen Firma ist nicht die Rede[1]) — zwei Arbeiter mit übernommen hat. Kläger war also gemäß § 49 Abs. 1 des Krankenversicherungsgesetzes zur Abmeldung und gemäß § 51 ibid. zur Weiterzahlung der Beiträge bis zur erfolgten ordnungsmäßigen Abmeldung verpflichtet.

138. Verpflichtung des Arbeitgebers zur Einzahlung, bez. Fortzahlung der Beiträge.

Entschg. vom 29. März 1886 i. S. Sch. w. Orts-Krankenkasse der Maurer.

Gründe.

Bezüglich des Arbeiters H. wendet Kläger ein, derselbe sei nicht von ihm entlassen worden, sondern er sei ohne irgend eine Angabe

---

[1]) Vgl. Entschg. vom 14. Juli 1885 (Nr. 52). A. d. H.

von Gründen fortgeblieben. Die Abmeldung desselben könne daher nicht eher erfolgen, als bis H. sein Quittungsbuch einfordere und erkläre, nicht mehr beim Kläger arbeiten zu wollen. Er, Kläger, könne daher auch nicht die rückständigen Beiträge für H. zahlen, da derselbe kein Guthaben bei ihm habe. Der Einwand des Klägers ist ungegründet. Durch das Wegbleiben des H. von der Arbeit ist nämlich entweder das Arbeitsverhältniß beendet — und dann war Kläger gemäß § 49 Abs. 1 des Krankenversicherungsgesetzes zur Abmeldung, ev. zur Fortzahlung der Beiträge bis zur erfolgten Abmeldung verpflichtet (§ 51 l. c.) — oder das Arbeitsverhältniß ist trotzdem bestehen geblieben, dann ist Kläger als Arbeitgeber zur Einzahlung der Beiträge verpflichtet (§ 51 l. c.). In beiden Fällen ist also die Verpflichtung des Klägers zur Zahlung der Beiträge bis zur erfolgten ordnungsmäßigen Abmeldung außer Frage gestellt. . . . . .

139. Beschäftigung außerhalb der Betriebsstätte.

Entschg. vom 30. März 1886 i. S. S. u. H. w. Orts-Krankenkasse der Schneider.

Gründe.

Wie durch die Bekundungen des Schneiders K. und des Schneiders S. erwiesen ist, hat ersterer allerdings bei den Klägern gegen Stücklohn in der Zeit vom 15. Oktober bis zum 23. Januar 1886 gearbeitet, jedoch außerhalb der Betriebsstätte derselben. Die Beschäftigung fand in einer in dem Hause Fr.-Straße 64 — demselben Hause, in welchem sich die Geschäftslokalitäten der Kläger befinden — von den Klägern dem Hauseigenthümer abgemietheten und von ihnen wiederum an S. abvermietheten Raum statt, und es mußte K. für die Benutzung des Raumes und der von S. gelieferten Maschinen ꝛc. letzterem eine bestimmte Geldvergütigung, das sg. Platzgeld, zahlen. S. war befugt, auch andere Arbeiter, als die von den Klägern beschäftigten, in die Arbeitsräume aufzunehmen. Hiernach können die letzteren nicht als eine Betriebsstätte der Kläger, welche über dieselben keinerlei Disposition hatten, angesehen und es muß daher K. gemäß §§ 1, 2 Nr. 4 des Krankenversicherungszwanges als nicht versicherungspflichtig betrachtet werden; es können also die Kläger nicht zur Beitragszahlung für K. herangezogen werden.

Gesetz

betreffend die

Krankenversicherung der Arbeiter.*)

Vom 15. Juni 1883.

(R.G.Bl. 1883 S. 73.)

Wir Wilhelm, von Gottes Gnaden Deutscher Kaiser, König von Preußen rc.
verordnen im Namen des Reichs, nach erfolgter Zustimmung des Bundesraths und des Reichstags, was folgt:

A. Versicherungszwang.

§ 1. Personen, welche gegen Gehalt oder Lohn beschäftigt sind:

1. in Bergwerken, Salinen, Aufbereitungsanstalten, Brüchen und Gruben, in Fabriken und Hüttenwerken, beim Eisenbahn- und Binnendampfschifffahrtsbetriebe, auf Werften und bei Bauten,
2. im Handwerk und in sonstigen stehenden Gewerbebetrieben,
3. in Betrieben, in denen Dampfkessel oder durch elementare Kraft (Wind, Wasser, Dampf, Gas, heiße Luft rc.) bewegte Triebwerke zur Verwendung kommen, sofern diese Verwendung nicht ausschließlich in vorübergehender Benutzung einer nicht zur Betriebsanlage gehörenden Kraftmaschine besteht,

sind mit Ausnahme der im §. 2 unter Ziffer 2 bis 6 aufgeführten Personen, sofern nicht die Beschäftigung ihrer Natur nach eine vorübergehende oder durch den Arbeitsvertrag im voraus auf einen Zeitraum von weniger als einer Woche beschränkt ist, nach Maßgabe der Vorschriften dieses Gesetzes gegen Krankheit zu versichern.

Nr. 8, 9, 11, 19, 34, 36, 41, 52, 54, 55, 58, 73, 78, 80, 81, 86, 96, 102, 103, 117, 121, 126, 133.

Betriebsbeamte unterliegen der Versicherungspflicht nur, wenn ihr Arbeitsverdienst an Lohn oder Gehalt sechszweidrittel Mark für den Arbeitstag nicht übersteigt.

Nr. 12.

---

*) Die den einzelnen Paragraphen beigedruckten Nummern verweisen auf die Nummern der Entscheidungen oder Verfügungen.

Als Gehalt oder Lohn im Sinne dieses Gesetzes gelten auch Tantiemen und Naturalbezüge. Der Werth der letzteren ist nach Ortsdurchschnittspreisen in Ansatz zu bringen.
Nr. 96, 133.

Zu § 1.

Gesetz über die Ausdehnung der Unfall- und Krankenversicherung.*)

Vom 28. Mai 1885.

(R.G.Bl. 1885 S. 159.)

Wir Wilhelm, von Gottes Gnaden Deutscher Kaiser, König von Preußen rc.
verordnen im Namen des Reichs, nach erfolgter Zustimmung des Bundesraths und des Reichstags, was folgt:

I. **Unfallversicherung.**

Ausdehnung der Unfallversicherung.

§ 1. Das Unfallversicherungsgesetz vom 6. Juli 1884 (Reichs-Gesetzbl. S. 69) findet mit den aus nachstehenden Bestimmungen sich ergebenden Abänderungen Anwendung auf

1. den gesammten Betrieb der Post-, Telegraphen- und Eisenbahnverwaltungen, sowie sämmtliche Betriebe der Marine- und Heeresverwaltungen, und zwar einschließlich der Bauten, welche von diesen Verwaltungen für eigene Rechnung ausgeführt werden;
2. den Baggereibetrieb;
3. den gewerbsmäßigen Fuhrwerks-, Binnenschiffahrts-, Flößerei-, Prahm- und Fährbetrieb, sowie den Gewerbebetrieb des Schiffsziehens (Treidelei);
4. den gewerbsmäßigen Speditions-, Speicher- und Kellereibetrieb;
   Nr. 117.
5. den Gewerbebetrieb der Güterpacker, Güterlader, Schaffer, Bracker, Wäger, Messer, Schauer und Stauer.

II. **Krankenversicherung.**

Ausdehnung der Krankenversicherung.

§ 15. Auf alle im §. 1 bezeichneten Betriebe findet das Gesetz über die Krankenversicherung der Arbeiter vom 15. Juni 1883 (Reichs-Gesetzbl. S. 73) in gleicher Weise wie auf die im §. 1 desselben bezeichneten Betriebe Anwendung. Soweit hierdurch die gesetzliche Verpflichtung zur Krankenversicherung auf Personen ausgedehnt wird, welche in einem Transportbetriebe beschäftigt sind, tritt §. 2 Ziffer 3 des Krankenversicherungsgesetzes außer Kraft.

Personen des Soldatenstandes, sowie solche in Reichs- oder Staatsbetrieben beschäftigte Personen, welche dem Reich oder dem Staate gegenüber in Krankheitsfällen einen Anspruch auf Fortzahlung des Gehaltes oder des Lohnes oder auf eine den Bestimmungen des §. 6 a. a. O. entsprechende Unterstützung mindestens für dreizehn Wochen nach der Erkrankung haben, sind von der Krankenversicherung ausgeschlossen.

Als Beschäftigungsort gilt im Zweifel der Sitz des Gewerbebetriebes, in welchem die Beschäftigung stattfindet.

---

*) Hier nur auszugsweise abgedruckt. A. d. H.

§ 16. Erkrankt ein Versicherter auf der Fahrt im Inlande außerhalb des Bezirks der Orts-, Betriebs- (Fabrik-), Bau-, Innungs-Krankenkasse, der Knappschaftskasse oder der Gemeinde-Krankenversicherung, welcher er angehört, so hat dem Erkrankten die Gemeinde des Ortes, an welchem die Fürsorge für denselben nothwendig wird, diejenigen Unterstützungen zu gewähren, welche er von der Gemeinde-Krankenversicherung oder der Krankenkasse, der er angehört, zu beanspruchen hat. Diese hat der unterstützenden Gemeinde die ihr hieraus erwachsenden Kosten zu erstatten. Bei der Erstattung gilt als Ersatz der im §. 6 Absatz 1 Ziffer 1 des Krankenversicherungsgesetzes bezeichneten Leistungen die Hälfte des Krankengeldes, sofern nicht höhere Aufwendungen nachgewiesen werden.

Erkrankt ein bei einer Orts-, Betriebs- (Fabrik-), Bau-, Innungs-Krankenkasse, bei einer Knappschaftskasse oder bei einer Gemeinde-Krankenversicherung Versicherter auf der Fahrt im Auslande, so hat dem Erkrankten der Betriebsunternehmer diejenigen Unterstützungen zu gewähren, welche er von der Gemeinde-Krankenversicherung oder der Krankenkasse, der er angehört, zu beanspruchen hat. Diese hat dem Betriebsunternehmer die ihm hieraus nachweislich erwachsenden Kosten zu erstatten. Bei der Erstattung gilt als Ersatz der im §. 6 Absatz 1 Ziffer 1 des Krankenversicherungsgesetzes bezeichneten Leistungen die Hälfte des Krankengeldes.

Streitigkeiten, welche hieraus entstehen, werden, soweit es sich um Unterstützungsansprüche handelt, nach §. 58 Absatz 1 a. a. O., im Uebrigen nach §. 58 Absatz 2 a. a. O. entschieden.

III. Schlußbestimmungen.

Gesetzeskraft.

§ 17. Mit den aus diesem Gesetze sich ergebenden Abänderungen treten die Bestimmungen der Abschnitte II, III, IV, V und VIII des Unfallversicherungsgesetzes, die auf diese Abschnitte bezüglichen Strafbestimmungen und diejenigen Vorschriften, welche zur Durchführung der in diesen Abschnitten getroffenen Anordnungen dienen, in Betreff der im §. 1 bezeichneten Betriebe mit dem Tage der Verkündung dieses Gesetzes in Kraft.

Dasselbe gilt von den Vorschriften des Krankenversicherungsgesetzes, soweit sie die Beschlußfassung über die statutarische Einführung des Versicherungszwanges, sowie die Herstellung der zur Durchführung des Versicherungszwanges dienenden Einrichtungen betreffen.

Im Uebrigen wird der Zeitpunkt, mit welchem die Bestimmungen dieses Gesetzes ganz oder theilweise in Kraft treten, mit Zustimmung des Bundesraths durch Kaiserliche Verordnung bestimmt*).

Nr. 117.

Urkundlich unter Unserer Höchsteigenhändigen Unterschrift und beigedrucktem Kaiserlichen Insiegel.

Gegeben Berlin, den 28. Mai 1885.

(L. S.) **Wilhelm.**

Fürst von Bismarck.

§ 2. Durch statutarische Bestimmung einer Gemeinde für ihren Bezirk, oder eines weiteren Kommunalverbandes für seinen Bezirk

*) Nach § 2 der Verordnung vom 25. September 1885 (R.G.Bl. S. 271) ist das Gesetz vom 28. Mai 1885 für die im § 1 Ziffer 1 bezeichneten Betriebe am 1. October 1885 in Kraft getreten. A. d. H.

oder Theile desselben, kann die Anwendung der Vorschriften des §. 1 erstreckt werden:

1. auf diejenigen in §. 1 bezeichneten Personen, deren Beschäftigung ihrer Natur nach eine vorübergehende oder durch den Arbeitsvertrag im voraus auf einen Zeitraum von weniger als einer Woche beschränkt ist,
2. auf Handlungs-Gehülfen und -Lehrlinge, Gehülfen und Lehrlinge in Apotheken,
   Nr. 22.
3. auf Personen, welche in anderen als den in §. 1 bezeichneten Transportgewerben beschäftigt werden,
4. auf Personen, welche von Gewerbetreibenden außerhalb ihrer Betriebsstätten beschäftigt werden,
   Nr. 3, 8, 73, 82, 139.
5. auf selbständige Gewerbetreibende, welche in eigenen Betriebsstätten im Auftrage und für Rechnung anderer Gewerbetreibender mit der Herstellung oder Bearbeitung gewerblicher Erzeugnisse beschäftigt werden (Hausindustrie),
   Nr. 8.
6. auf die in der Land- und Forstwirthschaft beschäftigten Arbeiter.
   Nr. 50.

Die auf Grund dieser Vorschrift ergehenden statutarischen Bestimmungen müssen neben genauer Bezeichnung derjenigen Klassen von Personen, auf welche die Anwendung der Vorschriften des §. 1 erstreckt werden soll, Bestimmungen über die Verpflichtung zur An- und Abmeldung, sowie über die Verpflichtung zur Einzahlung der Beiträge enthalten.

Sie bedürfen der Genehmigung der höheren Verwaltungsbehörde und sind in der für Bekanntmachungen der Gemeindebehörden vorgeschriebenen oder üblichen Form zu veröffentlichen.

§ 3. Auf Beamte, welche in Betriebsverwaltungen des Reichs, eines Bundesstaates oder eines Kommunalverbandes mit festem Gehalt angestellt sind, finden die Bestimmungen der §§. 1, 2 dieses Gesetzes keine Anwendung.

Nr. 128.

Auf ihren Antrag sind von der Versicherungspflicht zu befreien, Personen, welche im Krankheitsfalle mindestens für dreizehn Wochen auf Verpflegung in der Familie des Arbeitgebers oder auf Fortzahlung des Gehaltes oder des Lohnes Anspruch haben.

Nr. 53, 99.

B. Gemeinde-Krankenversicherung.

§ 4. Für alle versicherungspflichtigen Personen, welche nicht einer Orts-Krankenkasse (§. 16),

einer Betriebs- (Fabrik-) Krankenkasse (§. 59),
einer Bau-Krankenkasse (§. 69),
einer Innungs-Krankenkasse (§. 73),
einer Knappschaftskasse (§. 74),
einer eingeschriebenen oder auf Grund landesrechtlicher Vorschriften errichteten Hülfskasse (§. 75)

angehören, tritt die Gemeinde-Krankenversicherung ein.

Nr. 5.

Personen der in §§. 1, 2, 3 bezeichneten Art, welche der Versicherungspflicht nicht unterliegen, sowie Dienstboten sind berechtigt, der Gemeinde-Krankenversicherung der Gemeinde, in deren Bezirk sie beschäftigt sind, beizutreten. Der Beitritt erfolgt durch schriftliche oder mündliche Erklärung beim Gemeindevorstande, gewährt aber keinen Anspruch auf Unterstützung im Falle einer bereits zur Zeit dieser Erklärung eingetretenen Erkrankung. Beigetretene, welche die Versicherungsbeiträge (§. 5) an zwei auf einander folgenden Zahlungsterminen nicht geleistet haben, scheiden damit aus der Gemeinde-Krankenversicherung aus.

Nr. 3, 9, 36, 103.

§ 5. Denjenigen Personen, für welche die Gemeinde-Krankenversicherung eintritt, ist von der Gemeinde, in deren Bezirk sie beschäftigt sind, im Falle einer Krankheit oder durch Krankheit herbeigeführten Erwerbsunfähigkeit Krankenunterstützung zu gewähren.

Nr. 67, 89.

Von denselben hat die Gemeinde Krankenversicherungsbeiträge (§. 9) zu erheben.

§ 6. Als Krankenunterstützung ist zu gewähren:

1. vom Beginn der Krankheit ab freie ärztliche Behandlung, Arznei, sowie Brillen, Bruchbänder und ähnliche Heilmittel;
   Nr. 51, 64, 67, 69, 89, 115, 122, 125.
2. im Falle der Erwerbsunfähigkeit, vom dritten Tage nach dem Tage der Erkrankung ab für jeden Arbeitstag ein Krankengeld in Höhe der Hälfte des ortsüblichen Tagelohnes gewöhnlicher Tagearbeiter.

Nr. 24, 35, 37, 71, 83, 87, 95, 108, 112, 127.

Die Krankenunterstützung endet spätestens mit dem Ablauf der dreizehnten Woche nach Beginn der Krankheit.

Die Gemeinden sind ermächtigt, zu beschließen, daß bei Krankheiten, welche die Betheiligten sich vorsätzlich oder durch schuldhafte Betheiligung bei Schlägereien oder Raufhändeln, durch Trunkfälligkeit oder geschlechtliche Ausschweifungen zugezogen haben, das Krankengeld gar nicht oder nur theilweise gewährt wird, sowie daß Personen, welche der Versicherungspflicht nicht unterliegen und freiwillig der Gemeinde-Krankenversicherung beitreten, erst nach Ablauf einer auf höchstens sechs Wochen vom Beitritte ab zu bemessenden Frist Krankenunterstützung erhalten.

Nr. 1.

Das Krankengeld ist wöchentlich postnumerando zu zahlen.

§ **7.** An Stelle der in §. 6 vorgeschriebenen Leistungen kann freie Kur und Verpflegung in einem Krankenhause gewährt werden, und zwar:

1. für diejenigen, welche verheirathet oder Glieder einer Familie sind, mit ihrer Zustimmung, oder unabhängig von derselben, wenn die Art der Krankheit Anforderungen an die Behandlung oder Verpflegung stellt, welchen in der Familie des Erkrankten nicht genügt werden kann,
2. für sonstige Erkrankte unbedingt.

Nr. 46, 64, 74, 83, 110, 114.

Hat der in einem Krankenhause Untergebrachte Angehörige, deren Unterhalt er bisher aus seinem Arbeitsverdienste bestritten hat, so ist neben der freien Kur und Verpflegung die Hälfte des in §. 6 festgesetzten Krankengeldes zu leisten.

Nr. 32, 125, 126.

§ **8.** Der Betrag des ortsüblichen Tagelohnes gewöhnlicher Tagearbeiter wird von der höheren Verwaltungsbehörde nach Anhörung der Gemeindebehörde festgesetzt.

Die Festsetzung findet für männliche und weibliche, für jugendliche und erwachsene Arbeiter besonders statt. Für Lehrlinge gilt die für jugendliche Arbeiter getroffene Feststellung.

Nr. 97.

§ **9.** Die von der Gemeinde zu erhebenden Versicherungsbeiträge sollen, so lange nicht nach Maßgabe des §. 10 etwas anderes festgesetzt ist, ein und ein halbes Prozent des ortsüblichen Tagelohnes (vergl. §. 8) nicht übersteigen und sind mangels besonderer Beschlußnahme in dieser Höhe zu erheben.

Dieselben fließen in eine besondere Kasse, aus welcher auch die Krankenunterstützungen zu bestreiten sind.

Die Einnahmen und Ausgaben dieser Kasse sind getrennt von den sonstigen Einnahmen und Ausgaben der Gemeinde festzustellen und zu verrechnen. Die Verwaltung der Kasse hat die Gemeinde unentgeltlich zu führen. Ein Jahresabschluß der Kasse nebst einer Uebersicht über die Versicherten und die Krankheitsverhältnisse ist alljährlich der höheren Verwaltungsbehörde einzureichen.

Reichen die Bestände der Krankenversicherungskasse nicht aus, um die fällig werdenden Ausgaben derselben zu decken, so sind aus der Gemeindekasse die erforderlichen Vorschüsse zu leisten, welche ihr, vorbehaltlich der Bestimmungen des §. 10, demnächst aus der Krankenversicherungskasse mit ihrem Reservefonds zu erstatten sind.

§ **10.** Ergiebt sich aus den Jahresabschlüssen, daß die gesetzlichen Krankenversicherungsbeiträge zur Deckung der gesetzlichen Krankenunterstützungen nicht ausreichen, so können mit Genehmigung der höheren Verwaltungsbehörde die Beiträge bis zu zwei Prozent des ortsüblichen Tagelohnes (§. 8) erhöht werden.

Ueberschüsse der Einnahme über die Ausgaben, welche nicht zur Deckung etwaiger Vorschüsse der Gemeinde in Anspruch genommen werden, sind zunächst zur Ansammlung eines Reservefonds zu verwenden.

Ergeben sich aus den Jahresabschlüssen dauernd Ueberschüsse der Einnahmen aus Beiträgen über die Ausgaben, so sind nach Ansammlung eines Reservefonds im Betrage einer durchschnittlichen Jahreseinnahme zunächst die Beiträge bis zu ein und ein halb Prozent des ortsüblichen Tagelohnes (§. 8) zu ermäßigen. Verbleiben alsdann noch Ueberschüsse, so hat die Gemeinde zu beschließen, ob eine weitere Herabsetzung der Beiträge oder eine Erhöhung der Unterstützungen eintreten soll. Erfolgt eine Beschlußnahme nicht, so kann die höhere Verwaltungsbehörde die Herabsetzung der Beiträge verfügen.

§ 11. Personen, für welche die Gemeinde-Krankenversicherung eingetreten ist, behalten, wenn sie aus der dieselbe begründenden Beschäftigung ausscheiden und nicht zu einer Beschäftigung übergehen, vermöge welcher sie nach Vorschrift dieses Gesetzes Mitglieder einer Kankenkasse werden, den Anspruch auf Krankenunterstützung, so lange sie die Versicherungsbeiträge fortzahlen und entweder im Gemeindebezirke ihres bisherigen Aufenthaltes verbleiben, oder in dem Gemeindebezirke ihren Aufenthalt nehmen, in welchem sie zuletzt beschäftigt wurden.

§ 12. Mehrere Gemeinden können sich durch übereinstimmende Beschlüsse zu gemeinsamer Gemeinde-Krankenversicherung vereinigen.

Durch Beschluß eines weiteren Kommunalverbandes kann dieser für die Gemeinde-Krankenversicherung an die Stelle der demselben angehörenden einzelnen Gemeinden gesetzt oder die Vereinigung mehrerer ihm angehörender Gemeinden zu gemeinsamer Gemeinde-Krankenversicherung angeordnet werden.

Wo weitere Kommunalverbände nicht bestehen, kann die Vereinigung mehrerer benachbarter Gemeinden zu gemeinsamer Gemeinde-Krankenversicherung durch Verfügung der höheren Verwaltungsbehörde angeordnet werden.

Derartige Beschlüsse und Verfügungen müssen über die Verwaltung der gemeinsamen Gemeinde-Krankenversicherung Bestimmung treffen.

Die Beschlüsse bedürfen der Genehmigung der höheren Verwaltungsbehörde; gegen die Verfügung der letzteren, durch welche die Genehmigung versagt oder ertheilt oder die Vereinigung mehrerer Gemeinden angeordnet wird, steht den betheiligten Gemeinden und

Kommunalverbänden innerhalb vier Wochen die Beschwerde an die Zentralbehörde zu.

§ 13. Sind in einer Gemeinde nicht mindestens fünfzig Personen vorhanden, für welche die Gemeinde-Krankenversicherung einzutreten hat, oder ergiebt sich aus den Jahresabschlüssen (§. 9 Absatz 3) einer Gemeinde, daß auch nach Erhöhung der Versicherungsbeiträge auf zwei Prozent des ortsüblichen Tagelohnes (§. 8) die Deckung der gesetzlichen Krankenunterstützung fortlaufend Vorschüsse der Gemeindekasse erfordert, so kann auf Antrag der Gemeinde deren Vereinigung mit einer oder mehreren benachbarten Gemeinden zu gemeinsamer Krankenversicherung durch die höhere Verwaltungsbehörde angeordnet werden.

Trifft diese Voraussetzung für die Mehrzahl der einem weiteren Kommunalverbande angehörenden Gemeinden zu, so kann die höhere Verwaltungsbehörde anordnen, daß der weitere Kommunalverband für die Gemeinde-Krankenversicherung der ihm angehörenden Gemeinden an die Stelle der einzelnen Gemeinden zu treten hat.

Ueber die Verwaltung der Gemeinde-Krankenversicherung sind in diesen Fällen die erforderlichen Vorschriften nach Anhörung der betheiligten Gemeinden und Verbände zu erlassen.

Gegen die auf Grund der vorstehenden Bestimmungen von der höheren Verwaltungsbehörde erlassenen Anordnungen und Vorschriften steht den betheiligten Gemeinden und Kommunalverbänden innerhalb vier Wochen die Beschwerde an die Zentralbehörde zu.

Gemeinden von mehr als zehntausend Einwohnern können ohne ihre Einwilligung nur dann mit kleineren Gemeinden vereinigt werden, wenn ihnen die Verwaltung der gemeinsamen Gemeinde-Krankenversicherung übertragen wird.

§ 14. Eine auf Grund des §. 12 oder des §. 13 herbeigeführte Vereinigung kann auf demselben Wege wieder aufgelöst werden, auf welchem sie herbeigeführt ist.

Durch Beschluß des weiteren Kommunalverbandes oder Verfügung der höheren Verwaltungsbehörde kann die Auflösung nur auf Antrag einer der betheiligten Gemeinden herbeigeführt werden.

Ueber die Vertheilung eines etwa vorhandenen Reservefonds ist, falls die Auflösung durch Beschluß erfolgt, durch diesen, falls sie von der höheren Verwaltungsbehörde angeordnet wird, in der die Auflösung anordnenden Verfügung Bestimmung zu treffen.

Gegen die Verfügung der höheren Verwaltungsbehörde, durch welche die Genehmigung zu einer beschlossenen Auflösung ertheilt oder versagt wird, oder durch welche die Auflösung angeordnet wird, steht den betheiligten Gemeinden und Kommunalverbänden innerhalb vier Wochen die Beschwerde an die Zentralbehörde zu.

§ 15. Für Gemeinden, welche nach den Landesgesetzen den

nach Vorschrift dieses Gesetzes versicherungspflichtigen Personen Krankenunterstützung gewähren und dagegen zur Erhebung bestimmter Beiträge berechtigt sind, gilt die landesgesetzlich geregelte Krankenversicherung als Gemeinde-Krankenversicherung im Sinne dieses Gesetzes, sofern die Unterstützung den Anforderungen dieses Gesetzes genügt und höhere Beiträge, als nach demselben zulässig sind, nicht erhoben werden. Eine hiernach etwa erforderliche Erhöhung der Unterstützung, oder Ermäßigung der Beiträge muß spätestens bis zum Ablauf eines Jahres nach Inkrafttreten dieses Gesetzes herbeigeführt werden.

C. Orts-Krankenkassen.

§ 16. Die Gemeinden sind berechtigt, für die in ihrem Bezirke beschäftigten versicherungspflichtigen Personen Orts-Krankenkassen zu errichten, sofern die Zahl der in der Kasse zu versichernden Personen mindestens einhundert beträgt.
Nr. 93.

Die Orts-Krankenkassen sollen in der Regel für die in einem Gewerbszweige oder in einer Betriebsart beschäftigten Personen errichtet werden.

Die Errichtung gemeinsamer Orts-Krankenkassen für mehrere Gewerbszweige oder Betriebsarten ist zulässig, wenn die Zahl der in den einzelnen Gewerbszweigen und Betriebsarten beschäftigten Personen weniger als einhundert beträgt.

Gewerbszweige oder Betriebsarten, in welchen einhundert Personen oder mehr beschäftigt werden, können mit anderen Gewerbszweigen oder Betriebsarten zu einer gemeinsamen Orts-Krankenkasse nur vereinigt werden, nachdem den in ihnen beschäftigten Personen Gelegenheit zu einer Aeußerung über die Errichtung der gemeinsamen Kasse gegeben worden ist. Wird in diesem Falle Widerspruch erhoben, so entscheidet über die Zulässigkeit der Errichtung die höhere Verwaltungsbehörde.

§ 17. Durch Anordnung der höheren Verwaltungsbehörde kann die Gemeinde verpflichtet werden, für die in einem Gewerbszweige oder in einer Betriebsart beschäftigten Personen eine Orts-Krankenkasse zu errichten, wenn dies von Betheiligten beantragt wird und diesem Antrage, nachdem sämmtlichen Betheiligten zu einer Aeußerung darüber Gelegenheit gegeben ist, mehr als die Hälfte derselben und mindestens einhundert beitreten.

Dasselbe gilt von der Errichtung einer gemeinsamen Orts-Krankenkasse für mehrere Gewerbszweige oder Betriebsarten, wenn dem Antrage mehr als die Hälfte der in jedem Gewerbszweige oder in jeder Betriebsart beschäftigten Personen und im ganzen mindestens einhundert beitreten.

Gegen die Verfügung der höheren Verwaltungsbehörde, durch welche die Errichtung einer gemeinsamen Orts-Krankenkasse angeordnet wird, steht der Gemeinde innerhalb vier Wochen die Beschwerde an die Zentralbehörde zu.

Gemeinden, welche dieser Verpflichtung innerhalb der von der höheren Verwaltungsbehörde zu bestimmenden Frist nicht nachkommen, dürfen von denjenigen Personen, für welche die Errichtung einer Orts-Krankenkasse angeordnet ist, Versicherungsbeiträge zur Gemeinde-Krankenversicherung (§. 5 Absatz 2) nicht erheben.

§ 18. Beträgt die Zahl der in einem Gewerbszweige oder einer Betriebsart beschäftigten Personen weniger als einhundert, so kann die Errichtung einer Orts-Krankenkasse gestattet werden, wenn die dauernde Leistungsfähigkeit der Kasse in einer von der höheren Verwaltungsbehörde für ausreichend erachteten Weise sichergestellt ist.

§ 19. Die Gewerbszweige und Betriebsarten, für welche eine Orts-Krankenkasse errichtet wird, sind in dem Kassenstatut (§. 23) zu bezeichnen.

Die in diesen Gewerbszweigen und Betriebsarten beschäftigten Personen werden, soweit sie versicherungspflichtig sind, mit dem Tage, an welchem sie in die Beschäftigung eintreten, Mitglieder der Kasse, sofern sie nicht nachweislich einer der übrigen in §. 4 benannten Kassen angehören.

Nr. 5, 16, 19, 26, 31, 49, 66, 68, 73, 77, 81, 91, 106, 133.

Soweit sie nicht versicherungspflichtig sind, haben sie das Recht, der Kasse beizutreten. Der Beitritt erfolgt durch schriftliche oder mündliche Anmeldung bei dem Kassenvorstande oder der auf Grund des §. 49 Absatz 3 errichteten Meldestelle, gewährt aber keinen Anspruch auf Unterstützung im Falle einer bereits zur Zeit dieser Anmeldung eingetretenen Erkrankung.

Nr. 2, 3, 36, 54, 82, 106.

Der Austritt ist versicherungspflichtigen Personen mit dem Schlusse des Rechnungsjahres zu gestatten, wenn sie denselben spätestens drei Monate zuvor bei dem Vorstande beantragen und vor dem Austritte nachweisen, daß sie Mitglieder einer der übrigen in §. 4 bezeichneten Kassen geworden sind.

Nr. 6, 25, 70, 123, 135.

Die Mitgliedschaft nichtversicherungspflichtiger Personen erlischt, wenn sie die Beiträge an zwei auf einander folgenden Zahlungsterminen nicht geleistet haben.

Nr. 92, 94, 101.

§ 20.[1]) Die Orts-Krankenkassen sollen mindestens gewähren:

1. eine Krankenunterstützung, welche nach §§. 6, 7, 8 mit der Maßgabe zu bemessen ist, daß der durchschnittliche Tagelohn

---

[1]) Vgl. die Allegate zu §§ 6 und 7. A. d. H.

derjenigen Klassen der Versicherten, für welche die Kasse errichtet wird, soweit er drei Mark für den Arbeitstag nicht überschreitet, an die Stelle des ortsüblichen Tagelohnes gewöhnlicher Tagearbeiter tritt;

Nr. 97, 119.

2. eine gleiche Unterstützung an Wöchnerinnen auf die Dauer von drei Wochen nach ihrer Niederkunft;
3. für den Todesfall eines Mitgliedes ein Sterbegeld im zwanzigfachen Betrage des ortsüblichen Tagelohnes (§. 8).

Nr. 43, 48, 88, 111, 129.

Die Feststellung des durchschnittlichen Tagelohnes kann auch unter Berücksichtigung der zwischen den Kassenmitgliedern hinsichtlich der Lohnhöhe bestehenden Verschiedenheiten klassenweise erfolgen. Der durchschnittliche Tagelohn einer Klasse darf in diesem Falle nicht über den Betrag von vier Mark und nicht unter den Betrag des ortsüblichen Tagelohnes (§. 8) festgestellt werden.

Nr. 27, 133.

§ 21. Eine Erhöhung und Erweiterung der Leistungen der Orts-Krankenkassen ist in folgendem Umfange zulässig:

1. Die Dauer der Krankenunterstützung kann auf einen längeren Zeitraum als dreizehn Wochen bis zu einem Jahre festgesetzt werden.
2. Das Krankengeld kann auf einen höheren Betrag und zwar bis zu drei Viertel des durchschnittlichen Tagelohnes (§. 20) festgesetzt werden; neben freier ärztlicher Behandlung und Arznei können auch andere als die im §. 6 bezeichneten Heilmittel gewährt werden.

   Nr. 122.
3. Neben freier Kur und Verpflegung in einem Krankenhause kann Krankengeld bis zu einem Achtel des durchschnittlichen Tagelohnes (§. 20) auch solchen bewilligt werden, welche nicht den Unterhalt von Angehörigen aus ihrem Lohne bestritten haben.
4. Wöchnerinnen kann die Krankenunterstützung bis zur Dauer von sechs Wochen nach ihrer Niederkunft gewährt werden.
5. Freie ärztliche Behandlung, freie Arznei und sonstige Heilmittel können für erkrankte Familienangehörige der Kassenmitglieder, sofern sie nicht selbst dem Krankenversicherungszwange unterliegen, gewährt werden. Unter derselben Voraussetzung kann für Ehefrauen der Kassenmitglieder im Falle der Entbindung die nach Nr. 4 zulässige Krankenunterstützung gewährt werden.
6. Das Sterbegeld kann auf einen höheren als den zwanzigfachen Betrag und zwar bis zum vierzigfachen Betrage des ortsüblichen Tagelohnes (§. 8) erhöht werden.

7. Beim Tode der Ehefrau oder eines Kindes eines Kassenmitgliedes kann, sofern diese Personen nicht selbst dem Versicherungszwange unterliegen, ein Sterbegeld und zwar für erstere im Betrage bis zu zwei Dritteln, für letztere bis zur Hälfte des für das Mitglied festgestellten Sterbegeldes gewährt werden.

Auf weitere Unterstützungen, namentlich auf Invaliden-, Wittwen- und Waisenunterstützungen, dürfen die Leistungen der Orts-Krankenkasse nicht ausgedehnt werden.

Nr. 89, 122, 125.

§ 22. Die Beiträge zu den Orts-Krankenkassen sind in Prozenten des durchschnittlichen Tagelohnes (§. 20) so zu bemessen, daß sie unter Einrechnung der etwaigen sonstigen Einnahmen der Kasse ausreichen, um die statutenmäßigen Unterstützungen, die Verwaltungskosten und die zur Ansammlung oder Ergänzung des Reservefonds (§. 32) erforderlichen Rücklagen zu decken.

§ 23. Für jede Orts-Krankenkasse ist von der Gemeindebehörde nach Anhörung der Betheiligten oder von Vertretern derselben ein Kassenstatut zu errichten.

Dasselbe muß Bestimmung treffen:

1. über die Klassen der dem Krankenversicherungszwange unterliegenden Personen, welche der Kasse als Mitglieder angehören sollen;
2. über Art und Umfang der Unterstützungen;
3. über die Höhe der Beiträge;
4. über die Bildung des Vorstandes und den Umfang seiner Befugnisse;
5. über die Zusammensetzung und Berufung der Generalversammlung und über die Art ihrer Beschlußfassung;
6. über die Abänderung des Statuts;
7. über die Aufstellung und Prüfung der Jahresrechnung.

Das Statut darf keine Bestimmung enthalten, welche mit dem Zweck der Kasse nicht in Verbindung steht oder gesetzlichen Vorschriften zuwiderläuft.

§ 24. Das Kassenstatut bedarf der Genehmigung der höheren Verwaltungsbehörde. Bescheid ist innerhalb sechs Wochen zu ertheilen. Die Genehmigung darf nur versagt werden, wenn das Statut den Anforderungen dieses Gesetzes nicht genügt. Wird die Genehmigung versagt, so sind die Gründe mitzutheilen. Der versagende Bescheid kann im Wege des Verwaltungsstreitverfahrens, wo ein solches nicht besteht, im Wege des Rekurses nach Maßgabe der Vorschriften der §§. 20, 21 der Gewerbeordnung angefochten werden.

Abänderungen des Statuts unterliegen der gleichen Vorschrift.

§ 25. Die Orts-Krankenkasse kann unter ihrem Namen Rechte erwerben und Verbindlichkeiten eingehen, vor Gericht klagen und verklagt werden.

Für alle Verbindlichkeiten der Kasse haftet den Kassengläubigern nur das Vermögen der Kasse.

Nr. 65.

§ 26. Für sämmtliche Kassenmitglieder beginnt das Recht auf die Unterstützungen der Kasse zum Betrage der gesetzlichen Mindestleistungen der Kasse (§. 20) mit dem Zeitpunkte, in welchem sie Mitglieder der Kasse geworden sind (§. 19). Von Kassenmitgliedern, welche nachweisen, daß sie bereits einer anderen Krankenkasse angehört oder Beiträge zur Gemeinde-Krankenversicherung geleistet haben, und daß zwischen dem Zeitpunkte, mit welchem sie aufgehört haben, einer solchen Krankenkasse anzugehören oder Beiträge zur Gemeinde-Krankenversicherung zu leisten, und dem Zeitpunkte, in welchem sie Mitglieder der Orts-Krankenkasse geworden sind, nicht mehr als dreizehn Wochen liegen, darf ein Eintrittsgeld nicht erhoben werden.

Nr. 20, 124.

Soweit die vorstehenden Bestimmungen nicht entgegenstehen, kann durch Kassenstatut bestimmt werden, daß das Recht auf die Unterstützungen der Kasse erst nach Ablauf einer Karenzzeit beginnt, und daß neu eintretende Kassenmitglieder ein Eintrittsgeld zu zahlen haben. Die Karenzzeit darf den Zeitraum von sechs Wochen, das Eintrittsgeld darf den Betrag des für sechs Wochen zu leistenden Kassenbeitrages nicht übersteigen.

Nr. 82, 94, 118.

Kassenmitgliedern, welche gleichzeitig anderweitig gegen Krankheit versichert sind, ist die statutenmäßige Krankenunterstützung soweit zu kürzen, als sie, zusammen mit der aus anderweiter Versicherung bezogenen Krankenunterstützung, den vollen Betrag ihres durchschnittlichen Tagelohnes übersteigen würde. Durch das Kassenstatut kann diese Kürzung ganz oder theilweise ausgeschlossen werden.

Nr. 132.

Durch das Kassenstatut kann ferner bestimmt werden:

1. daß Kassenmitglieder, welche die Kasse wiederholt durch Betrug geschädigt haben, von der Mitgliedschaft auszuschließen sind;

   Nr. 120, 132.

2. daß Mitgliedern, welche sich die Krankheit vorsätzlich, oder durch schuldhafte Betheiligung bei Schlägereien oder Raufhändeln, durch Trunkfälligkeit oder geschlechtliche Ausschweifungen zugezogen haben, das statutenmäßige Krankengeld gar nicht, oder nur theilweise zu gewähren ist;

   Nr. 1, 17, 23, 72, 74, 88.

3. daß einem Mitgliede, welches die statutenmäßige Krankenunterstützung ununterbrochen oder im Laufe eines Kalenderjahres für

dreizehn Wochen bezogen hat, bei Eintritt einer neuen Krankheit nur der gesetzliche Mindestbetrag der Krankenunterstützung und die volle statutenmäßige Krankenunterstützung erst wieder gewährt wird, wenn zwischen der letzten Unterstützung und dem Eintritte der neuen Krankheit ein Zeitraum von dreizehn Wochen oder mehr liegt;

4. daß Personen, welche der Versicherungspflicht nicht unterliegen und freiwillig der Kasse beitreten, erst nach Ablauf einer auf höchstens sechs Wochen vom Beitritte ab zu bemessenden Frist Krankenunterstützung erhalten;
Nr. 82, 94.

5. daß auch andere als die in den §§. 1 bis 3 genannten Personen als Mitglieder der Kasse aufgenommen werden können.
Nr. 2.

Abänderungen des Statuts, durch welche die bisherigen Kassenleistungen herabgesetzt werden, finden auf solche Mitglieder, welchen bereits zur Zeit der Abänderung ein Unterstützungsanspruch wegen eingetretener Krankheit zusteht, für die Dauer dieser Krankheit keine Anwendung.
Nr. 130.

§ 27. Kassenmitglieder, welche aus der die Mitgliedschaft begründenden Beschäftigung ausscheiden, und nicht zu einer Beschäftigung übergehen, vermöge welcher sie Mitglieder einer anderen der in den §§. 16, 59, 69, 73, 74 bezeichneten Krankenkassen werden, bleiben so lange Mitglieder, als sie sich im Gebiete des Deutschen Reichs aufhalten, sofern sie ihre dahin gehende Absicht binnen einer Woche dem Kassenvorstande anzeigen. Die Zahlung der vollen statutenmäßigen Kassenbeiträge zum ersten Fälligkeitstermine ist der ausdrücklichen Anzeige gleich zu erachten.
Nr. 47, 68, 75, 79, 93, 94, 109, 126.

Die Mitgliedschaft erlischt, wenn die Beiträge an zwei aufeinander folgenden Zahlungsterminen nicht geleistet werden.
Nr. 43, 92, 94, 101, 113.

Durch Kassenstatut kann bestimmt werden, daß für nicht im Bezirke der Gemeinde sich aufhaltende Mitglieder der im ersten Absatze bezeichneten Art an die Stelle der im §. 6 Absatz 1 Nr. 1 bezeichneten Leistungen eine Erhöhung des Krankengeldes um die Hälfte seines Betrages tritt.
Nr. 37.

Ueber die Einsendung der Beiträge, die Auszahlung der Unterstützungen und die Krankenkontrole für die nicht im Bezirke der Gemeinde sich aufhaltenden Personen hat das Kassenstatut Bestimmung zu treffen.

§ 28. Kassenmitglieder, welche erwerbslos werden, behalten

für die Dauer der Erwerbslosigkeit, jedoch nicht für einen längeren Zeitraum, als sie der Kasse angehört haben, und höchstens für drei Wochen ihre Ansprüche auf die gesetzlichen Mindestleistungen der Kasse.

Nr. 75, 76, 113, 119.

§ 29. Die Mitglieder sind der Kasse gegenüber lediglich zu den auf Grund dieses Gesetzes und des Kassenstatuts festgestellten Beiträgen verpflichtet.

Nr. 65.

Zu anderen Zwecken als den statutenmäßigen Unterstützungen, der statutenmäßigen Ansammlung und Ergänzung des Reservefonds und der Deckung der Verwaltungskosten dürfen weder Beiträge von Mitgliedern erhoben werden, noch Verwendungen aus dem Vermögen der Kasse erfolgen.

§ 30. Entstehen Zweifel darüber, ob die im Kassenstatut vorgenommene Bemessung der Beiträge der Anforderung des §. 22 entspricht, so hat die höhere Verwaltungsbehörde vor der Ertheilung der Genehmigung eine sachverständige Prüfung herbeizuführen und, falls diese die Unzulänglichkeit der Beiträge ergiebt, die Ertheilung der Genehmigung von einer Erhöhung der Beiträge oder einer Minderung der Unterstützungen bis auf den gesetzlichen Mindestbetrag (§. 20) abhängig zu machen.

§ 31. Bei der Errichtung der Kasse dürfen die Beiträge, soweit sie den Kassenmitgliedern selbst zur Last fallen (vergl. §. 52), nicht über zwei Prozent des durchschnittlichen Tagelohnes (§. 20) festgesetzt werden, sofern solches nicht zur Deckung der Mindestleistungen der Kasse (§. 20) erforderlich ist.

Eine spätere Erhöhung der Beiträge über diesen Betrag, welche nicht zur Deckung der Mindestleistungen erforderlich wird, ist nur bis zur Höhe von drei Prozent des durchschnittlichen Tagelohnes und nur dann zulässig, wenn dieselbe sowohl von der Vertretung der zu Beiträgen verpflichteten Arbeitgeber (vergl. §. 38) als von derjenigen der Kassenmitglieder beschlossen wird.

Nr. 65.

§ 32. Die Orts-Krankenkasse hat einen Reservefonds im Mindestbetrage einer durchschnittlichen Jahresausgabe anzusammeln und erforderlichenfalls bis zu dieser Höhe zu ergänzen.

So lange der Reservefonds diesen Betrag nicht erreicht, ist demselben mindestens ein Zehntel des Jahresbetrages der Kassenbeiträge zuzuführen.

§ 33. Ergiebt sich aus den Jahresabschlüssen der Kasse, daß die Einnahmen derselben zur Deckung ihrer Ausgaben einschließlich der Rücklagen zur Ansammlung und Ergänzung des Reservefonds nicht ausreichen, so ist entweder unter Berücksichtigung der Vorschriften des §. 31 eine Erhöhung der Beiträge oder eine Minderung der Kassenleistungen herbeizuführen.

Ergiebt sich dagegen aus den Jahresabschlüssen, daß die Jahreseinnahmen die Jahresausgaben übersteigen, so ist, falls der Reservefonds das Doppelte des gesetzlichen Mindestbetrages erreicht hat, entweder eine Ermäßigung der Beiträge oder unter Berücksichtigung der Vorschriften der §§. 21 und 31 eine Erhöhung der Kassenleistungen herbeizuführen.

Unterläßt die Vertretung der Kasse, diese Abänderungen zu beschließen, so hat die höhere Verwaltungsbehörde die Beschlußfassung anzuordnen, und falls dieser Anordnung keine Folge gegeben wird, ihrerseits die erforderliche Abänderung des Kassenstatuts von Amtswegen mit rechtsverbindlicher Wirkung zu vollziehen.

Nr. 65.

§ **34.** Die Kasse muß einen von der Generalversammlung (§. 37) gewählten Vorstand haben. Die Wahl, welche, abgesehen von der den Arbeitgebern nach §. 38 zustehenden Vertretung, aus der Mitte der Kassenmitglieder erfolgt, findet unter Leitung des Vorstandes statt. Nur die erste Wahl nach Errichtung der Kasse, sowie spätere Wahlen, bei welchen ein Vorstand nicht vorhanden ist, werden von einem Vertreter der Aufsichtsbehörde geleitet. Ueber die Wahlverhandlung ist ein Protokoll aufzunehmen.

Nr. 79, 104.

Der Vorstand hat über jede Aenderung in seiner Zusammensetzung und über das Ergebniß jeder Wahl der Aufsichtsbehörde binnen einer Woche Anzeige zu erstatten. Ist die Anzeige nicht erfolgt, so kann die Aenderung dritten Personen nur dann entgegengesetzt werden, wenn bewiesen wird, daß sie letzteren bekannt war.

§ **35.** Der Vorstand vertritt die Kasse gerichtlich und außergerichtlich und führt nach Maßgabe des Kassenstatuts die laufende Verwaltung derselben. Die Vertretung erstreckt sich auch auf diejenigen Geschäfte und Rechtshandlungen, für welche nach den Gesetzen eine Spezialvollmacht erforderlich ist. Durch das Statut kann einem Mitgliede oder mehreren Mitgliedern des Vorstandes die Vertretung nach außen übertragen werden.

Zur Legitimation des Vorstandes bei allen Rechtsgeschäften genügt die Bescheinigung der Aufsichtsbehörde, daß die darin bezeichneten Personen zur Zeit den Vorstand bilden.

Nr. 105.

§ **36.** Soweit die Wahrnehmung der Angelegenheiten der Kasse nicht nach Vorschrift des Gesetzes oder des Statuts dem Vorstande obliegt, steht die Beschlußnahme darüber der Generalversammlung zu. Derselben muß vorbehalten bleiben:

1. die Abnahme der Jahresrechnung und die Befugniß, dieselbe vorgängig durch einen besonderen Ausschuß prüfen zu lassen;

2. die Verfolgung von Ansprüchen, welche der Kasse gegen Vorstandsmitglieder aus deren Amtsführung erwachsen, durch Beauftragte;
3. die Beschlußnahme über Abänderung der Statuten.

§ 37. Die Generalversammlung besteht nach Bestimmung des Statuts entweder aus sämmtlichen Kassenmitgliedern, welche großjährig und im Besitze der bürgerlichen Ehrenrechte sind, oder aus Vertretern, welche von den bezeichneten Mitgliedern aus ihrer Mitte gewählt werden.

Die Generalversammlung muß aus Vertretern bestehen, wenn die Kasse fünfhundert oder mehr Mitglieder zählt.

Besteht die Generalversammlung aus Vertretern, so findet die Wahl derselben unter Leitung des Vorstandes statt. Nur die erstmalige Wahl nach Errichtung der Kasse, sowie spätere Wahlen, bei welchen ein Vorstand nicht vorhanden ist, werden von einem Vertreter der Aufsichtsbehörde geleitet.

Nr. 15, 30, 33, 40.

§ 38. Arbeitgeber, welche für die von ihnen beschäftigten Mitglieder einer Orts-Krankenkasse an diese Beiträge aus eigenen Mitteln zu zahlen verpflichtet sind (§. 52), haben Anspruch auf Vertretung im Vorstande und der Generalversammlung der Kasse.

Nr. 15, 30, 79, 104.

Die Vertretung ist nach dem Verhältnisse der von den Arbeitgebern aus eigenen Mitteln zu zahlenden Beiträge zu dem Gesammtbetrage der Beiträge zu bemessen. Mehr als ein Drittel der Stimmen darf den Arbeitgebern weder in der Generalversammlung noch im Vorstande eingeräumt werden.

Die Wahlen der Generalversammlung zum Vorstande werden getrennt von Arbeitgebern und Kassenmitgliedern vorgenommen.

Nr. 15.

Durch das Statut kann bestimmt werden, daß Arbeitgeber, welche mit Zahlung der Beiträge im Rückstande sind, von der Vertretung und der Wahlberechtigung auszuschließen sind.

§ 39. Wird die Wahl des Vorstandes von der Generalversammlung oder die Wahl der Vertreter zur Generalversammlung durch die Wahlberechtigten verweigert, so tritt an ihre Stelle Ernennung der Mitglieder des Vorstandes oder der Generalversammlung durch die Aufsichtsbehörde.

§ 40. Die Einnahmen und Ausgaben der Kasse sind von allen den Zwecken der Kasse fremden Vereinnahmungen und Verausgabungen getrennt festzustellen; ihre Bestände sind gesondert zu verwahren.

Werthpapiere, welche zum Vermögen der Kasse gehören und nicht lediglich zur vorübergehenden Anlegung zeitweilig verfügbarer

Betriebsgelder für die Kasse erworben sind, sind bei der Aufsichtsbehörde oder nach deren Anweisung verwahrlich niederzulegen.

Nr. 4.

Verfügbare Gelder dürfen nur in öffentlichen Sparkassen oder wie die Gelder Bevormundeter angelegt werden.

Nr. 4, 105.

Sofern besondere gesetzliche Vorschriften über die Anlegung der Gelder Bevormundeter nicht bestehen, kann die Anlegung der verfügbaren Gelder in Schuldverschreibungen, welche von dem Deutschen Reich, von einem deutschen Bundesstaate oder dem Reichslande Elsaß-Lothringen mit gesetzlicher Ermächtigung ausgestellt sind, oder in Schuldverschreibungen, deren Verzinsung von dem Deutschen Reich, von einem deutschen Bundesstaate oder dem Reichslande Elsaß-Lothringen gesetzlich garantirt ist, oder in Schuldverschreibungen, welche von deutschen kommunalen Korporationen (Provinzen, Kreisen, Gemeinden 2c.) oder von deren Kreditanstalten ausgestellt und entweder seitens der Inhaber kündbar sind, oder einer regelmäßigen Amortisation unterliegen, erfolgen. Auch können die Gelder bei der Reichsbank verzinslich angelegt werden.

§ 41. Die Kasse ist verpflichtet, in den vorgeschriebenen Fristen und nach den vorgeschriebenen Formularen Uebersichten über die Mitglieder, über die Krankheits- und Sterbefälle, über die vereinnahmten Beiträge und die geleisteten Unterstützungen, sowie einen Rechnungsabschluß der Aufsichtsbehörde einzureichen.

Die höhere Verwaltungsbehörde ist befugt, über Art und Form der Rechnungsführung Vorschriften zu erlassen.

§ 42. Die Mitglieder des Vorstandes, sowie Rechnungs- und Kassenführer haften der Kasse für pflichtmäßige Verwaltung wie Vormünder ihren Mündeln.

Verwenden sie verfügbare Gelder der Kasse in ihrem Nutzen, so können sie unbeschadet der strafrechtlichen Verfolgung durch die Aufsichtsbehörde angehalten werden, das in ihrem Nutzen verwendete Geld von Beginn der Verwendung an zu verzinsen. Den Zinsfuß bestimmt die Aufsichtsbehörde nach ihrem Ermessen auf acht bis zwanzig vom Hundert.

Handeln sie absichtlich zum Nachtheile der Kasse, so unterliegen sie der Bestimmung des §. 266 des Strafgesetzbuchs.

Nr. 4, 38.

§ 43. Mehrere Gemeinden können sich durch übereinstimmende Beschlüsse zur Errichtung gemeinsamer Orts-Krankenkassen für ihre Bezirke vereinigen.

Durch Beschluß eines weiteren Kommunalverbandes kann für dessen Bezirk oder für Theile desselben die Errichtung gemeinsamer Orts-Krankenkassen angeordnet werden.

Wo weitere Kommunalverbände nicht bestehen, kann die Errichtung gemeinsamer Orts-Krankenkassen durch Verfügung der höheren Verwaltungsbehörde für einzelne Theile ihres Verwaltungsbezirks angeordnet werden.

Derartige Beschlüsse und Verfügungen müssen zugleich Bestimmungen darüber treffen, für welche Gewerbszweige oder Betriebsarten die gemeinsamen Orts-Krankenkassen errichtet und von welcher Behörde für die letzteren die den Gemeindebehörden übertragenen Obliegenheiten wahrgenommen werden sollen.

Die Beschlüsse bedürfen der Genehmigung der höheren Verwaltungsbehörde. Diese kann vor Ertheilung der Genehmigung den bei der Errichtung der gemeinsamen Krankenkassen betheiligten Personen zu einer Aeußerung darüber Gelegenheit geben und die Genehmigung versagen, wenn aus der Mitte der Betheiligten Widerspruch dagegen erhoben wird.

Gegen die Verfügung der höheren Verwaltungsbehörde, durch welche die Genehmigung versagt oder ertheilt oder die Errichtung einer gemeinsamen Orts-Krankenkasse angeordnet wird, steht den betheiligten Gemeinden und Kommunalverbänden innerhalb vier Wochen die Beschwerde an die Zentralbehörde zu.

§ 44. Die Aufsicht über die Orts-Krankenkassen wird unter Oberaufsicht der höheren Verwaltungsbehörde in Gemeinden von mehr als zehntausend Einwohnern von den Gemeindebehörden, übrigens von den seitens der Landesregierungen zu bestimmenden Behörden wahrgenommen.

§ 45. Die Aufsichtsbehörde überwacht die Befolgung der gesetzlichen und statutarischen Vorschriften und kann dieselbe durch Androhung, Festsetzung und Vollstreckung von Ordnungsstrafen gegen die Mitglieder des Kassenvorstandes erzwingen.

Nr. 21, 33, 59.

Sie ist befugt, von allen Verhandlungen, Büchern und Rechnungen der Kasse Einsicht zu nehmen und die Kasse zu revidiren.

Nr. 59.

Sie kann die Berufung der Kassen-Organe zu Sitzungen verlangen und, falls diesem Verlangen nicht entsprochen wird, die Sitzungen selbst anberaumen.

In den auf ihren Anlaß anberaumten Sitzungen kann sie die Leitung der Verhandlungen übernehmen.

So lange der Vorstand oder die Generalversammlung nicht zustande kommt oder die Organe der Kasse die Erfüllung ihrer gesetzlichen oder statutenmäßigen Obliegenheiten verweigern, kann die Aufsichtsbehörde die Befugnisse und Obliegenheiten der Kassenorgane selbst oder durch von ihr zu bestellende Vertreter auf Kosten der Kasse wahrnehmen.

§ 46. Sämmtliche oder mehrere Orts-Krankenkassen innerhalb des Bezirks einer Aufsichtsbehörde können durch übereinstimmende Beschlüsse ihrer Generalversammlungen zu einem Verbande zum Zweck:

1. der Anstellung eines gemeinsamen Rechnungs- und Kassenführers,
2. der Abschließung gemeinsamer Verträge mit Aerzten, Apotheken und Krankenhäusern,
3. der Anlage und des Betriebes gemeinsamer Anstalten zur Heilung und Verpflegung erkrankter Mitglieder

sich vereinigen.

Die Vertretung des Kassenverbandes und die Geschäftsführung für denselben wird nach Maßgabe eines von der höheren Verwaltungsbehörde zu genehmigenden Statuts durch einen von den Vorständen der betheiligten Kassen zu wählenden oder, so lange eine Wahl nicht zustande kommt, von der Aufsichtsbehörde zu ernennenden Vorstand wahrgenommen.

Die Ausgaben des Verbandes werden durch Beiträge der betheiligten Kassen gedeckt, welche in Ermangelung anderweiter durch Uebereinkommen derselben getroffener Regelung nach der Zahl der Kassenmitglieder umgelegt werden.

§ 47. Die Schließung einer Orts-Krankenkasse muß erfolgen:

1. wenn die Zahl der Mitglieder dauernd unter fünfzig sinkt,
2. wenn sich aus den Jahresabschlüssen der Kasse ergiebt, daß die gesetzlichen Mindestleistungen auch nach erfolgter Erhöhung der Beiträge der Versicherten auf drei Prozent des durchschnittlichen Tagelohnes (§. 20) nicht gedeckt werden können, und gegen die weitere Erhöhung der Beiträge aus der Mitte der Beitragspflichtigen Widerspruch erhoben wird.

Die Auflösung kann erfolgen, wenn sie von der Gemeindebehörde unter Zustimmung der Generalversammlung beantragt wird.

Nr. 65.

Die Schließung oder Auflösung erfolgt durch Verfügung der höheren Verwaltungsbehörde, welche nach Maßgabe des §. 24 angefochten werden kann.

Wird eine Orts-Krankenkasse geschlossen oder aufgelöst, so sind die versicherungspflichtigen Personen, für welche sie errichtet war, anderen Orts-Krankenkassen und, soweit dies nicht ohne Benachtheiligung anderer Orts-Krankenkassen geschehen kann, der Gemeinde-Krankenversicherung zu überweisen.

Das etwa vorhandene Vermögen der Kasse ist in diesem Falle zunächst zur Berichtigung der etwa vorhandenen Schulden und zur Deckung der vor der Schließung oder Auflösung bereits entstandenen Unterstützungsansprüche zu verwenden. Der Rest fällt nach Entscheidung der höheren Verwaltungsbehörde denjenigen Orts-Krankenkassen, sowie der Gemeinde-Krankenversicherung zu, welchen die der geschlossenen oder aufgelösten Kasse angehörenden Personen überwiesen werden.

Die Vorschrift des ersten Absatzes findet keine Anwendung, wenn nach dem Urtheile der höheren Verwaltungsbehörde die Gewährung der gesetzlichen Mindestleistungen durch vorhandenes Vermögen oder durch andere außerordentliche Hülfsquellen gesichert ist.

§ 48. Orts-Krankenkassen, welche auf Grund der §§. 16, 17 für versicherungspflichtige Personen verschiedener Gewerbszweige oder Betriebsarten errichtet sind, können nach Anhörung der Gemeinde aufgelöst werden, wenn die Generalversammlung der Kasse dies beantragt.

Unter der gleichen Voraussetzung kann die Ausscheidung der demselben Gewerbszweige oder derselben Betriebsart angehörenden Kassenmitglieder aus der gemeinsamen Kasse erfolgen, wenn die Mehrzahl dieser Kassenmitglieder zustimmt.

Für Orts-Krankenkassen, welche auf Grund des §. 43 gemeinsam für mehrere Gemeinden oder für einen weiteren Kommunalverband errichtet sind, kann auf Antrag einer der betheiligten Gemeinden oder der Generalversammlung der betheiligten Kasse die Auflösung oder die Ausscheidung der in einer oder mehreren der betheiligten Gemeinden beschäftigten Kassenmitglieder erfolgen.

Die Auflösung oder Ausscheidung erfolgt durch Verfügung der höheren Verwaltungsbehörde, in welcher nach Maßgabe des §. 47 Absatz 4, 5 über die Verwendung und Vertheilung des Vermögens, sowie über die anderweitige Versicherung der versicherungspflichtigen Personen Bestimmung zu treffen ist. Gegen die Verfügung, durch welche die Auflösung oder Ausscheidung angeordnet oder versagt wird, steht den Betheiligten innerhalb vier Wochen die Beschwerde an die Zentralbehörde zu.

D. Gemeinsame Bestimmungen für die Gemeinde-Krankenversicherung und für die Orts-Krankenkassen.

§ 49. Die Arbeitgeber haben jede von ihnen beschäftigte versicherungspflichtige Person, für welche die Gemeinde-Krankenversicherung eintritt, oder welche einer Orts-Krankenkasse angehört, spätestens am dritten Tage nach Beginn der Beschäftigung anzumelden und spätestens am dritten Tage nach Beendigung des Arbeitsverhältnisses wieder abzumelden.

Nr. 11, 26, 41, 63, 137, 138.

Die Anmeldungen und Abmeldungen erfolgen für die Gemeinde-Krankenversicherung bei der Gemeindebehörde oder einer von dieser zu bestimmenden Meldestelle, für die Orts-Krankenkassen bei den durch das Statut bestimmten Stellen.

Nr. 28, 116.

8*

Die Aufsichtsbehörde kann eine gemeinsame Meldestelle für die Gemeinde-Krankenversicherung und sämmtliche Orts-Krankenkassen eines Bezirks errichten. Die Kosten derselben sind von der Gemeinde und den Orts-Krankenkassen nach Maßgabe der Zahl der im Jahresdurchschnitt bei ihnen versicherten Personen zu bestreiten.

§ 50. Arbeitgeber, welche ihrer Anmeldepflicht nicht genügen, sind verpflichtet, alle Aufwendungen zu erstatten, welche die Gemeinde-Krankenversicherung oder eine Orts-Krankenkasse auf Grund gesetzlicher oder statutarischer Vorschrift zur Unterstützung einer vor der Anmeldung erkrankten Person gemacht haben.

Nr. 98.

§ 51. Die Arbeitgeber sind verpflichtet, die Beiträge, welche nach gesetzlicher oder statutarischer Vorschrift für die von ihnen beschäftigten Personen zur Gemeinde-Krankenversicherung oder zu einer Orts-Krankenkasse zu entrichten sind, im voraus, und zwar für die erstere, sofern nicht durch Gemeindebeschluß andere Zahlungstermine festgesetzt sind, wöchentlich, für die letztere zu den durch Statut festgesetzten Zahlungsterminen einzuzahlen. Die Beiträge sind so lange fortzuzahlen, bis die vorschriftsmäßige Abmeldung (§. 49) erfolgt ist, und für den betreffenden Zeittheil zurückzuerstatten, wenn die abgemeldete Person innerhalb der Zahlungsperiode aus der bisherigen Versicherung ausscheidet.

Nr. 7, 18, 19, 42, 45, 52, 61, 63, 96, 99, 100, 107, 116, 124, 133, 135, 137, 138.

§ 52. Die Arbeitgeber haben ein Drittel der Beiträge, welche auf die von ihnen beschäftigten versicherungspflichtigen Personen entfallen, aus eigenen Mitteln zu leisten.

Durch statutarische Regelung (§ 2) kann bestimmt werden, daß Arbeitgeber, in deren Betrieben Dampfkessel oder durch elementare Kraft bewegte Triebwerke nicht verwendet und mehr als zwei dem Krankenversicherungszwange unterliegende Personen nicht beschäftigt werden, von der Verpflichtung zur Leistung von Beiträgen aus eigenen Mitteln befreit sind.

§ 53. Die Arbeitgeber sind berechtigt, den von ihnen beschäftigten Personen die Beiträge, welche sie für dieselben einzahlen, soweit sie solche nicht nach §. 52 aus eigenen Mitteln zu leisten haben, bei jeder regelmäßigen Lohnzahlung in Abzug zu bringen, soweit sie auf diese Lohnzahlungsperiode antheilsweise entfallen.

Nr. 29, 42, 45, 133.

Auf Streitigkeiten zwischen dem Arbeitgeber und den von ihm beschäftigten Personen über die Berechnung und Anrechnung der von diesen zu leistenden Beiträge findet §. 120a der Gewerbeordnung Anwendung.

Nr. 7, 100.

§ 54. Ob und inwieweit die Vorschriften der §§. 49 bis 53 auf die Arbeitgeber der im §. 2 unter 1 bis 6 bezeichneten Personen

Anwendung finden, ist durch statutarische Bestimmung zu regeln; dieselbe bedarf der Genehmigung der höheren Verwaltungsbehörde.

§ 55. Rückständige Beiträge werden in derselben Weise beigetrieben, wie Gemeindeabgaben. Dieselben haben das Vorzugsrecht des §. 54 Nr. 1 der Reichs-Konkursordnung vom 10. Februar 1877.

Nr. 10, 136.

§ 56. Die dem Unterstützungsberechtigten auf Grund dieses Gesetzes zustehenden Forderungen können mit rechtlicher Wirkung weder verpfändet, noch übertragen, noch gepfändet und dürfen nur auf geschuldete Beiträge aufgerechnet werden.

Nr. 13, 90.

§ 57. Die auf gesetzlicher Vorschrift beruhende Verpflichtung von Gemeinden oder Armenverbänden zur Unterstützung hülfsbedürftiger Personen, sowie die auf Gesetz oder Vertrag beruhenden Ansprüche der Versicherten gegen Dritte werden durch dieses Gesetz nicht berührt.

Soweit auf Grund dieser Verpflichtung Unterstützungen für einen Zeitraum geleistet sind, für welchen dem Unterstützten auf Grund dieses Gesetzes ein Unterstützungsanspruch zusteht, geht der letztere im Betrage der geleisteten Unterstützung auf die Gemeinde oder den Armenverband über, von welchen die Unterstützung geleistet ist.

Nr. 74.

Das Gleiche gilt von den Betriebsunternehmern und Kassen, welche die den bezeichneten Gemeinden und Armenverbänden obliegende Verpflichtung zur Unterstützung auf Grund gesetzlicher Vorschrift erfüllt haben.

Ist von der Gemeinde-Krankenversicherung oder von der Orts-Krankenkasse Unterstützung in einem Krankheitsfalle geleistet, für welchen dem Versicherten ein gesetzlicher Entschädigungsanspruch gegen Dritte zusteht, so geht dieser Anspruch in Höhe der geleisteten Unterstützung auf die Gemeinde-Krankenversicherung oder die Orts-Krankenkasse über.

Nr. 84.

In Fällen dieser Art gilt als Ersatz der im §. 6 Absatz 1 Nr. 1 bezeichneten Leistungen die Hälfte des gesetzlichen Mindestbetrages des Krankengeldes.

§ 58. Streitigkeiten, welche zwischen den auf Grund dieses Gesetzes zu versichernden Personen oder ihren Arbeitgebern einerseits und der Gemeinde-Krankenversicherung oder der Orts-Krankenkasse andererseits über die Verpflichtung zur Leistung oder Einzahlung von Beiträgen oder über Unterstützungsansprüche entstehen, werden von der Aufsichtsbehörde entschieden. Gegen deren Entscheidung findet binnen zwei Wochen nach Zustellung derselben die Berufung auf den Rechtsweg mittelst Erhebung der Klage statt. Die Entscheidung ist voläufig vollstreckbar, soweit es sich um Streitigkeiten handelt, welche Unterstützungsansprüche betreffen.

Nr. 44, 56, 60, 85, 88, 98, 131, 134.

Streitigkeiten über die im §. 57 Absatz 2 bis 4 bezeichneten Ansprüche werden im Verwaltungsstreitverfahren entschieden. Wo ein solches nicht besteht, findet die Vorschrift des Absatzes 1 mit der Maßgabe Anwendung, daß die vorläufige Vollstreckbarkeit der Entscheidung der Aufsichtsbehörde ausgeschlossen ist.

Nr. 74, 84.

E. Betriebs- (Fabrik-) Krankenkassen.

§ 59. Krankenkassen, welche für einen der im §. 1 bezeichneten Betriebe oder für mehrere dieser Betriebe gemeinsam in der Weise errichtet werden, daß auf dem Wege des Arbeitsvertrages (durch Fabrikordnung, Reglement u. s. w.) die in dem Betriebe beschäftigten Personen zum Beitritte verpflichtet werden, unterliegen den nachfolgenden Vorschriften.

§ 60. Ein Unternehmer, welcher in einem Betriebe oder in mehreren Betrieben fünfzig oder mehr dem Krankenversicherungszwange unterliegende Personen beschäftigt, ist berechtigt, eine Betriebs- (Fabrik-) Krankenkasse zu errichten.

Er kann dazu durch Anordnung der höheren Verwaltungsbehörde verpflichtet werden, wenn dies von der Gemeinde, in welcher die Beschäftigung stattfindet, oder von der Krankenkasse, welcher die beschäftigten Personen angehören, beantragt wird. Vor der Anordnung ist dem Unternehmer, sowie den von ihm beschäftigten Personen oder von diesen gewählten Vertretern und, falls der Antrag von einer Orts-Krankenkasse ausgegangen ist, auch der Gemeinde zu einer Aeußerung darüber Gelegenheit zu geben.

§ 61. Unternehmer eines Betriebes, welcher für die darin beschäftigten Personen mit besonderer Krankheitsgefahr verbunden ist, können auch dann, wenn sie weniger als fünfzig Personen beschäftigen, zur Errichtung einer Betriebs- (Fabrik-) Krankenkasse angehalten werden.

Unternehmern eines Betriebes, in welchem weniger als fünfzig Personen beschäftigt werden, kann die Errichtung einer Betriebs- (Fabrik-) Krankenkasse gestattet werden, wenn die nachhaltige Leistungsfähigkeit der Kasse in einer von der höheren Verwaltungsbehörde für ausreichend erachteten Weise sicher gestellt ist.

§ 62. Unternehmer, welche der Verpflichtung, eine Betriebs- (Fabrik-) Krankenkasse zu errichten, innerhalb der von der höheren Verwaltungsbehörde zu bestimmenden Frist nicht nachkommen, sind verpflichtet, für jede in ihrem Betriebe beschäftigte, dem Versicherungszwange unterliegende Person Beiträge bis zu fünf Prozent des verdienten Lohnes aus eigenen Mitteln zur Gemeinde-Krankenversicherung oder zur Orts-Krankenkasse zu leisten.

Die Höhe der zu leistenden Beiträge wird nach Anhörung der Gemeindebehörde von der höheren Verwaltungsbehörde endgültig festgesetzt.

§ **63.** Versicherungspflichtige Personen, welche in dem Betriebe, für welchen eine Betriebs- (Fabrik-) Krankenkasse errichtet ist, beschäftigt werden, gehören mit dem Tage des Eintritts in die Beschäftigung der Kasse als Mitglieder an, sofern sie nicht nachweislich Mitglieder einer der in den §§. 73, 74, 75 bezeichneten Kassen sind.
Nr. 6.

Nichtversicherungspflichtige in dem Betriebe beschäftigte Personen haben das Recht, der Kasse beizutreten. Der Beitritt erfolgt durch schriftliche oder mündliche Anmeldung bei dem Kassenvorstande, gewährt aber keinen Anspruch auf Unterstützung im Falle einer bereits zur Zeit dieser Anmeldung eingetretenen Erkrankung.

Versicherungspflichtigen Personen ist der Austritt mit dem Schluß des Rechnungsjahres zu gestatten, wenn sie denselben mindestens drei Monate vorher bei dem Vorstande beantragen und vor dem Austritte nachweisen, daß sie einer der in §. 75 bezeichneten Kassen angehören.

Nichtversicherungspflichtige Personen, welche die Beiträge an zwei auf einander folgenden Zahlungsterminen nicht geleistet haben, scheiden damit aus der Kasse aus.

§ **64.** Die §§. 20 bis 42 finden auf die Betriebs- (Fabrik-) Krankenkassen mit folgenden Abänderungen Anwendung:

1. Durch Bestimmung des Statuts können die Beiträge und Unterstützungen statt nach durchschnittlichen Tagelöhnen (§. 20) in Prozenten des wirklichen Arbeitsverdienstes der einzelnen Versicherten festgesetzt werden, soweit dieser vier Mark für den Tag nicht übersteigt.
2. Das Kassenstatut (§. 23) ist durch den Betriebsunternehmer in Person oder durch einen Beauftragten nach Anhörung der beschäftigten Personen oder der von denselben gewählten Vertreter zu errichten.
3. Durch das Kassenstatut kann dem Betriebsunternehmer oder einem Vertreter desselben der Vorsitz im Vorstande und in der Generalversammlung übertragen werden.
4. Die Rechnungs- und Kassenführung ist unter Verantwortlichkeit und auf Kosten des Betriebsunternehmers durch einen von demselben zu bestellenden Rechnungs- und Kassenführer wahrzunehmen. Verwendungen von Kassengeldern in den Nutzen der Betriebsunternehmer fallen unter die Vorschrift des §. 42 Absatz 2.

5. Reichen die Bestände einer auf Grund der Vorschrift des §. 61 errichteten Betriebs- (Fabrik-) Krankenkasse nicht aus, um die laufenden Ausgaben derselben zu decken, so sind von dem Betriebsunternehmer die erforderlichen Vorschüsse zu leisten.
6. Die aus dem Betriebe ausgeschiedenen Personen, welche auf Grund der Vorschrift des §. 27 Mitglieder der Kasse bleiben, können Stimmrechte nicht ausüben und Kassenämter nicht bekleiden.

Nr. 68, 79.

§ **65.** Die Betriebsunternehmer sind verpflichtet, die statutenmäßigen Beiträge für die von ihnen beschäftigten versicherungspflichtigen Kassenmitglieder zu den durch das Kassenstatut festgesetzten Zahlungsterminen in die Kasse einzuzahlen und zu einem Drittel aus eigenen Mitteln zu leisten.

Sie sind berechtigt, diese Beiträge zu zwei Dritteln den Kassenmitgliedern, für welche sie dieselben einzahlen, bei jeder regelmäßigen Lohnzahlung in Abzug zu bringen, soweit sie auf die Lohnzahlungsperiode antheilsweise entfallen.

Werden die gesetzlichen Mindestleistungen der Kasse (§. 20) durch die Beiträge, nachdem diese für die Versicherten drei Prozent der durchschnittlichen Tagelöhne oder des Arbeitsverdienstes erreicht haben, nicht gedeckt, so hat der Betriebsunternehmer die zur Deckung derselben erforderlichen Zuschüsse aus eigenen Mitteln zu leisten.

Auf Streitigkeiten zwischen dem Betriebsunternehmer und den von ihm beschäftigten Personen über die Berechnung und Anrechnung der Beiträge der letzteren findet §. 120a der Gewerbeordnung Anwendung.

Die §§. 55 bis 58 finden auch auf Betriebs- (Fabrik-) Krankenkassen Anwendung.

§ **66.** Auf die Beaufsichtigung der Betriebs- (Fabrik-) Krankenkassen finden die §§. 44, 45 Absatz 1 bis 4 Anwendung.

Die Aufsichtsbehörde ist befugt, Ansprüche, welche der Kasse gegen den Betriebsunternehmer aus der Rechnungs- und Kassenführung erwachsen (vergl. §. 64 Nr. 4), in Vertretung der Kasse entweder selbst oder durch einen von ihr zu bestellenden Vertreter geltend zu machen.

§ **67.** Wird der Betrieb oder werden die Betriebe, für welche die Kasse errichtet ist, zeitweilig eingestellt oder so weit eingeschränkt, daß die Zahl der darin beschäftigten versicherungspflichtigen Personen unter die doppelte Zahl der statutenmäßigen Vorstandsmitglieder sinkt, so kann die Verwaltung von der Aufsichtsbehörde übernommen werden, welche dieselbe durch einen von ihr zu bestellenden Vertreter wahrzunehmen hat.

Das vorhandene Kassenvermögen, die Rechnungen, Bücher und

sonstigen Aktenstücke der Kasse sind in diesem Falle der Aufsichtsbehörde auszuliefern.

Vorstehende Bestimmungen finden keine Anwendung, wenn die zeitweilige Einstellung oder Einschränkung eine durch die Art des Betriebes bedingte periodisch wiederkehrende ist.

§ 68. Die Kasse ist zu schließen:

1. wenn der Betrieb oder die Betriebe, für welche sie errichtet ist, aufgelöst werden;
2. soweit nicht auf den Betrieb, für welchen die Kasse errichtet ist, die Vorschrift des §. 61 Absatz 1 Anwendung findet, wenn die Zahl der in dem Betriebe beschäftigten versicherungspflichtigen Personen dauernd unter die gesetzliche Mindestzahl (§. 60) sinkt und die dauernde Leistungsfähigkeit der Kasse nicht genügend sichergestellt wird (§. 61 Absatz 2);
3. wenn der Betriebsunternehmer es unterläßt, für ordnungsmäßige Kassen- und Rechnungsführung Sorge zu tragen.

In dem Falle zu 3 kann gleichzeitig mit der Schließung der Kasse dem Betriebsunternehmer die in §. 62 vorgesehene Verpflichtung auferlegt und die Errichtung einer neuen Betriebs- (Fabrik-) Krankenkasse versagt werden.

Die Kasse kann nach Anhörung der betheiligten Gemeinden aufgelöst werden, wenn der Betriebsunternehmer unter Zustimmung der Generalversammlung die Auflösung beantragt.

Die Schließung oder Auflösung erfolgt durch die höhere Verwaltungsbehörde. Gegen den dieselbe aussprechenden oder ablehnenden Bescheid, in welchem die Gründe anzugeben sind, kann binnen zwei Wochen nach der Zustellung Beschwerde an die vorgesetzte Behörde erhoben werden.

Auf das Vermögen der geschlossenen oder aufgelösten Kasse finden die Vorschriften des §. 47 Absatz 5 mit der Maßgabe Anwendung, daß der Rest des Vermögens, sofern Kassenmitglieder, welche einer Orts-Krankenkasse überwiesen werden, nicht vorhanden sind, der Gemeinde-Krankenversicherung zufällt. Sind die zur Deckung bereits entstandener Unterstützungsansprüche erforderlichen Mittel nicht vorhanden, so sind die letzteren vor Schließung oder Auflösung der Kasse aufzubringen. Die Haftung für dieselben liegt dem Betriebsunternehmer ob.

F. Bau-Krankenkassen.

§ 69. Für die bei Eisenbahn-, Kanal-, Wege-, Strom-, Deich- und Festungsbauten, sowie in anderen vorübergehenden Baubetrieben beschäftigten Personen haben die Bauherren auf Anordnung der höheren Verwaltungsbehörde Bau-Krankenkassen zu errichten, wenn sie zeitweilig eine größere Zahl von Arbeitern beschäftigen.

§ **70.** Die den Bauherren obliegende Verpflichtung kann mit Genehmigung der höheren Verwaltungsbehörde auf einen oder mehrere Unternehmer, welche die Ausführung des Baues oder eines Theiles desselben für eigene Rechnung übernommen haben, übertragen werden, wenn dieselben für die Erfüllung der Verpflichtung eine nach dem Urtheile der höheren Verwaltungsbehörde ausreichende Sicherheit bestellen.

§ **71.** Bauherren, welche der ihnen nach §. 69 auferlegten Verpflichtung nicht nachkommen, haben den von ihnen beschäftigten Personen für den Fall einer Krankheit und im Falle des Todes derselben ihren Hinterbliebenen die im §. 20 vorgeschriebenen Unterstützungen aus eigenen Mitteln zu leisten.

§ **72.** Die in Gemäßheit des §. 69 errichteten Krankenkassen sind zu schließen:

1. wenn der Betrieb, für welchen sie errichtet sind, aufgelöst wird;
2. wenn der Bauherr oder Unternehmer es unterläßt, für ordnungsmäßige Kassen- und Rechnungsführung Sorge zu tragen.

In dem Falle zu 2 trifft den Bauherrn oder Unternehmer die im §. 71 ausgesprochene Verpflichtung.

Im übrigen finden auf die in Gemäßheit des §. 69 errichteten Krankenkassen die Vorschriften der §§. 63 bis 68 mit der Maßgabe Anwendung, daß über die Anwendbarkeit der Vorschrift des § 32 die höhere Verwaltungsbehörde bei Genehmigung des Kassenstatuts, über die Verwendung des bei Schließung oder Auflösung einer Kasse verbleibenden Restes des Kassenvermögens das Kassenstatut Bestimmung treffen muß. Eine Verwendung zu Gunsten des Bauherrn oder Unternehmers ist ausgeschlossen.

Auf Streitigkeiten über Unterstützungsansprüche, welche auf Grund des §. 71 gegen den Bauherrn erhoben werden, findet die Vorschrift des §. 58 Absatz 1 Anwendung; auf Streitigkeiten über Ersatzansprüche, welche auf Grund des §. 71 und des §. 57 Absatz 2 gegen den Bauherrn erhoben werden, findet die Vorschrift des §. 58 Absatz 2 Anwendung.

G. Innungs-Krankenkassen.

§ **73.** Auf Krankenkassen, welche auf Grund der Vorschriften des Titels VI der Gewerbeordnung von Innungen für die Gesellen und Lehrlinge ihrer Mitglieder errichtet werden, finden die Vorschriften der §§. 19 Absatz 4, 20 bis 22, 27 bis 33, 39 bis 42, 51 bis 53, 55 bis 58, 65 Absatz 3 Anwendung.

Im übrigen bleiben für diese Kassen die Vorschriften des Titels VI der Gewerbeordnung in Kraft.

Nr. 25, 123.

H. Verhältniß der Knappschaftskassen und der eingeschriebenen und anderen Hülfskassen zur Krankenversicherung.

§ 74. Für die Mitglieder der auf Grund berggesetzlicher Vorschriften errichteten Krankenkassen (Knappschaftskassen) tritt weder die Gemeinde-Krankenversicherung noch die Verpflichtung, einer nach Maßgabe der Vorschriften dieses Gesetzes errichteten Krankenkasse anzugehören, ein.

Die statutenmäßigen Leistungen dieser Kassen in Krankheitsfällen müssen, sofern sie den Betrag der für die Betriebs-(Fabrik-)Krankenkassen vorgeschriebenen Mindestleistungen nicht erreichen, spätestens bis zum Ablauf des Jahres 1886 für sämmtliche Mitglieder auf diesen Betrag erhöht werden.

Die dazu erforderliche Abänderung der Statuten der Knappschaftskassen ist, soweit sie nicht innerhalb der gedachten Frist auf dem durch die Landesgesetze oder die Statuten vorgeschriebenen Wege erfolgt, durch die Aufsichtsbehörden mit rechtsverbindlicher Wirkung vorzunehmen.

Die Vorschriften des §. 26 Absatz 1 finden auch auf Knappschaftskassen Anwendung.

Im übrigen bleiben die landesgesetzlichen Vorschriften über die Knappschaftskassen unberührt.

§ 75. Für Mitglieder der auf Grund des Gesetzes vom 7. April 1876 (Reichs-Gesetzbl. S. 125) errichteten eingeschriebenen Hülfskassen, sowie der auf Grund landesrechtlicher Vorschriften errichteten Hülfskassen, für welche ein Zwang zum Beitritte nicht besteht, tritt weder die Gemeinde-Krankenversicherung noch die Verpflichtung, einer nach Maßgabe der Vorschriften dieses Gesetzes errichteten Krankenkasse beizutreten, ein, wenn die Hülfskasse, welcher sie angehören, ihren Mitgliedern mindestens diejenigen Leistungen gewährt, welche in der Gemeinde, in deren Bezirk die Kasse ihren Sitz hat, nach Maßgabe des §. 6 von der Gemeinde-Krankenversicherung zu gewähren sind. Kassen, welche freie ärztliche Behandlung und Arznei nicht gewähren, genügen dieser Bedingung durch Gewährung eines Krankengeldes von drei Vierteln des ortsüblichen Tagelohnes (§. 8).

Nr. 7, 14, 16, 26, 39, 106, 135.

J. Schluß-, Straf- und Uebergangsbestimmungen.

§ 76. Ist für einen Bezirk eine gemeinsame Meldestelle nach Maßgabe des §. 49 Absatz 3 errichtet, so kann die Aufsichtsbehörde anordnen, daß die Krankenkassen des Bezirks, deren Mitgliedschaft von der Verpflichtung, der Gemeinde-Krankenversicherung oder einer Orts-Krankenkasse anzugehören, befreit, jeden Austritt eines Mitgliedes binnen einer Woche bei der Meldestelle zur Anzeige bringen.

Die Anordnung ist in der für Bekanntmachungen der Gemeindebehörden vorgeschriebenen oder üblichen Form zu veröffentlichen.

Zur Erstattung der Anzeige ist für jede Kasse, sofern deren Vorstand nicht eine andere Person benennt, der Kassen- und Rechnungsführer derselben verpflichtet.

§ 77. Die auf Grund dieses Gesetzes gewährten Leistungen, sowie die Unterstützungen, welche nach Maßgabe des §. 57 Absatz 2 und 3 ersetzt sind, gelten nicht als öffentliche Armenunterstützungen.

§ 78. Die auf Grund dieses Gesetzes zu versichernden Personen sind in Streitigkeiten über Unterstützungsansprüche vom Kostenvorschuß befreit.

Amtliche Bescheinigungen, welche zur Legitimation von Kassen- und Verbandsvorständen oder zur Führung der den Versicherungspflichtigen nach Vorschriften dieses Gesetzes obliegenden Nachweise erforderlich werden, sind gebühren- und stempelfrei.

§ 79. Die Fristen und Formulare für die in den §§. 9, 41 vorgeschriebenen Uebersichten und Rechnungsabschlüsse werden vom Bundesrath festgestellt. Mindestens von fünf zu fünf Jahren findet eine einheitliche Zusammenstellung und Verarbeitung für das Reich statt.

§ 80. Den Arbeitgebern ist untersagt, die Anwendung der Bestimmungen dieses Gesetzes zum Nachtheile der Versicherten durch Verträge (mittelst Reglements oder besonderer Uebereinkunft) auszuschließen oder zu beschränken. Vertragsbestimmungen, welche diesem Verbote zuwiderlaufen, haben keine rechtliche Wirkung.

Nr. 14.

§ 81. Wer der ihm nach §. 49 oder nach den auf Grund des §. 2 Absatz 2 erlassenen Bestimmungen obliegenden Verpflichtung zur An- oder Abmeldung oder der ihm nach §. 76 obliegenden Anzeigepflicht nicht nachkommt, wird mit Geldstrafe bis zu zwanzig Mark bestraft.

Nr. 57, 62.

§ 82. Arbeitgeber, welche den von ihnen beschäftigten, dem Krankenversicherungszwange unterliegenden Personen bei der Lohnzahlung vorsätzlich höhere als die nach §§. 53, 65 zulässigen Beträge in Anrechnung bringen, oder dem Verbote des §. 80 entgegenhandeln, werden, sofern nicht nach anderen gesetzlichen Bestimmungen eine härtere Strafe eintritt, mit Geldstrafe bis zu dreihundert Mark bestraft.

Nr. 42.

§ 83. Die in diesem Gesetze für Gemeinden getroffenen Bestimmungen gelten auch für die einem Gemeindeverbande nicht einverleibten selbständigen Gutsbezirke und Gemarkungen mit Ausnahme des §. 5 Absatz 2 und des §. 13. Soweit aus denselben der

Gemeinde Rechte und Pflichten erwachsen, tritt an ihre Stelle der Gutsherr oder der Gemarkungsberechtigte.

§ 84. Die Bestimmung darüber, welche Behörden in jedem Bundesstaate unter Gemeindebehörde, höhere Verwaltungsbehörde, und welche Verbände als weitere Kommunalverbände im Sinne dieses Gesetzes zu verstehen sind, bleibt den Landesregierungen mit der Maßgabe überlassen, daß mit den von den höheren Verwaltungsbehörden wahrzunehmenden Geschäften diejenigen höheren Verwaltungsbehörden zu betrauen sind, welche nach Landesrecht die Aufsicht oder Oberaufsicht in Gemeindeangelegenheiten wahrzunehmen haben.

Die auf Grund dieser Vorschrift erlassenen Bestimmungen sind bekannt zu machen.

Bei Betriebs- (Fabrik-) und Bau-Krankenkassen, welche ausschließlich für Betriebe des Reichs oder des Staates errichtet werden, können die Befugnisse und Obliegenheiten der Aufsichtsbehörde und der höheren Verwaltungsbehörde den den Verwaltungen dieser Betriebe vorgesetzten Dienstbehörden übertragen werden.

§ 85. Bestehende Krankenkassen, in Ansehung deren nach den bisher geltenden Vorschriften für Personen, welche unter die Vorschrift des §. 1 fallen, eine Beitrittspflicht begründet war, unterliegen den Vorschriften dieses Gesetzes.

Die Statuten dieser Kassen sind, soweit sie hinsichtlich der Bestimmungen über die Kassenleistungen und Kassenbeiträge, über die Vertretung und Verwaltung der Kasse den Vorschriften dieses Gesetzes nicht genügen, bis zum 1. Januar 1885 der dazu erforderlichen Abänderung zu unterziehen.

Wird die erforderliche Abänderung nicht bis zu diesem Zeitpunkte auf dem durch die bisher geltenden Vorschriften vorgesehenen Wege vorgenommen, so wird dieselbe von der höheren Verwaltungsbehörde mit rechtsverbindlicher Wirkung vollzogen.

Bisherige Leistungen dieser Kassen, welche nach den Vorschriften dieses Gesetzes von den Krankenkassen nicht übernommen werden dürfen, können, soweit sie nicht in Invaliden-, Wittwen- und Waisenpensionen bestehen, beibehalten werden, sofern die bisherigen statutenmäßigen Kassenbeiträge mit Hülfe der Einkünfte des etwa vorhandenen Vermögens nach dem Urtheile der höheren Verwaltungsbehörde zur dauernden Deckung der Kassenleistungen ausreichend sind, oder auf dem für die Abänderung des Statuts vorgeschriebenen Wege und unter Berücksichtigung der Vorschrift des §. 31 Absatz 2 erhöht werden.

Im übrigen finden auf die Abänderung des Statuts die Vorschriften der §§. 24, 30 Anwendung.

§ 86. Für Kassen der in §. 85 bezeichneten Art, welche neben den nach den Vorschriften dieses Gesetzes zulässigen Leistungen Invaliden-, Wittwen- oder Waisenpensionen gewähren, treten folgende Bestimmungen in Kraft:

1. Die bisherige Kasse bleibt als Krankenkasse bestehen. Auf dieselbe finden die Vorschriften des §. 85 Anwendung.
2. Der statutenmäßigen Vertretung der bisherigen Kasse, bei Betriebs- (Fabrik-) Krankenkassen (§. 59) jedoch nur unter Zustimmung des Betriebsunternehmers, ist gestattet, eine besondere Pensionskasse mit Beitrittszwang für diejenigen Klassen von Personen, welche der bisherigen Kasse beizutreten verpflichtet waren, zu errichten.
3. Für die neue Pensionskasse ist durch Beschluß der Vertretung der bisherigen Kasse, bei Betriebs- (Fabrik-) Krankenkassen durch den Betriebsunternehmer, nach Anhörung der Vertreter der bisherigen Kasse ein Kassenstatut zu errichten.
4. Findet die Errichtung einer besonderen Pensionskasse statt, so erfolgt die Verwendung des Vermögens der bisherigen Kasse nach Anordnung der höheren Verwaltungsbehörde in der Weise, daß zunächst derjenige Betrag, welcher zur Deckung der bereits entstandenen Pensionsansprüche erforderlich ist, ausgeschieden und der Pensionskasse mit der Verpflichtung, diese Ansprüche zu befriedigen, überwiesen wird. Der Rest des Vermögens wird zwischen der Krankenkasse und der Pensionskasse mit der Maßgabe vertheilt, daß der Krankenkasse höchstens der zweijährige Betrag der nach Vorschrift des neuen Kassenstatuts für die derzeitigen Kassenmitglieder zu erhebenden Beiträge überwiesen wird.
5. Wird eine besondere Pensionskasse nicht errichtet, so ist nach Anordnung der höheren Verwaltungsbehörde aus dem Vermögen der bisherigen Kasse derjenige Betrag auszuscheiden, welcher erforderlich ist, um die bereits entstandenen Pensionsansprüche zu decken.

Für den ausgeschiedenen Vermögenstheil ist von der höheren Verwaltungsbehörde eine besondere Verwaltung zu bestellen, auf welche die Verpflichtung zur Befriedigung der Pensionsansprüche übergeht.

Reicht das Vermögen der bisherigen Kasse nicht aus, um die bereits entstandenen Pensionsansprüche zu decken, so werden die letzteren um den nicht gedeckten Betrag pro rata ermäßigt.

Der nach der Ausscheidung verbleibende Rest des Vermögens der bisherigen Kasse, und der nach Befriedigung sämmtlicher auf den ausgeschiedenen Vermögenstheil angewiesenen Ansprüche von diesem verbleibende Rest fallen der Krankenkasse zu.

§ 87. Das Gesetz, betreffend die Abänderung des Titel VIII der Gewerbeordnung vom 8. April 1876 (Reichs-Gesetzbl. S. 134), wird aufgehoben. Die auf Grund des Artikels 1 §§. 141a, 141c, 141e desselben getroffenen statutarischen Bestimmungen treten, soweit sie den Vorschriften dieses Gesetzes zuwiderlaufen, außer Kraft.

Das Gesetz über eingeschriebene Hülfskassen vom 7. April 1876 (Reichs-Gesetzbl. S. 125) findet in Zukunft auf die unter die Vorschriften der Abschnitte C bis G dieses Gesetzes fallenden Kassen keine Anwendung mehr. Auf bestehende Kassen dieser Art, welche als eingeschriebene Hülfskassen zugelassen sind, finden die Vorschriften des §. 85 Absatz 1, 2, 3, 5 Anwendung.

§ 88. Die Bestimmungen dieses Gesetzes treten, soweit sie die Beschlußfassung über die statutarische Einführung des Versicherungszwanges, sowie die Herstellung der zur Durchführung des Versicherungszwanges dienenden Einrichtungen betreffen, mit dem 1. Dezember 1883, die übrigen mit dem 1. Dezember 1884 in Kraft.

Urkundlich unter Unserer Höchsteigenhändigen Unterschrift und beigedrucktem Kaiserlichen Insiegel.

Gegeben Berlin, den 15. Juni 1883.

Wilhelm.

(L. S.) Fürst v. Bismarck.

Sachregister zu den Entscheidungen und Verfügungen.

Die Zahlen bedeuten die Nummern der Entscheidungen oder Verfügungen.

A.

Buchdruckerei von Gustav Schade (Otto Francke) in Berlin N.

Entscheidungen und Verfügungen

der

Gewerbe-Deputation des Magistrats

zu Berlin

zum Reichsgesetz betreffend die Krankenversicherung der Arbeiter vom 15. Juni 1883.

Herausgegeben

von

Leo Mugdan und **Dr. jur. Richard Freund**
Magistrats-Assessoren zu Berlin.

Heft II.

(Mit einem Heft I und II umfassenden Sachregister.)

Berlin und Leipzig.
Verlag von J. Guttentag
(D. Collin).
1888.

Vorwort.

Die Ausführung der in dem Vorworte zum ersten Hefte von den Herausgebern ausgesprochenen Absicht, bei der Ausgabe eines zweiten Heftes auch die Entscheidungen und Verfügungen anderer Behörden, als der Berliner Aufsichtsbehörde, zu berücksichtigen, hat sich als unthunlich erwiesen. Es erschien zweckmäßiger, sich, wie im ersten Hefte, auf die Thätigkeit einer und derselben Behörde zu beschränken. In dem vorliegenden zweiten Hefte wurden daher diejenigen ausgewählten Entscheidungen und Verfügungen der Berliner Aufsichtsbehörde zusammengestellt, welche seit Abschluß des ersten Heftes ergangen sind.

Die Herausgeber möchten an dieser Stelle die Hoffnung aussprechen, daß bei der bevorstehenden Revision des Krankenversicherungsgesetzes eine Reichsbehörde geschaffen werde, welche nach dem Muster des Reichs-Versicherungsamtes berufen ist, in letzter Instanz die in § 58 Absatz 1 des Krankenversicherungsgesetzes bezeichneten Streitigkeiten zu entscheiden. Zur Erzielung einer Einheitlichkeit der Rechtsprechung und zur Beseitigung der Gefahren, welche aus der verschiedenartigen Entscheidung gewisser prinzipieller Fragen für die gesammte Durchführung des Krankenversicherungsgesetzes entstehen, erscheint die Bildung einer derartigen Behörde dringend nothwendig.

Die äußere Anordnung des vorliegenden Heftes entspricht der des ersten Heftes. Von einem wiederholten Abdruck des Gesetzes-Textes glaubten die Herausgeber absehen zu dürfen. Das Sachregister umfaßt beide Hefte.

Berlin im Februar 1888.

Mugdan. **Dr. Freund.**

140. Anlegung des Kassenvermögens.

Verf. vom 8. Januar 1886.

Bei der am 29. Dezember v. J. abgehaltenen Revision der dortigen Kasse hat sich ergeben, daß von dem Kassenvermögen 8000 Mark gegen fünfprozentige Verzinsung und Ausstellung von Schuldscheinen Herrn N. N. übergeben worden sind. Obwohl gegen die persönliche Sicherheit des genannten Herrn keine Bedenken obwalten, so widerspricht doch diese Anlegung dem § 40 Absatz 3 und 4 des Krankenversicherungsgesetzes, wonach verfügbare Gelder nur in öffentlichen Sparkassen oder wie die Gelder Bevormundeter angelegt werden dürfen (vgl. auch § 26 Absatz 4 des Kassenstatuts). Der Vorstand wird daher unter Hinweis auf § 42 des Krankenversicherungsgesetzes aufgefordert, die erwähnten 8000 Mark sobald als thunlich von Herrn N. N. zurückzuziehen und nach den angeführten gesetzlichen Bestimmungen anzulegen.

141. Erlöschen der freiwilligen Mitgliedschaft durch Nichtzahlung der Beiträge.

Entschg. vom 2. April 1886 i. S. P. w. Orts-Krankenkasse der Schneider.

Gründe.

Als freiwilliges Mitglied der beklagten Kasse hatte Kläger gemäß §§ 29, 30, 33 des Statuts die vollen Wochenbeiträge an jedem Montag für die beginnende Woche selbst an die Kasse einzuzahlen oder kostenlos einzusenden; eine Abholungspflicht der Kasse besteht nur hinsichtlich der Beiträge der versicherungspflichtigen Mitglieder. Da Kläger, wie er selbst zugiebt, am Tage seiner Erkrankung bereits an 3 aufeinanderfolgenden Zahlungsterminen die Beiträge nicht eingezahlt hatte, so war seine Mitgliedschaft und damit sein Anspruch auf Krankenunterstützung zur Zeit seiner Erkrankung erloschen; § 8 Abs. 2 des Statuts, § 19 Abs. 5, § 27 Abs. 2 des Krankenversicherungsgesetzes. Die Anwendung dieser zwingenden gesetzlichen Vorschriften wird dadurch nicht ausgeschlossen, daß vordem der Kasfirer der beklagten Kasse die Beiträge vom Kläger abzuholen pflegte. Wenn Kläger sich darauf verließ, daß auf diese Weise seine Zahlungspflicht rechtzeitig erfüllt würde, so that er dies auf seine Verantwortung[1]).

---

[1]) Auf Klage des P. verurtheilte das Kgl. Amtsgericht I die Kasse durch Urtheil vom 10. Juni 1886 zur Gewährung der Krankenunterstützung; die achte Civilkammer des Kgl. Landgerichts I dagegen erkannte am 15. November 1886 auf Abweisung der Klage aus folgenden

Gründen.

„Kläger ist freiwilliges Mitglied der Beklagten, sei es auf Grund des § 4 oder § 8 Absatz 1 des Statuts. Seine Mitgliedschaft erlosch nach § 8 Absatz 2, wenn die Beiträge an zwei aufeinanderfolgenden Terminen nicht gezahlt würden, mit dem zweiten Zahlungstermine. Nach § 30 sind die Beiträge an jedem Montage für die beginnende Woche fällig und werden vierwöchentlich von einem Kassenboten abgeholt. Nach § 33 haben aber diejenigen Mitglieder, welche auf Grund des § 4 oder § 8 der Kasse angehören, die vollen Wochenbeiträge selbst zum Fälligkeitstermine an die Kasse einzuzahlen oder kostenlos einzusenden. Kläger hat unstreitig vor seiner Erkrankung zwei Wochenbeiträge nicht eingezahlt oder eingesendet. Seine Mitgliedschaft war daher gemäß § 8 Absatz 2 des Statuts vorher erloschen.

Nach Ansicht des ersten Richters soll jedoch die Bestimmung des § 33 unter den Parteien dadurch beseitigt oder unwirksam geworden sein, daß Beklagter die Beiträge vom Kläger und andern freiwilligen Mitgliedern in gleicher Weise wie von den versicherungspflichtigen Mitgliedern in vierwöchentlichen Fristen seit mehr als Jahresfrist abholen ließ und deshalb der Beklagten, die sich auf jene Bestimmung beruft, die Einrede der Arglist entgegenstehe.

Dieser Ansicht wäre unbedenklich beizupflichten, wenn eine Privatversicherungsgesellschaft in Frage stände, denn die in dem Statute einer solchen Gesellschaft enthaltenen Versicherungsbedingungen unterliegen der Abänderung durch besonderen Vertrag.

Die beklagte Kasse hat aber einen öffentlich rechtlichen Charakter, da sie einem öffentlichen Wohlfahrtszwecke dient, ihre Existenz auf gesetzlicher Nothwendigkeit beruht und ihre Leistungen nur den vom Gesetze theils unmittelbar bestimmten, theils zugelassenen Umfang haben können (vgl. §§ 1, 2, 20, 21 Reichsgesetz vom 15. Juni 1883). Diesen Charakter haben sie nicht blos hinsichtlich der Krankenversicherung der versicherungspflichtigen Arbeiter, sondern auch derjenigen Arbeiter, welche nach § 4 Absatz 2 und § 19 Absatz 3 des Gesetzes berechtigt sind, der Kasse beizutreten. Denn diesem gesetzlichen Beitrittsrechte entspricht die gesetzliche Pflicht der Kassen zur Aufnahme der ihren Beitritt erklärenden Arbeiter; die durch freiwilligen Beitritt erlangte Mitgliedschaft befreit ferner den Arbeiter, wenn er demnächst versicherungspflichtig wird, von der Mitgliedschaft derjenigen Orts-

Krankenkasse, welcher er andernfalls angehören müßte*) (§ 19 Absatz 2 a. a. O.), und der Beginn und das Ende der Mitgliedschaft der beitrittsberechtigten Arbeiter, sowie der Umfang der ihnen und der Kasse obliegenden Leistungen ist ebenso gesetzlicher Regelung unterworfen, wie bezüglich der Versicherungspflichtigen. Ohne Unterscheidung beider Kategorien bestimmt § 23 Absatz 3 a. a. O., daß das Statut keine Bestimmung enthalten darf, welche mit dem Zwecke der Kasse nicht in Verbindung steht oder gesetzlichen Vorschriften zuwiderläuft.

Demgemäß mußte das Statut der Beklagten die dem § 19 Abs. 5 und § 27 Abs. 2 a. a. O. entsprechende Bestimmung enthalten, daß die Mitgliedschaft nicht versicherungspflichtiger Personen erlischt, wenn sie die Beiträge an zwei aufeinanderfolgenden Zahlungsterminen nicht geleistet haben.

Diese Bestimmung, sowie das Statut überhaupt, dessen Abänderung der Genehmigung der höheren Verwaltungsbehörde bedarf (§ 24 a. a. O.), hat somit einen zwingenden Charakter. Der Vorstand der Kasse erscheint demzufolge nicht befugt, im einzelnen Falle von dem Statute abzuweichen, denn nach § 35 a. a. O. hat er nach Maaßgabe des Kassenstatuts die laufende Verwaltung der Kasse zu führen, und zu anderen als den statutenmäßigen Unterstützungen dürfen Verwendungen aus dem Vermögen der Kasse nicht erfolgen (§ 29 Abs. 2 a. a. O.).

Die Befolgung der statutarischen Vorschriften hat die Aufsichtsbehörde zu überwachen und kann sie durch Ordnungsstrafen erzwingen (§ 45 a. a. O.); durch eine Abweichung von dem Statute macht sich aber der Vorstand nicht blos der Kasse gegenüber verantwortlich, sondern seine Handlung ist, da sie außerhalb des Rahmens seiner Befugniß zur Vertretung der Kasse fällt, dieser gegenüber unverbindlich.

Aus alledem erhellt, daß ein Vertrag, durch welchen der Vorstand der Beklagten einem nicht versicherungspflichtigen Mitgliede das Recht einräumte, die Beiträge zu anderen als den vom Statute bestimmten Zeiten zu zahlen, der Kasse gegenüber unverbindlich wäre und die aus dem Gesetze und dem Statute hervorgehende Endigung der Mitgliedschaft in Folge der Nichtzahlung der Beiträge an zwei aufeinanderfolgenden Zahlungsterminen nicht auszuschließen vermöchte.

Kann aber eine solche Wirkung nicht einmal durch einen förmlichen Vertrag begründet werden, so kann dies noch weniger durch bloße einseitige Handlungen des Vorstandes stillschweigend geschehen.

Die Bestimmung des § 8 Absatz 2 des beklagten Statuts hat auch keineswegs die Natur einer Strafvorschrift gegenüber dem in der Zahlung der Beiträge säumigen Mitgliede, auf welche seitens des Vorstandes der Beklagten verzichtet werden könnte, denn diese Bestimmung wie die entsprechende des § 19 Absatz 5 und § 27 Absatz 2 des Gesetzes ist wesentlich mit zum Schutze

*) Die Unrichtigkeit dieser Ansicht geht allerdings wohl klar aus § 27 Abs. 1 des Krankenversicherungsgesetzes hervor. A. d. H.

der freiwilligen Mitglieder gegeben. Die Nichtzahlung der Beiträge an zwei Terminen ersetzt die ausdrückliche Austrittserklärung und hebt nicht blos das Unterstützungsrecht des Mitgliedes auf, sondern befreit dasselbe auch von der ferneren Beitragspflicht.

Wollte man eine Abweichung von dem Statute im einzelnen Falle für zulässig halten, so müßte auf beiden Seiten auf die Folgen der Nichtzahlung der Beiträge verzichtet werden. Demzufolge müßte im vorliegenden Falle das freiwillige Mitglied für verpflichtet erachtet werden, die Beiträge während 2mal 4 Wochen fortzuzahlen, eine Consequenz, welche der Kläger selbst gegen sich nicht wohl anerkennen würde.

Hiernach kann eine Arglist der Beklagten darin nicht gefunden werden, daß sie die Unverbindlichkeit derjenigen Handlungen des Vorstandes geltend macht, durch welche der Kläger etwa in die Meinung versetzt worden ist, er brauche die Beiträge nicht zu den statutenmäßigen Terminen zu leisten. Denn die Beklagte braucht diese Handlungen des Vorstandes nicht zu vertreten.

Ueberdies erhellt nicht, daß die Gepflogenheit, die Beiträge vom Kläger in gleicher Weise wie von den versicherungspflichtigen Mitgliedern in vierwöchentlichen Terminen abholen zu lassen, auf einer Anordnung des Vorstandes der Beklagten beruht oder von diesem genehmigt worden ist. Es mußte somit in Anwendung des § 87 der Civil-Prozeß-Ordnung wie geschehen erkannt werden."

Dagegen hat die Ferien-Civilkammer desselben Gerichts in einem analogen Falle durch Urtheil vom 6. August 1887 die Kasse zur Gewährung der Unterstützung verurtheilt und zwar lauten die

Gründe.

„. . . . Dagegen mußte der zweite Grund des Vorderrichters für durchgreifend erachtet werden auch gegenüber dem von der Beklagten in Bezug genommenen Urtheil der ersten Civilkammer des Landgerichts I; denn nach § 55 des Statuts ist der Kassirer zur Einkassirung der Beiträge verpflichtet und vertritt er in soweit die Kasse nach außen. Allerdings ist er der Kasse gegenüber verpflichtet, sich an das Statut zu halten und muß er deshalb gemäß § 30 des Statuts von den freiwilligen Mitgliedern sich die Beiträge bringen lassen. Trifft er indessen betreffs der Art der Einzahlung Abreden mit den Mitgliedern, beziehungsweise deren Arbeitgebern, so muß die durch ihn vertretene Kasse dies auch gegen sich gelten lassen, und dieselbe handelt dolos, wenn sie nur die Rechte, nicht aber die Pflichten aus dieser Abrede gegen sich gelten lassen will. Allerdings wäre die Beklagte an diese Abreden nicht gebunden, wenn das Statut jus publicum enthielte, das nicht abgeändert werden könnte. Dies ist aber nicht anzunehmen, vielmehr war die vorderrichtliche Ausführung für zutreffend zu erachten, daß die Kassen zwar auf Grund zwingenden öffentlichen Rechts gebildet, deshalb aber doch nicht zu öffentlich rechtlichen Korporationen geworden sind. Dies spricht das Gesetz nirgends aus. Die Vorschrift des

142. Versicherungspflicht der Lehrlinge.

Entschg. vom 12. April 1886 i. S. Sch. w. Orts-Krankenkasse der Goldschmiede.

Gründe.

Kläger wendet nur ein, der Lehrling Paul T. sei in der Zeit vom 1. Oktober 1884 bis 1. Oktober 1885 von ihm ohne Gehalt und ohne die geringste Entschädigung, sei es in baarem Gelde oder in Kost oder Wohnung, beschäftigt worden, derselbe sei somit nicht versicherungspflichtig.

Durch die Aussage des Lehrlings Paul T. ist als erwiesen anzunehmen, daß T. vom Kläger in der Zeit vom 1. Oktober 1884 bis 1. Oktober 1885 ein Taschengeld von 0,75 *M.* wöchentlich erhalten hat, und daß die Zahlung dieses Taschengeldes im Lehrvertrage festgesetzt war. Damit sind die Voraussetzungen für die Versicherungspflicht des T. gegeben. Denn die gewährten 0,75 *M.* pro Woche sind dann zweifellos nicht als ein ohne jede Beziehung zu dem Arbeitsverhältnisse stehendes Geschenk des Arbeitgebers, sondern als ein — wenn auch nur geringes — vertragsmäßig festgesetztes Aequivalent für die Arbeit des Lehrlings, auf welches derselbe einen rechtlichen Anspruch hatte, d. h. also als Lohn im Sinne des § 1 des Krankenversicherungsgesetzes, aufzufassen. Ob dieser Lohn die Bezeichnung „Taschengeld" trägt, ist für die Beurtheilung des vorliegenden Falles irrelevant.

Somit war Kläger zur Anmeldung des Lehrlings T., bezw. zur Einzahlung der Beiträge für denselben verpflichtet (§§ 1 Abs. 1 Nr. 2, 19, Abs. 2, 49, 51 a. a. O.).

---

§ 19 Absatz 5 des Gesetzes vom 15. Juni 1883 darf allerdings nicht umgangen werden; sie ist eben in § 8 Absatz 2 des Statuts auch enthalten, allein darüber, daß freiwillige Mitglieder die Beiträge bringen müssen, enthält das Gesetz nichts, sondern es bestimmt dies nur das Statut, und es kann letzteres in dieser Beziehung durch ausdrückliches oder stillschweigendes Uebereinkommen geändert werden. Die Aufsichtsbehörde ist selbstverständlich auf genaue Innehaltung des Statuts zu bringen berechtigt und kann ein davon abweichendes Uebereinkommen beseitigen. Geschieht dies, so muß den Arbeitern davon Mittheilung gemacht werden, nicht aber kann sich die Kasse, nachdem sie, wenn auch unzulässiger Weise, einen von den Bestimmungen des Statuts abweichenden Gebrauch eingeführt hat, ohne weiteres davon frei machen und Mitglieder, welche, abweichend von den Bestimmungen des Statuts, jedoch jenem Gebrauch gemäß, bisher ihre Beiträge bezahlt haben, ihrer Rechte verlustig erklären.

Die Berufung war daher zu verwerfen.

Die Kosten der Berufungsinstanz fallen nach § 92 Civilprozeßordnung der Berufungsklägerin zur Last." A. d. H.

143. Krankenunterstützung an Wöchnerinnen.

Verf. vom 13. April 1886.

Auf Ihr Schreiben vom 31. v. M. erwidern wir Ihnen, daß die Orts-Krankenkasse für den Gewerbebetrieb der Kaufleute, Handelsleute und Apotheker bereit ist, Ihrer Ehefrau gegen Vorlegung der standesamtlichen Geburtsurkunde die statutenmäßige Wöchnerinnen-Unterstützung auf die Dauer von drei Wochen seit der Entbindung zu gewähren. Zu weiteren Leistungen ist die Kasse nicht verpflichtet, da eine normal verlaufende Schwangerschaft und Entbindung, wie sie nach der Bekundung des Kassenarztes Dr. H. bei Ihrer Ehefrau vorlag, nicht als Krankheit im Sinne des Gesetzes anzusehen ist, demnach ebensowenig Krankengeld, als Ersatz der durch die Aufnahme in die Gebär-Anstalt der Kgl. Charité entstandenen Kosten gefordert werden kann.

144. Begriff der Krankenunterstützung.

Entschg. vom 15. April 1886 i. S. H. w. Orts-Krankenkasse der Schuhmacher.

Gründe.

Nach § 13 ihres Statuts gewährt die beklagte Kasse Krankenunterstützung nicht über 39 Wochen. Nach seiner eigenen Darstellung hat Kläger in Folge seiner am 23. Juni 1885 eingetretenen Erkrankung ununterbrochen bis zum 23. März 1886, also 39 Wochen hindurch Krankenunterstützung erhalten. Denn als solche gilt auch die ihm zeitweise — während 4 Tagen — allein gewährte *freie ärztliche Behandlung und Arznei*. Kläger kann daher für die gegenwärtige Krankheit weitere Ansprüche nicht erheben.

145. Erhöhtes Krankengeld bei Betriebsunfällen.

Entschg. vom 20. April 1886 i. S. Orts-Krankenkasse des Zimmerergewerbes w. K.

Gründe.

Der beim Beklagten in seinem auf die Ausführung von Zimmerer-Arbeiten gerichteten Baugeschäfts- und Holzbearbeitungs-Betriebe beschäftigte Tage-Arbeiter K., welcher gemäß § 19 Abs. 2 des Krankenversicherungsgesetzes zwangsweises Mitglied der Klägerin war, hat sich am 8. Januar 1886 in Folge eines beim Betriebe stattgehabten Unfalles eine Handverletzung zugezogen und war in Folge dieser Verletzung bis zum 27. März 1886 einschließlich erwerbsunfähig. Die Klägerin hat dem K. für die Zeit bis zum 5. Februar 1886 einschließlich pro Arbeitstag 1 Mark 25 Pf., sodann aber vom 6. Februar bis zum 27. März 1886 einschließlich pro Arbeitstag 1 Mark 60 Pf. gezahlt und verlangt nunmehr vom Beklagten für jeden der in den letzteren Zeitraum fallenden Arbeitstage 35 Pf., im Ganzen 15 Mark 5 Pf. Der Beklagte hat eingewendet, daß K. sich seine Verletzung durch Uebertretung einer Fabrikvorschrift (Nichtausrücken der Maschine beim Schmieren) zugezogen, also den Unglücksfall selbst verschuldet habe.

Es war nach dem Klageantrage zu erkennen.

Da K. im Betriebe des Zimmerergewerbes beschäftigt war und in diesem Betriebe einen Unfall erlitten hat, so finden auf letzteren die Vorschriften des Unfallversicherungsgesetzes vom 6. Juli 1884 Anwendung (§ 1 Abs. 2 a. a. O.). Der Anspruch des K. aus diesem Gesetze würde nur dann ausgeschlossen sein, wenn er den Unfall vorsätzlich herbeigeführt haben würde (§ 5 Abs. 7 a. a. O.); eine Fahrlässigkeit des Verletzten, wie sie vom Beklagten behauptet ist, schließt den Entschädigungsanspruch nicht aus. Nach Absatz 9 des § 5 cit. war daher die Klägerin verpflichtet, von Beginn der 5. Woche nach Eintritt des Unfalls bis zum Ablaufe der 13. Woche, bezw. bis zum früheren Wiedereintritt der Erwerbsfähigkeit, das dem K. zu gewährende Krankengeld auf zwei Drittel des bei der Berechnung desselben zu Grunde gelegten Arbeitslohnes zu bemessen, und ist Beklagter verpflichtet, die Differenz zwischen diesen zwei Dritteln und dem gesetzlich oder statutarisch niedrigeren Krankengelde der Klägerin zu erstatten.

Nach § 11 Nr. 2 des Statuts der Klägerin beträgt der durchschnittliche Tagelohn von Tagearbeitern, die im Zimmerergewerbe beschäftigt sind, 2 Mark 50 Pf., nach § 12 Nr. 2 a. a. O. das normale Krankengeld 1 Mark 25 Pf. pro Arbeitstag. Hiernach hätten dem K. vom 29. Tage nach dem 8. Januar 1886 ab, d. h. vom 6. Februar bis zum 27. März 1886, pro Arbeitstag statt 1 Mark 25 Pf. zwei Drittel von 2 Mark 50 Pf., d. i. 1 Mark $66^2/_3$ Pf. an Krankengeld gewährt werden müssen, also für jeden Arbeitstag gegenüber dem normalen Betrag $41^2/_3$ Pf. mehr und für 43 Arbeitstage 17 Mark $91^2/_3$ Pf. oder abgerundet 17 Mark 92 Pf. mehr.

Klägerin hat aber thatsächlich dem K. für die in Rede stehende Zeit nur 1 Mark 60 Pf. pro Arbeitstag, also für jeden Arbeitstag ein plus von 35 Pf. und im Ganzen ein plus von 43 mal 35 Pf. = 15 Mark 5 Pf. gezahlt, und kann vorläufig, da ihr nur ein Erstattungsanspruch gegen den Beklagten zusteht, auch nur diese Summe verlangen. Falls sie dem K. die ihm eigentlich noch zukommenden 2 Mark 87 Pf. zahlen sollte, wird sie auch diese Summe vom Beklagten erstattet verlangen können.

Die Zuständigkeit der Gewerbe-Deputation zur Entscheidung der vorliegenden Streitigkeit ist durch § 5 Abs. 11 des Unfallversicherungsgesetzes und § 58 Abs. 1 des Krankenversicherungsgesetzes begründet. Die vorläufige Vollstreckbarkeit der Entscheidung konnte aber nicht ausgesprochen werden, da es sich nicht um einen „Unterstützungsanspruch" handelt.

146. Gewährung der Kassenunterstützungen an „Erwerbslose".

Entschg. vom 27. April 1886 i. S. W. w. Orts-Krankenkasse der Cigarrenmacher.

Gründe.

Der verstorbene Ehemann der Klägerin schied am 23. Januar 1886 aus der seine Mitgliedschaft bei der beklagten Kasse begründenden Beschäftigung aus. Nach dem von der Beklagten vorgelegten Krankenscheine erkrankte der W. am 1. Februar 1886. Es steht fest, das W. bis zu diesem Tage weder die Erklärung abgegeben hat, weiterhin Mitglied der Kasse bleiben zu wollen, noch Beiträge zur Kasse gezahlt hat. Am 18. Februar starb W. Die Klägerin verlangt Krankengeld für die Zeit vom 15.—18. Februar mit zusammen 6 Mk. und 60 Mk. Sterbegeld.

Es war, wie geschehen, zu erkennen.

Nach dem obigen Thatbestande war Kläger am 1. Februar, dem Tage seiner Erkrankung, nicht mehr Mitglied der Kasse, da zwischen dem 23. Januar und dem 1. Februar mehr als eine Woche liegt und der auf den 23. Januar folgende Wochenbeitrag am 25. Januar fällig war (§ 27 Abs. 1 Krankenversicherungsgesetz). Da aber W., wie durch das Zeugniß der verehelichten Maurer D. erwiesen und im Uebrigen von der Kasse nicht bestritten wird, erwerbslos war, da ferner W. am 12. Januar Mitglied der Kasse wurde, mithin am 23. Januar, dem Tage seines Austritts aus der Kasse, der Kasse 12 Tage angehört hatte, so hatte er, da der Krankheitsfall am 1. Februar, also innerhalb einer gleichen Frist von 12 Tagen, eingetreten war, Anspruch auf Gewährung einer 13wöchigen Krankenunterstützung und eines Krankengeldes in Höhe der Hälfte des durchschnittlichen Tagelohns (§ 19 Abs. 2 des Statuts. § 28 des Krankenversicherungsgesetzes). Der Anspruch der Klägerin auf Krankengeld für die Zeit vom 15.—18. Februar ist daher begründet, allerdings nur in Höhe der Hälfte des durchschnittlichen Tagelohns ($^1/_2 \times 2{,}85$) in Summa 5,70 Mark.

Ein Anspruch auf Sterbegeld steht aber der Klägerin nicht zu, da der Sterbe-Fall am 18. Februar, also nicht innerhalb der Frist von 12 Tagen eingetreten ist. Nach § 19 Abs. 2 des Statuts (§ 28 des Krankenversicherungsgesetzes) steht Mitgliedern, welche der Kasse erst kürzere Zeit als 3 Wochen angehört haben, ein Anspruch nur zu, wenn der **Unterstützungs-Fall innerhalb eines die Dauer der Mitgliedschaft nicht überschreitenden Zeitraumes nach dem Ausscheiden eintritt.**

147. Weigerung eines Kassenmitgliedes, ins Krankenhaus zu gehen. Leistung des Sterbegeldes.

Entschg. vom 28. April 1886 in Sachen C. w. Ortskrankenkasse der Maler.

Gründe.

Durch das Zeugniß des Kassenarztes Dr. M. ist als festgestellt zu erachten, daß sich der verstorbene Bruder des Klägers, Gustav C., welcher Mitglied der beklagten Kasse war, am 12. October 1885 krank meldete, daß derselbe nach einigen Tagen erklärte, er könne nicht mehr bei seiner Mutter wohnen bleiben, und daß er deshalb vom Kassenarzte in's Krankenhaus gewiesen wurde. Auch der Rendant der beklagten Kasse bekundet, daß er dem C. gerathen habe, der Verordnung des Kassenarztes Folge zu leisten. C. hat sich indeß geweigert, die Krankenhauspflege anzunehmen und begab sich zu seinen Eltern nach B., woselbst er nach der eingereichten standesamtlichen Sterbeurkunde am 21. Februar 1886 verstarb. Da nach § 7 des Krankenversicherungsgesetzes (§ 14 des Statuts) die Kasse das Recht hat, an Stelle der sonstigen Krankenunterstützung die Krankenhauspflege zu gewähren, so war C. zur Annahme der Krankenhauspflege verpflichtet. Weigert er sich, diese Art der Verpflegung anzunehmen, so hat er damit auf Gewährung der Krankenunterstützung überhaupt verzichtet. Der Anspruch des Klägers auf nachträgliche Gewährung der statutenmäßigen Krankenunterstützung ist somit nicht begründet. Dagegen ist die beklagte Kasse zur Gewährung des statutenmäßigen Sterbegeldes verpflichtet, da die Zahlung desselben unabhängig von der Krankenunterstützung zu erfolgen hat. Daß C. vom Tage seiner Erkrankung bis zu seinem Todestage ununterbrochen durch Krankheit erwerbsunfähig gewesen ist, ist von der beklagten Kasse nicht bestritten und durch drei ärztliche Atteste glaubhaft gemacht.

148. Zuständigkeit der Aufsichtsbehörde zur Entscheidung von Streitigkeiten.

Verf. vom 11. Mai 1886.

Auf Ihre Eingabe vom 17. April, betreffend Ersatz von verauslagten Kosten gegen die Orts-Krankenkasse der Maler, erwidern wir Ihnen, daß wir nur zur Entscheidung von Streitigkeiten zwischen den Kassenmitgliedern selbst und den Orts-Krankenkassen gemäß § 58 des Krankenversicherungsgesetzes kompetent sind. Da nun die Kasse sich weigert, die von Ihnen liquidirten Kosten zu bezahlen, so sind wir nicht in der Lage, eine Entscheidung über Ihren angeblichen Ersatzanspruch fällen zu können, und müssen Ihnen anheimstellen, Ihre vermeintlichen Ansprüche im Wege der ordentlichen Civilklage geltend zu machen.

149. Ansprüche aus § 50 des Krankenversicherungsgesetzes.

Verf. vom 12. Mai 1886.

Dem Magistrat erwidern wir auf das gefällige Schreiben vom 30. v. M., daß wir der darin enthaltenen Auffassung des § 50 des Krankenversicherungsgesetzes beistimmen. Auch unserer Ansicht nach haftet der Arbeitgeber, welcher die Anmeldung unterlassen hat, unbedingt, sobald nur der Unterstützungsfall zu einer Zeit eintritt, zu welcher noch ein Unterstützungsanspruch gegenüber der Kasse besteht, mag auch das Arbeitsverhältniß bereits gelöst sein. Insbesondere besteht also u. E. diese Haftpflicht, wenn der betreffende Arbeiter, wie hier, nach der Entlassung, aber während der Dauer der Erwerbslosigkeit und innerhalb der im § 28 des Krankenversicherungsgesetzes bezeichneten Frist erkrankt. Für die gegentheilige Ansicht giebt weder der Wortlaut des Gesetzes, noch seine Entstehungsgeschichte einen Anhalt.

150. Leistung der Krankenhauspflege.

Verf. vom 14. Mai 1886.

Auf die Eingabe vom 14. Mai cr. erwidern wir dem Vorstande Folgendes:

Nach § 7 des Reichsgesetzes vom 15. Juni 1883 kann an Stelle der in § 6 vorgeschriebenen Leistungen freie Kur und Verpflegung in einem Krankenhause gewährt werden. In dem Statut der dortigen Kasse (§ 23) ist eine gleichlautende Bestimmung aufgenommen und die Gewährung der Krankenhauspflege der Entscheidung des Vorstandes anheim gegeben worden. Wenn nun auf Grund dieser Bestimmung der Vorstand seinerseits die Aufnahme eines Mitgliedes in ein bestimmtes Krankenhaus anordnet, so unterwirft er sich damit dem bei dem betreffenden Krankenhause geltenden Tarif, und es muß die Kasse sämmtliche Kosten tragen, welche durch die Verpflegung des Mitgliedes in dem Krankenhause entstehen, ohne Rücksicht darauf, ob hierdurch die sonst für Hauskranke statutenmäßig aufgewendeten Kosten überschritten werden; somit kann auch in solchem Falle die Beschränkung der Zahlung des Krankengeldes auf Arbeitstage analog nicht angewendet werden. Dem Vorstande bleibt es überlassen, mit den einzelnen Krankenhäusern ein derartiges Arrangement zu treffen, daß die Verpflegungskosten die sonst für Hauskranke aufgewendeten Kosten nicht übersteigen.

Anders verhält es sich aber, wenn ein Mitglied im Wege der öffentlichen Armenpflege in einem Krankenhause verpflegt wird und der betreffende Armenverband alsdann an die Kasse auf Grund des § 57 Abs. 2 des Krankenversicherungsgesetzes einen Ersatzanspruch erhebt. Dieser Ersatzanspruch richtet sich lediglich nach der Höhe des Anspruches, welchen das Mitglied an die Kasse hatte. Einen Anspruch auf Krankenhauspflege hat nun das Mitglied nicht, sondern nur einen Anspruch auf

a) Krankengeld vom dritten Tage der Erwerbsunfähigkeit ab für jeden Arbeitstag,

b) freie ärztliche Hilfe und Arznei u. s. w.

Als Ersatz der letzteren Leistung gilt nach § 57 Absatz 5 des Krankenversicherungsgesetzes die Hälfte des gesetzlichen Mindestbetrages des Krankengeldes.

Nach dem dortigen Kassenstatut würde der Gesammtanspruch pro Tag 2,25 Mark (excl. der drei ersten Tage, für welche nur Ersatz für Arznei 2c. zu gewähren ist,) betragen, und die Kasse wäre somit verpflichtet, nur in dieser Höhe Ersatz zu leisten. In Höhe der nicht erstatteten Kosten würde das Kassenmitglied dann allerdings Armenunterstützung genossen haben.

151. Karenzzeit der freiwilligen Mitglieder.

Entschg. vom 15. Mai 1886 i. S. R. w. Orts-Krankenkasse der Maler.

Gründe.

Der am 10. März cr. verstorbene Maler R. war seit dem 27. Dezember 1885 berechtigtes Mitglied der beklagten Kasse. Die Beklagte weigert die Zahlung des Sterbegeldes, weil nach § 57 des Kassen-Statuts die berechtigten Mitglieder keinen Unterstützungs-Anspruch haben, wenn der Unterstützungsfall eintritt, bevor sechs Wochen seit ihrer Anmeldung verstrichen sind; der R. sei am 6. Januar erkrankt und mithin erst acht Tage Mitglied gewesen. Die Weigerung der Kasse ist unbegründet. Einen Anspruch auf Krankenunterstützung hatte allerdings R. nicht, da der Kranken-Unterstützungsfall nicht innerhalb der sechswöchigen Karenzzeit eintrat. Dagegen trat der Sterbe-Unterstützungsfall nach Ablauf der sechs Wochen ein, mithin war diese Unterstützung zu leisten. R. blieb auch während seiner Krankheit weiter Mitglied der Kasse, war aber wegen seiner Erwerbsunfähigkeit von der Einzahlung der Beiträge während dieser Zeit gemäß § 30 des Statuts befreit. Der Sterbe-Unterstützungsfall trat also noch während seiner Mitgliedschaft ein.

152. Begriff der „Angehörigen“ in § 7 Absatz 2 des Krankenversicherungsgesetzes.

Entsch. vom 25. Mai 1886 i. S. G. w. Orts-Krankenkasse des Schlächtergewerbes.

Klägerin lebte mit dem Schlächtergesellen A. P. nach ihrer Angabe in außerehelichem Geschlechtsverkehr zusammen und behauptet, daß P. der Vater des von ihr vor etwa 6 Monaten außerehelich geborenen Kindes sei. Sie beansprucht für die Zeit, während welcher sich P. auf Kosten der Kasse im Krankenhause befindet, Krankengeld gemäß § 14 Abs. 3 des Statuts (§ 7 Abs. 2 des Krankenversicherungsgesetzes). Dieser Anspruch kann nicht für begründet erachtet werden. Zunächst würde nach den citirten Bestimmungen nur P. selbst zur Beanspruchung des Krankengeldes legitimirt sein. Aber selbst wenn sich ergeben sollte, daß er dem Antrage der Klägerin beitritt, so würde der Anspruch doch abzuweisen sein. Das in Rede stehende Krankengeld wird nur beim Vorhandensein von „Angehörigen“ gezahlt. Als solche aber können nur Familiengenossen oder die Ehefrau des Verpflegten gelten. Klägerin gehört zu keiner dieser Kategorien, ebensowenig aber ihr von P. weder adoptirtes noch legitimirtes Kind. Der Anspruch der Klägerin war daher zurückzuweisen.

153. Haftung des Arbeitgebers für Beitragsreste aus früheren Arbeitsverhältnissen.

Entschg. vom 28. Mai 1886 i. S. G. w. Orts-Krankenkasse der Graveure &c.

Gründe.

Die durch § 51 des Krankenversicherungsgesetzes begründete Pflicht des Arbeitgebers zur Einzahlung der Beiträge für die von ihm beschäftigten versicherungspflichtigen Personen beginnt mit dem Eintritt der betreffenden Person in die Beschäftigung des jedesmaligen Arbeitgebers. Der letztere haftet für Beitragsreste aus einer Zeit, während welcher der Arbeiter nicht bei ihm beschäftigt war, keineswegs; vielmehr ist es Sache der Orts-Krankenkasse, sich wegen dieser Reste an den früheren Arbeitgeber oder, falls eine freiwillige Versicherung vorlag, an den Arbeiter selbst zu halten. Kläger hatte keine Verpflichtung, sich um die Begleichung der früheren Reste zu kümmern, und kein Mittel, diese Begleichung zu erzwingen. Das im § 53 a. a. O. erwähnte Recht zu Lohnabzügen bezieht sich nicht auf die Zeit vor Antritt des gegenwärtigen Arbeitsverhältnisses. Kläger ist daher nur verpflichtet, für die Zeit, während welcher der H. bei ihm in Arbeit stand, die Beiträge zu zahlen, wozu er sich auch bereit erklärt hat.

154. Austritt aus der Orts-Krankenkasse.

Entschg. vom 29. Mai 1886 i. S. G. w. Orts-Krankenkasse der Buchbinder.

Gründe.

Die Arbeiter F. und J. haben zwar ihren Austritt aus der beklagten Kasse drei Monate vor Jahresschluß angezeigt, konnten indeß vor ihrem Austritt nur einen provisorischen Aufnahme-Schein der Zentral-Kranken- und Begräbniß-Kasse der Buchbinder und verwandten Geschäftszweige (E. H.) dem Vorstande vorzeigen. Da indeß nach § 3 Abs. 4 des Statuts der genannten Eingeschriebenen Hülfskasse ausdrücklich bestimmt ist, daß der Eintritt in die Kasse erst durch Einhändigung des vom Kassenvorstande ausgefertigten Quittungsbuches vollzogen ist, so konnte durch den provisorischen Aufnahme-Schein der in § 19 Abs. 4 des Krankenversicherungsgesetzes geforderte Nachweis der Mitgliedschaft nicht geführt werden und somit der Austritt aus der Kasse nicht erfolgen. . . .

155. Gewährung von Heilmitteln.

Entschg. vom 5. Juni 1886 i. S. K. w. Allgemeine Orts-Krankenkasse 2c.

Gründe.

Klägerin verlangt von der beklagten Kasse die Gewährung einer Milchkur, welche ihr vom Kassenarzte verordnet worden ist, und Beklagte weigert die Gewährung. Die Weigerung muß als begründet anerkannt werden.

In Uebereinstimmung mit § 6 Nr. 1 des Krankenversicherungsgesetzes gewährt die beklagte Kasse die dort bezeichneten Leistungen im Falle der Erkrankung. Da Milch als Arznei nicht betrachtet werden kann, so fragt es sich nur, ob eine Milchkur als „ähnliches Heilmittel" im Sinne der genannten Gesetzesbestimmung gelten kann. Dies muß jedoch verneint werden. Milch ist ein Nahrungs-Mittel, das allerdings zur Kräftigung und Ernährung des Körpers sehr dienlich ist, aber kein Mittel, wodurch eine spezifische Krankheit geheilt werden soll, und nur die Gewährung solcher Mittel macht das Gesetz den Kassen zur Pflicht, wie aus der Exemplificirung in § 6 cit. (Brillen, Bruchbänder) deutlich hervorgeht.

Auch im vorliegenden Falle soll die Milchkur lediglich zur Kräftigung dienen, da Klägerin arbeitsfähig ist.

Somit war, wie geschehen, zu erkennen.

156. Befreiung von der Zahlung des Eintrittsgeldes.

Verf. vom 8. Juni 1886.

Auf die Eingabe vom 6. Juni 1886 gereicht dem Vorstande zum Bescheide, daß der § 26 Abs. 1 des Krankenversicherungsgesetzes — auf welchen sich der § 28 Abs. 2 Nr. 2 des dortigen Kassenstatuts stützt — principiell eine Befreiung vom Eintrittsgelde für diejenigen Personen statuirt, welche bereits einer anderen Kasse angehört haben, vorausgesetzt, daß nicht inzwischen mehr als 13 Wochen verstrichen sind. Es kann nun keinem Zweifel unterliegen, daß dieser Befreiungsgrund auch bei denjenigen Personen vorliegt, welche bei ihrem Eintritte in die Orts-Krankenkasse noch Mitglieder der anderen Krankenkasse sind, da der Zwischenraum von 13 Wochen nicht eine Bedingung für die Befreiung, sondern die Grenze bedeutet, bis zu welcher die bestandene Mitgliedschaft für die in Frage stehenden Mitglieder noch wirksam bleiben soll.

157. Aufrechnung des Krankengeldes.

Entschg. vom 12. Juni 1886 i. S. G. w. Orts-Krankenkasse der Goldschmiede.

Gründe.

Beklagte hat dem Kläger das Krankengeld für die Zeit vom 22—29. Mai cr. entzogen, weil Kläger angeblich bei einer früheren Erkrankung im Februar cr. die Controlvorschriften überschritten hatte, damals aber die Einbehaltung des Krankengeldes unterblieben war.

Da dies Verfahren der Beklagten der ausdrücklichen Vorschrift des § 56 des Krankenversicherungsgesetzes widerspricht, wonach die den Unterstützungsberechtigten auf Grund des Krankenversicherungsgesetzes zustehenden Forderungen nur auf geschuldete Beiträge aufgerechnet werden können, so mag es unerörtert bleiben, ob nicht auch aus anderen Gründen im vorliegenden Falle das Verfahren der Beklagten ungerechtfertigt erscheint. Beklagte ist somit schuldig, dem Kläger das Krankengeld für die Woche vom 22.—29. Mai cr. zu zahlen.

158. Leistung der Krankenunterstützung nach Unterbrechung derselben.

Entschg. vom 12. Juni 1886 i. S. K. w. Allgemeine Orts-Krankenkasse u. s. w.

Gründe.

Der verstorbene Sohn der Klägerin, Ernst K., erhielt bis zum 8. März cr. von der beklagten Kasse Krankenunterstützung. An diesem Tage begab sich K. angeblich nach Pommern zur Erholung und verzichtete für die Zeit seiner Entfernung von Berlin auf Fortzahlung des Krankengeldes. Indeß schon am 21. Mai kehrte er nach Berlin zurück und mußte am 24. Mai in einem städtischen Krankenhause Aufnahme finden, woselbst er angeblich am 27. Mai verstarb. Die Kasse verweigert die Gewährung der Krankenunterstützung vom 21. Mai an mit dem Einwande, der K. sei am 8. Mai von seiner Mutter (Klägerin) gesund gemeldet und, da Beiträge bis zum 21. Mai nicht gezahlt worden seien, an diesem Tage als aus der Kasse ausgeschieden zu betrachten gewesen.

Es war, wie geschehen, zu erkennen.

Nach dem ärztlichen Gutachten des Kassenarztes Dr. med. C. war die Erwerbsfähigkeit des K. in der Zeit vom 8. Mai bis 21. Mai ausgeschlossen, da er an einem schweren Herzfehler litt.

Da nach § 33 des Kassenstatuts Beiträge für die Zeit der Erwerbsunfähigkeit nicht geleistet werden, so konnte K. durch Nichtzahlung der Beiträge seine Mitgliedschaft während dieser Zeit (8. bis 25. Mai) auch nicht verlieren. Er war somit berechtigt, am 21. Mai die Leistungen der Kasse wieder in Anspruch zu nehmen. Die Verpflichtung der Kasse zur Gewährung des Sterbegeldes ergiebt sich hieraus von selbst.

159. Zuziehung eines anderen Arztes, als des Kassenarztes.

Entschg. vom 17. Juni 1886 i. S. W. w. Orts-Krankenkasse für das Goldschmiede-Gewerbe.

Gründe.

Nach dem vom Kläger dargestellten — von der Beklagten nicht bestrittenen — Sachverhalte bekam Kläger, welcher an einer Kiefer- resp. Knochenhaut-Entzündung litt, am Abend des 21. Mai heftige Athembeschwerden, welche ihn veranlaßten, nach dem Kassenarzt Dr. W. zu schicken. Dr. W. war nicht anwesend, und als Kläger um $^1/_2$11 Uhr zum zweiten Male nach Dr. W. vergeblich sandte, ließ er den Dr. M., welcher nicht Kassenarzt ist, herbeiholen. Dr. M. hat für den Besuch 6 Mark liquidirt. Beklagte weigert Zahlung.

Es war, wie geschehen, zu erkennen.

Nach dem Gutachten des Dr. M. vom 6. Juni cr. „war beim Kläger eine starke Anschwellung am Halse zu konstatiren, durch welche Schling- und Athem-Beschwerden verursacht wurden. Der Zustand des Patienten war zur Zeit nicht gerade ein bedenklicher, doch war das Krankheitsbild geeignet, die Angehörigen so zu ängstigen, daß sie sofortige ärztliche Hilfe für nöthig erachten mußten." Hiermit sind die Voraussetzungen des § 21 Abs. 1 des Kassenstatuts gegeben, wonach Kosten, welche durch die Zuziehung eines anderen, als des

Kassenarztes erwachsen sind, von der Kasse dann ersetzt werden, wenn die Zuziehung bei Gefahr im Verzuge erfolgt. Es kann nämlich nicht nur darauf ankommen, ob objektiv Gefahr im Verzuge vorhanden ist — denn dies wird der Beurtheilung des Laien in den weitaus meisten Fällen entzogen sein — sondern darauf, ob, wie im vorliegenden Falle, nach den Umständen für den Patienten bezw. seine Angehörigen die Annahme einer Gefahr im Verzuge gerechtfertigt war. Somit ist die Kasse zum Ersatz der liquidirten 6 Mark verpflichtet. Einwendungen gegen die Höhe des liquidirten Honorars hat die Kasse nicht erhoben.

160. Beitreibung rückständiger Beiträge.

Cirkularverf. vom 23. Juni 1886.

Unter Abänderung der Cirkular-Verfügung vom 31. Januar 1885, betreffend die Beitreibung rückständiger Beiträge, wird hiermit Folgendes bestimmt:

1) Eine Zahlungs-Aufforderung an die Arbeitgeber, beziehungsweise die freiwilligen Kassenmitglieder Seitens der Gewerbe-Deputation findet nicht mehr Statt. Demzufolge fällt auch das sub 2 der Cirkular-Verfügung vom 31. Januar 1885[1]) vorgeschriebene Verfahren weg.
2) Der Kassenvorstand wird angewiesen, vor Beantragung der Zwangs-Vollstreckung an den Arbeitgeber bezw. das freiwillige Mitglied eine Zahlungs-Aufforderung nach anliegendem Formular zu erlassen.
3) Ist die in der Zahlungs-Aufforderung festgesetzte Frist von 14 Tagen fruchtlos verstrichen, so ist unter Benutzung der bisherigen Formulare (C. D.) die Zwangsvollstreckung zu beantragen. Jedoch ist beim Formular C. in der Rubrik „Bemerkungen", beim Formular D. unter dem Antrag zu bescheinigen, daß und an welchem Tage die Zahlungs-Aufforderung abgesandt ist.
4) p. p.
5) p. p.

Anlage.

Berlin, den ten 188

Nach Vorschrift der §§ 51, 52 des Gesetzes, betreffend die Krankenversicherung der Arbeiter, vom 15. Juni 1883, sind die Arbeitgeber verpflichtet, die Beiträge, welche für die von ihnen

---

[1]) Vgl. Heft I Nr. 10. A. d. H.

beschäftigten Personen zu einer Orts-Krankenkasse zu entrichten sind, zu den durch das Statut vorgeschriebenen Zahlungsterminen einzuzahlen und ein Drittel der Beiträge aus eigenen Mitteln zu leisten. Ferner bestimmt § 55 desselben Gesetzes, daß rückständige Beiträge in derselben Weise beigetrieben werden, wie Gemeindeabgaben.

Diese Bestimmungen finden auch Anwendung, wenn es sich um Beiträge zu Betriebs- (Fabrik-) und solchen Krankenkassen handelt, welche von Innungen für die Gesellen und Lehrlinge ihrer Mitglieder errichtet sind.

Nach Ausweis unserer Bücher sind Sie mit der Zahlung folgender Beiträge für von Ihnen beschäftigte Kassenmitglieder im Betrage von ..... Mark ... Pfg. in Rückstand gekommen: ....

....

....

....

Indem wir annehmen, daß es nur einer Erinnerung bedürfen wird, Sie zur Berichtigung des obigen Restes zu veranlassen und die schon jetzt zulässige Zwangsvollstreckung entbehrlich zu machen, ersuchen wir Sie, die Zahlung innerhalb 14 Tagen zu leisten, oder unter Beifügung dieser Aufforderung bei der Gewerbe-Deputation des Magistrats als Aufsichtsbehörde etwaige Einwendungen gegen die Zahlungsverpflichtung zu begründen, widrigenfalls ohne Weiteres die Zwangsvollstreckung beantragt werden wird.

.................-Krankenkasse ....

161. Almosenempfänger als freiwillige Mitglieder.

Verf. vom 30. Juni 1886.

Dem Vorstande erwidern wir auf den Bericht von heute[1]), daß die in demselben angeführten Gründe für die Weigerung, von dem Töpfer Sch. Beiträge anzunehmen, durchaus ungerechtfertigt sind. Denn das Verhältniß des Sch. zur Armendirektion interessirt die Kasse gar nicht. Uebrigens ist unseres Erachtens eine Pfändung des Kranken- und Sterbegeldes durch die Armendirektion gemäß § 56 des Krankenversicherungsgesetzes ausgeschlossen.

---

[1]) Der Vorstand weigerte sich, von Sch., welcher freiwilliges Kassenmitglied war, weitere Beiträge anzunehmen, weil Sch. neuerdings eine laufende Unterstützung aus Armenmitteln erhalte und zu befürchten sei, daß die Armen-Direktion auf das Kranken- und Sterbegeld Anspruch machen könnte. A. d. H.

162. Versicherungspflicht. Beschäftigung gegen Lohn.

Entschg. vom 1. Juli 1886 i. S. B. w. Orts-Krankenkasse der Drechsler.

Gründe.

Nach der Aussage des Drechslers Hugo B. — des Sohnes des Klägers, für welchen die Beiträge verlangt wurden — ist seine Beschäftigung bei seinem Vater eine derartige, daß er bei seinem Vater in der Familie lebt, dieser ihm die leichteren von seinen Aufträgen überläßt und dafür ihm (dem Sohne) denselben Preis unverkürzt zukommen läßt, welchen er (der Vater) von seinen Auftraggebern erhält. Hiermit sind nun aber die Voraussetzungen für die Versicherungspflicht des Hugo B. in Gemäßheit des § 1 Abs. 1 Nr. 2 des Krankenversicherungsgesetzes gegeben: der Hugo B. ist im Handwerke gegen Lohn beschäftigt. Die Entschädigung, welche der Hugo B. für seine Thätigkeit erhält, entbehrt dadurch durchaus nicht des Charakters des Lohnes, daß sie in dem vollen Preise besteht, welchen der Principal für die abgelieferte Arbeit von seinen Kunden erhält.

163. Austritt aus einer Orts-Krankenkasse gemäß § 19 Abs. 4 des Krankenversicherungsgesetzes.

Entschg. vom 5. Juli 1886 i. S. F. & K. w. Orts-Krankenkasse für den Gewerbebetrieb der Kaufleute 2c.

Nach der eigenen Darstellung der Kläger hat der Hausdiener S. zwar im September 1885 seinen Austritt aus der beklagten Kasse mit dem 31. December 1885 beantragt, hat aber den nach § 19 Absatz 4 des Krankenversicherungsgesetzes außerdem vor dem Austritte erforderlichen Nachweis, daß er Mitglied einer der übrigen im § 4 a. a. O. genannten Kassen geworden sei, nicht geliefert. Die Vorlegung eines Mitgliedsbuches einer eingeschriebenen Hülfskasse im September 1885 genügt hierzu nicht, da dadurch nicht nachgewiesen worden ist, daß S. am 31. December 1885, dem entscheidenden Tage, noch Mitglied dieser Kasse war. Da hiernach der Austritt des S. nicht als erfolgt angesehen werden kann, so haftet Kläger gemäß § 51 a. a. O. für die hier in Rede stehenden, auf die Zeit nach dem 1. Januar 1886 entfallenden Beiträge.

164. Erhöhtes Krankengeld bei Betriebsunfällen.

Verf. vom 27. Juli 1886.

Dem Vorstande mit der Aufforderung zurück, dem Beschwerdeführer das erhöhte Krankengeld gemäß § 5 Absatz 9 des Unfallversicherungs-Gesetzes vom 6. Juli 1884 zu zahlen, da aus der von dem Arbeitgeber K. selbst erstatteten Unfallsanzeige hervorgehe, daß es sich um einen Betriebsunfall handelt, und die Leistung des erhöhten Krankengeldes nicht von der vorherigen Zustimmung des Betriebsunternehmers abhängig gemacht werden darf. Nach Beendigung der Zahlung des erhöhten Krankengeldes ist vielmehr dem K. nach dem in der Bekanntmachung des Reichs-Versicherungs-Amtes vom 30. September 1885 vorgeschriebenen Formular eine Liquidation zuzustellen, und wenn K. auch dann noch bei seiner Zahlungsverweigerung beharrt, so wird er gemäß § 5 Absatz 11 des Unfallversicherungs-Gesetzes und § 58 Absatz 1 des Krankenversicherungsgesetzes durch diesseitige Entscheidung zur Zahlung verurtheilt werden.

165. Verpflegung im Krankenhause. Gewährung von Krankengeld neben der Krankenhauspflege.

Entschg. vom 10. August 1886 i. S. F. w. Orts-Krankenkasse der Tuchmacher.

Gründe.

Am 13. Juni erkrankte Kläger, erhielt vom Kassirer der beklagten Kasse einen Medizinschein, konnte aber den ihm angewiesenen Arzt angeblich nicht antreffen und begab sich ohne Anweisung oder Genehmigung des Vorstandes in das städtische Krankenhaus Friedrichshain, woselbst er bis zum 12. Juli verpflegt wurde. Kläger verlangt von der Kasse die Gewährung der statutenmäßigen Leistungen, insbesondere die Zahlung des sog. „Taschengeldes" neben der Krankenhauspflege.

Aus den Verwaltungs-Akten der hiesigen Armendirektion ist ersichtlich, daß Kläger am 13. Juni im Wege der öffentlichen Armenpflege in das Krankenhaus Friedrichshain aufgenommen und dort bis zum 12. Juli verpflegt wurde. Die beklagte Kasse ist nun nach dem Krankenversicherungsgesetz zur Gewährung der Krankenhauspflege nicht verpflichtet, mag auch die größte Gefahr im Verzuge vorliegen; sie ist aber gemäß § 57 Abs. 2 verpflichtet, dem Armenverbande, welcher das hülfsbedürftige Mitglied unterstützt hat, die gehabten Auslagen in gewissen Grenzen zu erstatten. Gemäß § 57 Abs. 2 ist der Unterstützungs-Anspruch des Klägers auf die Armendirektion übergegangen und zwar im Betrage der geleisteten Unterstützung.

Die der Armendirektion verursachten Kosten betragen — wie aus den Verwaltungsakten ersichtlich — für 29 Tage à 1,75 Mk. = 50,75 Mk. Der Unterstützungs-Anspruch des Klägers beträgt aber nur:

a) für 29 Tage freie Arznei und ärztliche Behandlung. Als

Ersatz dieser Leistung gilt gemäß § 57 Absatz 5 des Krankenversicherungsgesetzes die Hälfte des Krankengeldes, also im vorliegenden Falle $\frac{1}{2} \times 1{,}20$ Mark = 0,60 Mark, mithin für 29 Tage $29 \times 0{,}60$ Mark = 17,40 Mark;

b) für 23 Arbeitstage ein Krankengeld von 1,20 pro Tag; in summa = 27,60 Mark.

Der Gesammtanspruch beträgt somit 45 Mark, welcher durch die Forderung der Armendirektion konsumirt ist. Somit steht dem Kläger kein Anspruch gegen die beklagte Kasse zu, insbesondere kein Anspruch auf das sogenannte „Taschengeld", welches nur zu zahlen ist, wenn die Aufnahme in das Krankenhaus, bezw. die Gewährung der Krankenhauspflege auf statutenmäßigem Wege erfolgt ist.

166. Erhöhtes Krankengeld bei Betriebsunfällen. Doppelversicherung.

Entschg. vom 12. August 1886 i. S. Z. w. Neue Maschinenbauer-(Fabrik) Kranken-Kasse.

Gründe.

Kläger verunglückte am 9. April durch einen Betriebsunfall und beansprucht von der fünften bis zur dreizehnten Woche seiner Krankheit das erhöhte Krankengeld nach Maßgabe des § 5 Abs. 9 des Unfallversicherungsgesetzes. Die Kasse verweigert die Gewährung des erhöhten Krankengeldes. Die Weigerung ist begründet.

Nach § 5 der Bekanntmachung des Reichsversicherungs-Amtes vom 30. September 1885, betr. den von der Krankenkasse in der Zeit von der 5. bis zur 13. Woche nach dem Unfall zu leistenden, Seitens des Betriebsunternehmers zu erstattenden Mehrbetrag an Krankengeld, steht dem Verletzten ein Anspruch auf das erhöhte Krankengeld nicht zu, wenn das statutenmäßige Krankengeld, welches der Verletzte aus mehreren Kassen zusammen zu beanspruchen hat, bereits zwei Drittel oder mehr des bei der Berechnung zu Grunde gelegten Arbeitslohnes beträgt. Nun bezieht Kläger aus der beklagten Kasse ein Krankengeld von 8 Mark pro Woche und aus der „Kranken-Unterstützungs-Kasse für die Arbeiter der Lampen-Fabrik von W. & W." ein Krankengeld von 6 Mark pro Woche, also zusammen 14 Mark, ein $\frac{2}{3}$ des durchschnittlichen Tagelohnes (2,65 Mark) übersteigender Betrag. Ob das Krankengeld von 6 Mark aus einer „Privatkasse" herrührt, welche keine behördliche Genehmigung besitzt und zu welcher der Betriebsunternehmer nichts beiträgt, ist für die Anwendung des citirten § 5 der Bekanntmachung irrelevant. Kläger war daher mit seinem Anspruche abzuweisen.

167. Begriff des Arbeitgebers bei Bauten.

Verf. vom 19. August 1886.

Auf die Eingabe .. gereicht dem Vorstande zum Bescheide, daß das Krankenversicherungsgesetz bezüglich der Verpflichtung zur Einzahlung von Beiträgen versicherungspflichtiger Personen (§ 51) und Rückerstattung der von der Kasse gemachten Aufwendungen (§ 50) nur von Arbeitgebern spricht und ebenso nur dem Arbeitgeber die Anmelde- und Abmeldepflicht auferlegt (§ 49). Als Arbeitgeber speciell bei Bauten kann aber füglich nur der angesehen werden, welcher die Arbeiter in Arbeit nimmt und ihnen den Lohn auszahlt, bezw. dies durch Vertreter in seinem Namen besorgen läßt, nicht aber der sog. Bauspekulant, welcher den ganzen Bau oder einzelne Theile desselben einer oder mehreren Personen (den Arbeitgebern) zur Ausführung übergiebt; denn der Bauspekulant steht in keiner Beziehung zu den Arbeitern, und umgekehrt stehen die Arbeiter in keinem Arbeitsverhältniß zu ihm. Mithin kann auch der eigentliche Bauherr, sofern er nicht selbst Arbeitgeber ist, d. h. für seine Rechnung engagirt, bezw. engagiren läßt, zu Beitrags- und sonstigen Leistungen nicht herangezogen werden.

168. Verpflichtung des Arbeitgebers zur Einzahlung der Beiträge.

Entschg. vom 24. August 1886 i. S. B. w. Orts-Krankenkasse der Bildhauer.

Gründe.

Beklagte verlangt vom Kläger 0,25 Mark für ein Quittungsbuch, welches für einen vom Kläger beschäftigten Arbeiter ausgestellt wurde. Kläger weigert Zahlung.

Nach § 51 des Krankenversicherungsgesetzes sind die Arbeitgeber verpflichtet die Beiträge, welche nach gesetzlicher oder statutarischer Vorschrift für die von ihnen beschäftigten versicherungspflichtigen Personen zu entrichten sind, an die zuständige Kasse zu zahlen. Abgesehen davon, daß das für die Ausstellung des Quittungsbuches von der Kasse verlangte Aequivalent von 0,25 Mark als Beitrag im Sinne des Gesetzes vom 15. Juni 1883 nicht angesehen werden kann, ist auch die Zahlung dieses Aequivalents im Statute nicht vorhergesehen. Schon aus diesem letzteren Grunde stellt sich daher die Forderung der beklagten Kasse an den Kläger (als Arbeitgeber) als unbegründet dar.

169. Handlungsgehülfen.

Verf. vom 8. September 1886.

Auf Ihre Eingabe[1]) erwidern wir Ihnen, daß die von den Kolportagebuchhändlern beschäftigten Kolporteure und Expedienten als Handlungsgehülfen zu betrachten sind, da es keinen Unterschied machen kann, ob die betreffenden Personen hinter dem Ladentische stehen und Bestellungen aufnehmen, bez. einkassiren (verkaufen), oder ob sie zu diesem Zwecke in die einzelnen Häuser gehen und daher dem Versicherungszwange ohne ortsstatutarische Bestimmung nicht unterliegen. (§§ 1 u. 2 Nr. 2 des Krankenversicherungsgesetzes).

170. Befreiung von Beiträgen.

Entschg. vom 17. September 1886 i. S. S. w. Orts-Krankenkasse der Schneider.

Gründe.

Es mag dahingestellt bleiben, ob der vom Kläger behauptete Beschluß des früheren Gesellenausschusses, wonach der Kläger zum Ehrenmitgliede der früheren Schneidergesellen-Krankenkasse ernannt und von der Zahlung aller Beiträge befreit worden ist, nach dem bis zum 1. December 1884 in Geltung gewesenen Statut rechtliche Wirksamkeit gehabt hat. Jedenfalls ist dies seit dem 1. December 1884 nicht mehr der Fall. Denn das Krankenversicherungsgesetz kennt nur solche Mitglieder von Orts-Krankenkassen, welche selbst, bez. durch ihre Arbeitgeber die statutarisch festgesetzten Beiträge zahlen. Dies geht insbesondere hinsichtlich der nicht versicherungspflichtigen Personen, zu denen Kläger gehört, aus § 19 Abs. 5 a. a. O. klar hervor. Diese Vorschriften über die Kassenbeiträge finden nach § 85 Abs. 1 bis 3 a. a. O. auch auf Orts-Krankenkassen, welche aus bisher mit Beitrittszwang bestandenen Kassen hervorgegangen sind, unbedingte Anwendung. Dem entsprechend verordnet auch § 67 des Statuts der beklagten Kasse, daß die Mitgliedschaft der aus der Zeit vor dem 1. December 1884 verbliebenen freiwilligen Mitglieder gemäß § 8 Abs. 2 a. a. O., d. h. bei Nichtleistung der Beiträge an zwei aufeinander folgenden Zahlungsterminen erlischt. Da Kläger

---

[1]) Der Vorstand des Vereins Deutscher Kolportagebuchhändler zu Berlin frägt an: „ob ein Kolportagebuchhändler verpflichtet ist „Kolporteure", d. h. solche Angestellte, welche in seinem Auftrage Haus für Haus Bestellungen auf Bücher oder Waaren suchen, oder „Expedienten", d. h. solche Angestellte, die in seinem Auftrage die bestellten Bücher oder Waaren in den betreffenden Häusern gegen Kasse abliefern, gemäß den Bestimmungen des Reichskrankenkassengesetzes bei einer Krankenkasse anzumelden." A. d. H.

aber seit dem 1. December 1884 keinerlei Beiträge geleistet hat, so ist seine Mitgliedschaft jedenfalls bereits seit langer Zeit erloschen, sodaß er gegenwärtig keinen Anspruch auf Krankenunterstützung mehr erheben kann.

171. Berechnung der dreitägigen Karenzzeit.

Verf. vom 18. September 1886.

Bei der kürzlich abgehaltenen Kassen-Revision hat sich herausgestellt, daß bei der Bemessung der im § 6 Absatz 1 Nr. 2 des Krankenversicherungsgesetzes für den Bezug des Krankengeldes vorgeschriebenen dreitägigen Karenzzeit die Sonntage außer Berechnung gelassen worden sind, sodaß z. B. einem an einem Sonnabende erkrankten Mitgliede erst vom folgenden Mittwoch ab Krankengeld gezahlt worden ist. Dieses Verfahren ist nicht gerechtfertigt. Das Gesetz bestimmt nur, daß lediglich für Arbeitstage Krankengeld zu gewähren ist; dagegen umfaßt die in Rede stehende Karenzzeit nach dem klaren Wortlaut der betreffenden Vorschrift („vom dritten Tage — ab") nicht Arbeits-, sondern Kalendertage; es sind also auch Sonn- und Feiertage einzurechnen. In dem obigen Falle mußte daher schon vom Dienstag ab Krankengeld gezahlt werden. Wenn der dritte Tag nach dem Tage der Erkrankung wiederum auf einen Tag fällt, welcher nicht Arbeitstag ist, so beginnt natürlich die Zahlung des Krankengeldes erst an dem darauf folgenden Arbeitstage. Einem an einem Donnerstage erkrankten Mitgliede also ist, da der dritte Tag nach dem Tage der Erkrankung auf einen Sonntag fällt, erst vom Montag ab Krankengeld zu zahlen.

172. Haftung der Inhaber einer offenen Handelsgesellschaft für die Beiträge.

Entschg. vom 30. September 1886 i. S. E. w. Allgemeine Orts-Krankenkasse.

Gründe.

Kläger konnte die von ihm behauptete Abmeldung der Personen, für welche die Beiträge verlangt werden, nicht nachweisen; die Kassenbeiträge sind aber gemäß § 51 des Krankenversicherungsgesetzes so lange vom Arbeitgeber fortzuzahlen, bis die ordnungsmäßige Abmeldung erfolgt. Der fernere Einwand des Klägers, sein früherer Socius, der Mitinhaber der Firma E. & H. — von welcher Firma die in Rede stehenden Personen beschäftigt worden sind — sei zur Beitragszahlung mit heranzuziehen, ist unerheblich, da die Gesellschafter für alle Verbindlichkeiten der Gesellschaft solidarisch haften (§ 112 Abs. 1 Handelsgesetzbuch).

173. Verhältniß der Bau-Krankenkassen zu den Orts-Krankenkassen.

Verf. vom 5. October 1886.

Dem Tit. erwidern wir auf die gefällige Anfrage vom 28. v. M. ergebenst Folgendes. Im § 69 des Krankenversicherungsgesetzes ist lediglich eine Befugniß der höheren Verwaltungs-Behörden statuirt, für die in vorübergehenden Baubetrieben beschäftigten Personen die Errichtung von Bau-Krankenkassen anzuordnen. Wenn und so lange von dieser Befugniß kein Gebrauch gemacht wird, finden unseres Erachtens auf die Krankenversicherung der in solchen Betrieben beschäftigten Personen die allgemeinen gesetzlichen Bestimmungen Anwendung. Es kann nach unserem Dafürhalten keinem Bedenken unterliegen, daß im § 1 Abs. 1 a. a. O. unter „Bauten" sowohl ständige als auch vorübergehende zu verstehen sind und daß daher die in dem geehrten Schreiben erwähnten Arbeiter[1]) gemäß § 19 Abs. 2 a. a. O. ohne Weiteres Mitglieder der zuständigen Orts-Krankenkasse werden, sofern sie nicht nachweislich Mitglieder einer der übrigen im § 4 a. a. O. genannten Kassen geworden sind.

174. Ueberweisung in ein Krankenhaus.

Entschg. vom 19. October 1886 i. S. N. w. Orts-Krankenkasse der Maurer.

Gründe.

Kläger erlitt eine Quetschung des Fußes und meldete sich am 25. August krank. Am 30. August verordnete der Kassenarzt Dr. P. die Aufnahme des Klägers in ein Krankenhaus, welcher Verordnung Kläger nicht Folge leistete. Die Kasse erklärte sich demgemäß nur bereit, die Unterstützung bis incl. 30. August zu leisten.

Es war, wie geschehen, zu erkennen.

Nach den Angaben des Dr. P. ist die Ueberweisung in das Krankenhaus deswegen erfolgt, weil Kläger, trotzdem ihm die absoluteste Ruhe verordnet war, nach den eigenen Angaben seiner Ehefrau täglich $^1/_2$ Stunde im Zimmer auf und ab ging. Nach der Ansicht des Kassenarztes ist unbedingte Ruhe zur Heilung der Quetschung erforderlich gewesen, und durch Nichtbeachtung der Vorschrift hat Kläger die Heilung verzögert. Da die Verordnung der unbedingten Ruhe nur in einem Krankenhaus wirksam durchgeführt werden kann, so war die Ueberweisung in ein Krankenhaus gemäß § 7 Abs. 1 Nr. 1 des Krankenversicherungsgesetzes gerechtfertigt. Wenn Kläger dieser Ueberweisung keine Folge geleistet hat, so hat er auf die Gewährung anderweitiger Krankenunterstützung keinen Anspruch.

---

[1]) Es handelte sich um den Bau einer Wasserleitung. A. d. H.

175. Verfahren bei der Beitreibung von Kassenbeiträgen[1]).

Bericht vom 19. Oktober 1886.

Euer p. p. haben in dem ... Erlasse vom ..., welcher speziell in einer die Orts-Krankenkasse der Schmiede betreffenden Angelegenheit ergangen ist, die §§ 55 und 58 Absatz 1 des Kranken-Versicherungs-Gesetzes vom 15. Juni 1883 dahin ausgelegt, daß, sofern Seitens desjenigen, welcher von einer Orts-Krankenkasse ꝛc. zur Zahlung rückständiger Beiträge herangezogen wird, die Entscheidung der Aufsichtsbehörde angerufen und diese erlassen worden ist, die Beitreibung der betreffenden Beiträge erst dann erfolgen darf, wenn die Entscheidung der Aufsichtsbehörde unanfechtbar geworden ist.

Wir haben in dem erwähnten Einzelfalle der Anordnung Ew. p. p. gemäß weitere Zwangs-Vollstreckungen eingestellt. Nach nochmaliger Erwägung dieser für alle Krankenkassen hochwichtigen Angelegenheit vermögen wir jedoch den in Ew. p. p. ... Erlasse festgehaltenen Anschauungen nicht beizutreten und gestatten uns daher ..., im Nachfolgenden, indem wir von dem mehrerwähnten Einzelfalle absehen, Ew. p. p. unsere Bedenken und die Gründe für unsere gegentheilige Ansicht zu unterbreiten.

Unseres ... Dafürhaltens kann weder aus dem Wortlaute des § 55 cit., noch aus seiner Entstehungsgeschichte oder der ratio legis die Ansicht hergeleitet werden, daß jene Bestimmung sich nur auf den Modus der Beitreibung, nicht auch auf die Frage, unter welchen Voraussetzungen dieselbe stattfinden darf, bezieht. Was zunächst den Wortlaut anlangt, so spricht unseres Erachtens der Ausdruck „werden in derselben Weise beigetrieben, wie Gemeindeabgaben" dafür, daß alle Vorschriften über die Beitreibung von Gemeindeabgaben, natürlich soweit nicht das gegenwärtige Gesetz abweichende Normen enthält, Anwendung finden sollen. Für diese Auslegung, wonach also § 55 cit. nicht nur formelle Vorschriften über die Organe der Zwangsvollstreckung und das Verfahren bei dieser selbst betrifft, dürfte auch der zweite Satz des § 55 ins Gewicht fallen, welcher unzweifelhaft Anordnungen materiell-rechtlicher Natur — über die Konkursprivilegien rückständiger Beiträge — trifft.

Die Vorschrift des § 55 ist unseres Erachtens der Ausfluß eines Prinzips, welches seinen Ausdruck in gleichartigen Vorschriften anderer Gesetze gefunden hat, nämlich des Prinzips, daß gewisse Korporationen des öffentlichen Rechts, welche dem Staate gegenüber zur Erfüllung ihres Zweckes verpflichtet sind, hinsichtlich der Beschaffung der Grund-

---

[1]) Vgl. Heft I, Nr. 136. A. d. H.

bedingungen ihrer Existenz, d. h. hinsichtlich der Beitreibung ihrer Beiträge, ein weitgehendes Privileg gegenüber anderen juristischen und physischen Personen genießen sollen, und daß ihnen zu diesem Behufe das wohl nach fast allen Deutschen Partikularrechten den Gemeinden ebenso, wie dem Staate zukommende Vorrecht, die rückständigen Beiträge — Steuern — ohne Rücksicht auf erhobene Einsprüche, Beschwerden oder Klagen im Wege des Verwaltungszwangsverfahrens beitreiben zu lassen, zu Theil werden soll. Daß speziell in Preußen hinsichtlich der Gemeinde-Abgaben der erwähnte Rechtssatz gilt, bedarf wohl keiner näheren Darlegung. Wir gestatten uns in dieser Hinsicht auf §§ 78, 79, 80 A.L.R. II, 14, § 18 Absatz 5 des Gesetzes über die Zuständigkeit der Verwaltungs- und Verwaltungsgerichtsbehörden, das Erkenntniß des Königlichen Gerichtshofes zur Entscheidung der Kompetenz-Konflikte vom 11. November 1876 (Ministerialblatt der inneren Verwaltung S. 276) und das Urtheil des Königlichen Oberverwaltungsgerichts vom 9. Februar 1880 (Entscheidungen Band 6 S. 131), sowie speziell für Berlin auf § 17 Absatz 3 des Regulativs betreffend die Erhebung der Gemeinde-Einkommensteuer vom 26./27. März 1886 hinzuweisen.

Dem oben erwähnten Prinzip entsprechend bestimmt nun der nach § 74 Absatz 5 des Krankenversicherungs-Gesetzes für die Knappschafts-Krankenkassen noch in Kraft gebliebene § 177 des Allgemeinen Berggesetzes für die Preußischen Staaten vom 24. Juni 1865:

„Alle Beiträge zur Knappschaftskasse, wie zu den Krankenkassen können, auf vorgängige Festsetzung durch das Oberbergamt, im Wege der Verwaltungsexekution eingezogen werden.

Durch Beschreitung des Rechtsweges wird die Exekution nicht aufgehalten."

Es sei ferner auf den jetzt aufgehobenen § 14 Absatz 3 des Reichsgesetzes über die eingeschriebenen Hülfskassen vom 7. April 1876 hingewiesen, welcher besagt:

„Rückständige Zahlungen von Mitgliedern und deren Arbeitgebern können für diese Kassen (scil. mit Beitrittszwang) unter Vorbehalt richterlicher Entscheidung im Verwaltungswege eingezogen werden."

Die Motive bemerken hierzu:

„Durch Absatz 3 endlich soll den Kassen die im Interesse der Verwaltung nothwendige rasche Befriedigung ihrer Ansprüche gesichert werden. Indem dabei gegen die Verfügungen der Verwaltungsbehörde, wenngleich ohne aufschiebende Wirkung, der Rechtsweg gestattet ist, werden auch die Mitglieder der Kasse gegen unbegründete Ansprüche geschützt."

§ 100b Absatz 3 der Gewerbe-Ordnung besagt:

„Die auf Grund des Innungsstatuts oder der Nebenstatuten (§ 98c) umgelegten Beiträge — werden nach Antrag des Innungsvorstandes auf dem für die Beitreibung der Gemeindeabgaben landesrechtlich vorgesehenen Wege zwangsweise eingezogen. Ueber die Verpflichtung zur Zahlung der Beiträge findet, unbeschadet der vorläufigen Einziehung, der Rechtsweg statt."

Endlich sei noch der Vorschriften des Unfallversicherungsgesetzes vom 6. Juli 1884 gedacht.

Hier heißt es in § 73 Absatz 1:

„Die Mitglieder der Genossenschaften können gegen die Feststellung ihrer Beiträge binnen zwei Wochen nach Zustellung des Auszuges aus der Heberolle unbeschadet der Verpflichtung zur vorläufigen Zahlung Widerspruch bei dem Genossenschaftsvorstande erheben."

Ferner bestimmt § 74 Absatz 1:

„Rückständige Beiträge — werden in derselben Weise beigetrieben, wie Gemeindeabgaben.

Die Motive zu letzterer Bestimmung führen aus:

„Das öffentliche Interesse an der Unfallversicherung und der Charakter der Unfallversicherungsgenossenschaften als öffentlicher Korporationen rechtfertigt es, für Rückstände an Beiträgen — die Zwangsbeitreibung im Verwaltungswege zuzulassen[1])."

Die hier erwähnten Vorschriften gewähren also den bezeichneten öffentlichen Korporationen theilweise mit denselben Wendungen, wie § 55, das erläuterte charakteristische Privileg der Gemeinden. Sollte es nun in der That beabsichtigt gewesen sein, den Orts-, Betriebs-, Bau- und Innungs-Krankenkassen dieses Privileg nicht zu Theil werden zu lassen, obwohl genau dieselben Gründe für seine Gewährung hier wie dort vorliegen? Es würde dies z. B. zu dem sonderbaren Resultat führen, daß die Knappschaftskassen, für welche, wie erwähnt, nicht § 55 cit., sondern § 177 des Allgemeinen Berggesetzes gilt, in dieser Hinsicht weit günstiger gestellt wären, als die in demselben Gesetze anerkannten gleichartigen öffentlich-rechtlichen Korporationen. Daß aber auch diese eines derartigen Privilegs in demselben Grade bedürftig sind, möchte keinem Bedenken unterliegen. Der Staat hat ein hohes Interesse an der Fortdauer und dem ordnungsmäßigen Funktioniren der Orts-Krankenkassen ꝛc. Mit diesem Interesse würde unseres Erachtens die von Ew. p. p. gebilligte Auffassung in Kollision gerathen. Denn hiernach wäre es denkbar und

---

[1]) Vgl. ferner noch § 82 Absatz 2 des Gesetzes, betr. die Unfall- und Krankenversicherung der in land- und forstwirthschaftlichen Betrieben beschäftigten Personen vom 5. Mai 1886, § 26 Absatz 1 des Gesetzes, betr. die Unfallverversicherung der bei Bauten beschäftigten Personen vom 11. Juli 1887, § 83 Absatz 1 des Gesetzes, betr. die Unfallversicherung der Seeleute ꝛc. vom 13. Juli 1887. A. d. H.

möglich, daß eine Orts-Krankenkasse ꝛc. durch eine Koalition der Arbeitgeber oder Mitglieder ruinirt werden könnte. Es brauchten eben nur zahlreiche Schuldner in Folge Verabredung gegen die Beitragszahlung zu reklamiren; dann würde die Kasse bis zur rechtskräftigen Entscheidung der Streitfälle durch alle Instanzen Monate lang einen großen Theil der Beiträge entbehren müssen und so leicht in die Lage kommen, ihre Zahlungsverbindlichkeiten nicht erfüllen zu können. Einen derartigen Zustand wollte der Gesetzgeber in der Staats- und Kommunalverwaltung, sowie bei den oben erwähnten Korporationen vermeiden; sollte dies nicht auch seine Absicht hinsichtlich der Orts-Krankenkassen ꝛc. gewesen sein? Der Wortlaut des § 55 steht dem, wie wir oben zu zeigen versucht haben, nicht im Wege; alle übrigen Momente aber scheinen uns dafür zu sprechen.

Es könnte nun noch in Frage kommen, ob der hier vertretenen Auffassung nicht die Vorschrift des § 58 Absatz 1 des Krankenversicherungsgesetzes widerspricht, wonach die Entscheidung der Aufsichtsbehörde, soweit sie Unterstützungsansprüche betrifft, vorläufig vollstreckbar ist. Diese Frage ist unseres Erachtens zu verneinen. Die Aufsichtsbehörde und eventuell die Gerichte haben nach § 58 Absatz 1 cit., soweit er hier in Betracht kommt, über die Verpflichtung zur Leistung oder Einzahlung von Beiträgen zu entscheiden. Hieraus ist unseres Erachtens zu entnehmen, daß die Vorschriften des § 55, wenn man ihm die von uns erläuterte Deutung giebt, und die des § 58 durchaus nicht kollidiren, sondern unabhängig neben einander hergehen. Das Beitreibungsverfahren regelt sich nach § 55, d. h. es geht weiter, mögen Einwendungen erhoben sein oder nicht; die Aufsichtsbehörde dagegen entscheidet unabhängig hiervon, ob eine Verpflichtung zur Leistung oder Einzahlung von Beiträgen vorliegt. Erkennt sie eine solche Verpflichtung nicht an, so wird sie eventuell die Kasse zur Zurückzahlung des bereits Beigetriebenen anhalten müssen, und diese Entscheidung würde dann allerdings nicht vorläufig, sondern erst nach Ablauf der Rechtsmittelfrist, bez. nach Bestätigung durch das Gericht vollstreckbar sein. Die Vorschrift des § 58 über die vorläufige Vollstreckbarkeit ist also durchaus nicht bedeutungslos. Erkennt dagegen die Aufsichtsbehörde die bestrittene Verpflichtung als vorhanden an, so spricht sie dies, aber eben nur dies, in ihrer Entscheidung aus; auch diese Entscheidung ist nicht vorläufig vollstreckbar, da sie eben nur präjudizirlicher Natur ist. Die Beitreibung erfolgt auch gar nicht auf Grund dieser Entscheidung, sondern in einem besonderen Verfahren. Der mit seinem Einspruche zurückgewiesene Schuldner kann dann je nach Lage der Sache seinen Klageantrag entweder auf Feststellung des Nichtvorhandenseins seiner Verpflichtung oder auf Rückzahlung des bereits Beigetriebenen richten, eventuell noch im Laufe des Rechtsstreites gemäß § 240 No. 3 der Civilprozeßordnung modifiziren. Ein Widerspruch zwischen den §§ 55 und 58 ist nicht vorhanden, und es steht also auch in dieser Hinsicht der durch alle anderen Momente gebotenen Auslegung des § 55 kein Hinderniß entgegen.

Wir gestatten uns noch hervorzuheben, daß, wenn man der gegentheiligen Auffassung folgt, gemäß der im Uebrigen durch § 55 erfolgten Gleichstellung der Beiträge mit den Gemeindeabgaben, und weil der bloßen Berufung auf die Entscheidung der Aufsichtsbehörde aufschiebende Wirkung nicht beigelegt worden ist, angenommen werden müßte, bis zum Erlaß der Entscheidung der Aufsichtsbehörde nehme die Beitreibung trotz aller Einwendungen ihren Fortgang und erst mit dem Erlaß der für die Kasse günstigen Entscheidung trete eine Hemmung ein; dieses Resultat dürfte wohl den Intentionen des Gesetzgebers kaum entsprechen.

Nach Vorstehendem bitten wir Ew. p. p. . . .: die erörterte hochwichtige Frage nochmals hochgeneigtester Erwägung unterziehen zu wollen . . . . . .

Falls entgegen unserer Auffassung befunden werden sollte, daß die gegenwärtige Fassung des Gesetzes eine andere Deutung als die in Ew. p. p. . . . Erlasse enthaltene, nicht zuläßt, so würden wir im Interesse der gesicherten Existenz der Kassen eine baldige Abänderung des Gesetzes für absolut geboten erachten, und zwar etwa dergestalt, daß zu § 55 folgender Zusatz gemacht wird:

„Die Beitreibung wird durch die Anrufung der Aufsichtsbehörde, sowie durch die Beschreitung des Rechtsweges (§ 58 Absatz 1) nicht aufgehalten."

und im § 58 Absatz 1 am Ende hinzugefügt wird:

„Unbeschadet der Vorschrift des § 55"[1]).

---

[1]) Der hierauf ergangene Erlaß des Herrn Oberpräsidenten vom 10. Dezember 1886 lautet:

„Dem Magistrat erwidere ich auf den gefälligen Bericht vom 19. October d. J. betreffend die Auslegung der §§ 55 und 58 Absatz 1 des Krankenversicherungsgesetzes ergebenst, daß ich nach nochmaliger Erwägung dieser Angelegenheit der dortseitigen Auffassung beitrete.

Den obigen Bericht habe ich dem Herrn Minister für Handel und Gewerbe zur Kenntnißnahme vorgelegt, welcher mittelst Erlaß vom 3. d. Mts. sich dahin ausgesprochen hat, daß die von Wohldemselben über die Auslegung dieser Paragraphen vorgetragenen Zweifel allerdings eine klarere Wortfassung der gedachten Gesetzesstellen wünschenswerth erscheinen lassen, und daß bei einer demnächstigen Revision des Gesetzes entsprechende Vorschläge gemacht werden würden." A. d. H.

176. Gewährung von Heilmitteln. Begriff der durch Krankheit verursachten Erwerbsunfähigkeit.

Entschg. vom 23. October 1886 i. S. K. w. Allgemeine Orts-Krankenkasse.

Gründe.

Kläger hat sich seiner Zeit auf eigene Kosten einen künstlichen Fuß anfertigen lassen. Der künstliche Fuß ist schadhaft geworden, und Kläger verlangt von der Kasse Tragung der Reparatur-Kosten. Die Weigerung der Kasse ist begründet. Nach § 12 Nr. 3 des Kassenstatuts (§ 6 Abs. 1 Nr. 1 des Krankenversicherungsgesetzes) ist die Kasse zur Gewährung von Brillen, Bruchbändern und ähnlichen Heilmitteln verpflichtet. Der Begriff des Heilmittels setzt einen krankhaften Zustand voraus, welcher durch das Mittel geheilt werden soll. In diesem Sinne ist ein künstlicher Fuß zweifellos kein Heilmittel. Wenn Kläger ferner einwendet, die Reparaturbedürftigkeit des qu. Fußes sei einer Krankheit, bezw. Erwerbsunfähigkeit gleichzuachten, so ist dieser Einwand keineswegs begründet. Krankheit ist ein pathologischer Proceß und war hier nur zu der Zeit vorhanden, als Kläger den Fuß brach und sich einer Amputation unterziehen mußte. Sobald die Heilung vollzogen war, hörte auch die Krankheit auf. Wenn Kläger durch den Mangel, bezw. die Reparaturbedürftigkeit des künstlichen Fußes erwerbsunfähig ist, bezw. wird, so ist er nicht durch Krankheit erwerbsunfähig, sondern eben nur in Folge des Fehlens eines künstlichen Gliedes, zu dessen Beschaffung die Kasse nicht verpflichtet ist, da sie in ihrem Kassenstatut über die in § 6 Abs. 1 Nr. 1 des Krankenversicherungsgesetzes bezeichneten Leistungen nicht hinausgegangen ist. Kläger war somit mit seinem Anspruche abzuweisen.

177. Gewährung von Unterstützung neben der Krankenhauspflege.

Entschg. vom 28. October 1886 i. S. K. w. Orts-Krankenkasse der Maler.

Gründe.

Kläger ist in der Zeit vom 20. September bis 9. October cr. auf Kosten der beklagten Kasse in einem Krankenhause verpflegt worden und beansprucht für diese Zeit das halbe Krankengeld, da er den Unterhalt eines Kindes bisher von seinem Arbeitsverdienste bestritten habe. Die Beklagte weigert die Zahlung lediglich aus dem Grunde, weil die Unterstützung in Höhe des halben Krankengeldes neben der Krankenhauspflege nur verheiratheten Mitgliedern zukomme, Kläger aber nicht verheirathet sei. Diese Ansicht der Beklagten ist durchaus irrig, da nach § 7 Abs. 2 des Krankenversicherungsgesetzes die fragliche Unterstützung allen Mitgliedern zu gewähren ist, welche den Unterhalt Angehöriger aus ihrem Arbeitsverdienste bestritten haben. Wie Beklagte nicht leugnet, bestreitet nun Kläger aus seinem Arbeitsverdienste den Unterhalt eines Kindes, das zwar unehelich geboren, aber auf Grund der §§ 601 ff. A.L.R. II, 2 und des Allerh. Erl. v. 25. April 1870 durch Rescript des Justizministers d. d. 25. Januar 1883 legitimirt worden ist. Durch diese Legitimation hat das Kind dem Vater gegenüber die Rechte eines ehelichen erhalten (§§ 601, 603 A.L.R. II, 2) und ist daher als „Angehöriger" im Sinne des § 7 Abs. 2 des Krankenversicherungsgesetzes zu betrachten.

178. Verhältniß der Krankenkassen zu den Armenverbänden.

Rundschreiben vom 4. November 1886.

Gemäß §§ 57 Absatz 1 und 2, 65 Absatz 5, 72 Absatz 3 und 73 Absatz 1 des Gesetzes betreffend die Krankenversicherung der Arbeiter vom 15. Juni 1883 geht, falls ein Armenverband auf Grund seiner gesetzlichen Verpflichtung eine hülfsbedürftige Person für einen Zeitraum unterstützt hat, für welchen derselben auf Grund jenes Gesetzes, ein Unterstützungsanspruch gegen eine Orts-, Betriebs- (Fabrik-), Bau- oder Innungs-Krankenkasse zusteht, dieser Anspruch im Betrage der geleisteten Unterstützung auf den Armenverband über.

Gegen die auf Grund dieser Vorschrift erhobenen Ansprüche der hiesigen Armen-Direktion, welche Hülfsbedürftigen Krankenhauspflege gewährt hatte, ist wiederholt Seitens der Kassenvorstände der Einwand erhoben worden, daß die Aufnahme in das Krankenhaus zuwider den statutarischen Vorschriften ohne Zuziehung des Kassenarztes und ohne Anordnung des Vorstandes erfolgt sei, demnach ein Ersatzanspruch des Armenverbandes nicht bestehe. In Uebereinstimmung mit der von uns stets festgehaltenen Auffassung hat nun das Königliche Oberverwaltungsgericht in dem Urtheil vom 25. März 1886 (Entscheidungen Band 13, S. 374) obigen Einwand für unbegründet erklärt und ausgeführt, daß es lediglich darauf ankomme, ob der betreffende Armenverband der ihm gesetzlich obliegenden Pflicht zur Unterstützung einer hilfsbedürftigen Person genügt habe, daß er aber hierbei an die formellen Vorschriften des Kassenstatuts über die Gewährung der Krankenhauspflege nicht gebunden sei, vielmehr seine Pflicht zur vorläufigen Fürsorge nur mit seinen eigenen Mitteln und auf diejenige Weise, auf die er überhaupt Armenpflege übe, erfüllen könne. Der Armenverband wurde demgemäß trotz jenes Einwandes für berechtigt erklärt, in Höhe der ihm erwachsenen Kosten und bis zur Höhe des dem Verpflegten an sich gegen die Kasse zustehenden Unterstützungsanspruches nach Maßgabe des § 57 Abs. 5 a. a. O. Ersatz zu verlangen.

Indem wir die Vorstände hiervon in Kenntniß setzen, sprechen wir die Erwartung aus, daß dieselben vorkommenden Falls von der Erhebung jenes nicht stichhaltigen Einwandes Abstand nehmen und dadurch die von ihnen vertretenen Kassen vor der Belastung mit oft nicht unerheblichen Prozeßkosten bewahren werden.

179. Gewährung von Krankengeld neben der Krankenhauspflege.

Verf. vom 5. November 1886.

Bei der . . . stattgehabten Revision der dortigen Kasse hat sich herausgestellt, daß das Krankengeld an Angehörige gemäß § 7 Abs. 2 des Krankenversicherungsgesetzes schon vom ersten Tage der Aufnahme ins Krankenhaus an gezahlt wird. Wir machen den Vorstand darauf aufmerksam, daß auch bei Auszahlung dieses Krankengeldes die dreitägige Karenzzeit beobachtet werden muß, falls natürlich das Mitglied nicht schon vor Aufnahme in das Krankenhaus drei oder mehr Tage krank gewesen ist, also die Karenzzeit bereits durchgemacht hat . . . . .

180. Begriff der „Beendigung des Arbeitsverhältnisses" im § 49 Absatz 1.

Verf. vom 25. November 1886.

Der Fabrikant H. hatte seinen Betrieb von Berlin nach Z. verlegt und es unterlassen, den Arbeiter S., welcher in Z. weiter bei ihm arbeitete, bei der zuständigen Berliner Orts-Krankenkasse abzumelden. Auf die Anfrage des Vorstandes, ob unter solchen Umständen H. gemäß § 51 des Krankenversicherungsgesetzes zur Weiterzahlung der Beiträge für S. verpflichtet sei, erging folgender Bescheid:

„. . . . . daß unseres Erachtens die gestellte Frage zu bejahen ist. Im vorliegenden Falle ist das „Arbeitsverhältniß" beendigt und nur der „Arbeitsvertrag" zwischen H. und S. dauert fort. Beide Begriffe sind durchaus nicht identisch. Der Arbeitsvertrag ist der weitere, das Arbeitsverhältniß der engere Begriff. Zu ersterem muß noch etwas hinzutreten, um die An- und Abmeldepflicht zu begründen:

1. das thatsächliche Arbeiten,
2. das lokale Verhältniß, das Arbeiten an einem bestimmten Orte, das gerade erst dies Arbeitsverhältniß, soweit es hier in Betracht kommt, charakterisirt und die Zuständigkeit einer bestimmten Kasse begründet.

Dieses Arbeitsverhältniß hat durch die Verlegung des Betriebes nach Z. und das Verbleiben des S. in dem Betriebe sein Ende erreicht, und H. mußte daher gemäß § 45 Abs. 1 a. a. O. den S. bei der hiesigen Kasse abmelden."

181. Umfang der Orts-Krankenkassen.

Entschg. vom 3. Dezember 1886 i. S. P. w. Orts-Krankenkasse der Maurer.

Gründe.

Beklagte verweigert nur deswegen die Gewährung der Unterstützung, weil Kläger auf einem Bau von einem Kaufmann beschäftigt worden sei, welcher das Bauen nicht gewerbsmäßig, sondern auf eigene Rechnung betreibe. Der Einwand der Kasse ist unbegründet. Für die Frage der Versicherungspflicht einer Person kommt es nicht darauf an, von wem dieselbe beschäftigt wird, sondern in welchem Betriebe (§ 1 des Krankenversicherungsgesetzes), wie denn auch § 19 Abs. 2 bestimmt, daß die in den betreffenden Gewerbszweigen oder Betriebsarten beschäftigten Personen mit dem Tage, an welchem sie in die Beschäftigung eintreten, Mitglieder der Kasse werden. Hieran kann auch der Umstand Nichts ändern, daß der § 2 des Kassenstatuts bestimmt: Mitglieder der Kasse sind alle von Gewerbetreibenden des in § 1 bezeichneten Gewerbes beschäftigten Personen, denn diese Statuten-Bestimmung ist lediglich nach Maßgabe der § 19 Absatz 1 und 2 des Krankenversicherungsgesetzes zu interpretiren.

182. Vertretung der Arbeitgeber in der General-Versammlung.

Verf. vom 24. Dezember 1886.

Auf Ihre Beschwerde .... erwidern wir Ihnen, daß der § 46 Abs. 2 des Statuts, wonach ein Stimmrecht nur von Arbeitgebern ausgeübt werden kann, welche selbst stimmberechtigte Mitglieder beschäftigen, nicht mit § 38 des Krankenversicherungsgesetzes in Widerspruch steht, wonach die Arbeitgeber nur schlechthin einen Anspruch auf Vertretung in der General-Versammlung haben, die Anzahl der Stimmen aber ausdrücklich auf höchstens $^1/_3$ sämmtlicher Stimmen beschränkt ist. Demgemäß steht es den einzelnen Kassen frei, in welcher Weise sie das Stimmenverhältniß innerhalb des gesetzlichen Rahmens regeln wollen.

183. Gewährung der Krankenunterstützung. Nachweis der Erwerbsunfähigkeit.

Entschg. vom 5. Januar 1887 i. S. N. w. Orts-Krankenkasse der Maurer.

Gründe.

Kläger behauptet, am 5. August pr. in dem Betriebe des Maurermeisters D. verunglückt und seit dieser Zeit erwerbsunfähig gewesen zu sein. Die beklagte Kasse will von dem Unfalle erst durch die vorliegende Beschwerde des Klägers Kenntniß erhalten haben und verweigert die Gewährung der Unterstützung. Die Weigerung der Kasse muß als begründet erscheinen. Zunächst hat Kläger nicht beweisen können, daß er thatsächlich am 5. August pr. im Betriebe des D. verunglückt ist. D. hat gar keine Kenntniß von dem angeblichen Unfalle erhalten, und der Maurerpolier G. weiß von dem Unfalle nur aus dem eigenen Munde des Klägers. Die Aussagen zweier Zeugen, wonach Kläger „von Anfang August monatelang krank und erwerbsunfähig an einem Knieleiden zu Hause gelegen hat", können einen Beweis für die vom Kläger behaupteten Voraussetzungen seiner Unterstützungs-Berechtigung nicht erbringen. Wenn Kläger wegen dieser mangelhaften Beweisführung abgewiesen wird, so hat er sich das selbst zuzuschreiben, und zwar deswegen, weil er sich nicht gleich nach Eintritt des Unfalls bei der Kasse gemeldet hat. Nach der nicht erwiesenen Angabe der Ehefrau hätte die Kasse Mitte September pr. von dem angeblichen Unfalle Kenntniß erhalten. Es muß aber verlangt werden, daß die Kasse sofort von der durch Krankheit eingetretenen Erwerbsunfähigkeit Kenntniß erhält, damit sie in der Lage ist, geeignete Maßregeln für die alsbaldige Heilung des Kranken zu treffen und zu kontroliren, ob nicht Kläger durch sein Verhalten die Heilung verzögert. Nach der eigenen Angabe der Ehefrau hat Kläger sechs Wochen lang ohne ärztliche Behandlung zugebracht, und man dürfte mit der Annahme nicht fehlgehen, daß gerade durch diesen Umstand die Heilung verzögert worden ist. Selbst wenn man also annehmen wollte, daß Kläger den Beweis für seine Behauptungen geführt hat, so war doch nicht zu einer Verurtheilung der Kasse zu gelangen.

184. Anmeldung ohne thatsächliche Beschäftigung gegen Lohn.

Entschg. v. 15. Januar 1887 i. S. B. w. Orts-Krankenkasse der Weber.

Gründe.

Klägerin ist vor etwa zwei Monaten von dem Weber B. als in seiner Betriebsstätte gegen Lohn beschäftigt bei der beklagten Kasse angemeldet und seitdem als versicherungspflichtiges Mitglied geführt worden. Sie beantragt nunmehr Gewährung von Wöchnerinnen-Unterstützung wegen ihrer am 21. December erfolgten außerehelichen Entbindung.

Nach Lage der Sache kann aber nicht für erwiesen erachtet werden, daß eine versicherungspflichtige Beschäftigung der Klägerin bei B. stattgefunden hat. Die Klägerin ist, wie ihre Schwester bekundet, die „Braut" des B., wohnt mit demselben seit mehreren Jahren zusammen, führt ihm die Wirthschaft und hat nach jener Bekundung mit Hilfe einer ihr gehörigen Nähmaschine bis zum November v. J.

Tricottaillen genäht. Die Schwester der Klägerin hat weiter ausgesagt, daß dieselbe seit dem November v. J. dem B. bei der Spulerei und beim Ruthenziehen geholfen habe; ob hierfür Lohn gewährt worden sei, wisse sie nicht. Diese letztere Aussage erscheint deshalb nicht glaubwürdig, weil die Zeugin nach der Bekundung des Kassenführers K. diesem erklärt hat, ihre Schwester arbeite gar nicht bei B., sie sei dessen Braut und arbeite auf ihrer eigenen Nähmaschine. Aber selbst wenn man als wahr annimmt, daß Klägerin dem B. bei seinem Gewerbebetriebe „geholfen habe", so ist dadurch eine Beschäftigung gegen Lohn nicht im entferntesten erwiesen und erscheint auch nach Lage der Verhältnisse höchst unwahrscheinlich. Vielmehr liegt der Verdacht nicht fern, daß die Anmeldung lediglich erfolgt sei, um der damals schon hochschwangeren Klägerin durch geringe Beitragszahlung die bei weitem höhere Wöchnerinnen-Unterstützung zu sichern.

Da aber eine Anmeldung ohne thatsächliche Beschäftigung gegen Lohn nach §§ 19 Absatz 2, 49 des Krankenversicherungsgesetzes die Mitgliedschaft der beklagten Kasse nicht begründet, so ist Klägerin überhaupt nicht Mitglied geworden und war daher mit ihren Ansprüchen abzuweisen.

Die für die Klägerin erhobenen Beiträge wird die Beklagte an den Einzahler zurückzugewähren haben.

185. Anspruch auf Krankengeld neben der Krankenhauspflege.

Entschg. vom 28. Januar 1887 i. S. B. w. Orts-Krankenkasse der Gürtler.

Gründe.

Kläger verlangt das statutenmäßige Krankengeld (§ 7 Abs. 2 des Krankenversicherungsgesetzes) für die Zeit seiner Verpflegung in einer Heilanstalt. Kläger hatte nach Aussage seiner Mutter einen wöchentlichen Verdienst von 9 Mark, welchen er regelmäßig ganz seiner Mutter abgab. Selbst die Richtigkeit dieser Angaben vorausgesetzt, kann doch dem Kläger ein Anspruch auf Krankengeld neben der Krankenhauspflege nicht zuerkannt werden. § 7 Abs. 2 a. a. O. macht den Anspruch auf dieses Krankengeld abhängig von dem Umstande, daß der Verpflegte Angehörige hat, deren Unterhalt er bisher aus seinem Arbeitsverdienste bestritten hat. Wenn nun Kläger 9 Mark wöchentlich verdient hat, so muß man annehmen, daß dieser Verdienst, wenn er denselben auch seiner Mutter ganz überwiesen hat, doch zum größten Theile zu seinem eigenen Unterhalt wieder verwendet worden ist, so daß der Unterhalt seiner Mutter aus diesem Verdienst vielleicht gar nicht oder doch nur zu einem sehr geringen Theile bestritten worden ist. Die Voraussetzung des § 7 Abs. 2

hat aber den Sinn, daß der Unterhalt der Angehörigen aus dem Arbeitsverdienste wenn auch nicht vollständig, so doch zum größten Theile bestritten werden muß (cf. v. Woedtke, Krankenversicherungsgesetz, III. Aufl. S. 78).

186. Ausscheiden aus der die Mitgliedschaft begründenden Beschäftigung.

Entschg. vom 1. Februar 1887 i. S. S. w. Orts-Krankenkasse für den Gewerbebetrieb der Kaufleute 2c.

Gründe.

Es ist unbestritten, daß Kläger Ende October 1885 aus der seine zwangsweise Mitgliedschaft bei der beklagten Kasse begründenden Beschäftigung bei R. M. ausgeschieden ist und weder innerhalb einer Woche nach seinem Ausscheiden die Absicht, Mitglied zu bleiben, dem Vorstande erklärt, noch am nächsten Fälligkeitstermin die vollen Kassenbeiträge entrichtet hat. Hiernach ist die Mitgliedschaft des Klägers am 31. October 1885 erloschen (§ 27 des Krankenversicherungsgesetzes). Es ist in dieser Beziehung völlig unerheblich, daß M., weil er die Abmeldung des Klägers beim Kassenvorstand unterlassen hat, die Beiträge gemäß § 51 a. a. O. noch längere Zeit fortbezahlen mußte, denn diese dem M. zur Strafe für die unterlassene Abmeldung auferlegte Verpflichtung hat auf die Wahrung der Mitgliedschaft des Klägers, welche durch das Ausscheiden aus der Beschäftigung bei M. unabhängig von der Abmeldung erlosch, keinen Einfluß.

Da ferner zur Zeit der Erkrankung des Klägers auch die im § 28 a. a. O. für die Unterstützung Erwerbsloser festgesetzte Frist verstrichen war, so mußte sein Anspruch auf Krankenunterstützung abgewiesen werden.

187. Begriff des stehenden Gewerbebetriebes.

Entschg. vom 8. Februar 1887 i. S. J. w. Orts-Krankenkasse f. d. Gewerbebetrieb der Kaufleute 2c.

Gründe.

Die polizeilichen Ermittelungen haben ergeben, daß Kläger in Gemeinschaft mit seinem Bruder ein Seidenwaarengeschäft in E. betreibt und daß beide Inhaber sich von Zeit zu Zeit in Berlin aufhalten und ihre hiesigen Kunden Behufs Ertheilung von Bestellungen aufsuchen. Der jetzige Steinträger K. nun ist nach seiner Bekundung vom Kläger hierselbst vom 10. November 1885 bis gegen Neujahr 1886 gegen Lohn damit beschäftigt worden, ihm beim Besuch der hiesigen Kunden die Musterkoffer nachzutragen, sowie Muster und Proben den Kunden zu überbringen. Nun qualifizirt sich aber das Aufsuchen von Bestellungen Seitens des Klägers außerhalb des Ortes seiner gewerblichen Niederlassung begrifflich, wenn auch nicht in Beziehung auf die Steuer (§§ 1, 2 Nr. 1 Ges. vom 3. Juli 1876), als Gewerbebetrieb im Umherziehen, wie aus §§ 55, 44 der Gewerbe-Ordnung für das Deutsche Reich hervorgeht. Da hiernach K. nicht im stehenden Gewerbebetriebe beschäftigt war (§ 1 Abs. 1 Nr. 2 des Krankenversicherungsgesetzes) und auch keine der anderen im § 1 cit. genannten Kategorien zutrifft, so unterlag er nicht dem Versicherungszwange, und es kann daher Kläger gemäß § 51 a. a. O. nicht zur Beitragszahlung für K. herangezogen werden. Demgemäß mußte der vom Kläger erhobene Einspruch gegen seine Heranziehung von Beiträgen für gerechtfertigt erachtet werden.

188. Wöchnerinnen-Unterstützung.

Entschg. vom 17. Februar 1887 i. S. L. w. Orts-Krankenkasse der Schneider.

Gründe.

Die beklagte Kasse hat der Klägerin, welche Wöchnerinnen-Unterstützung bezieht, dieselbe erst vom dritten Tage nach dem Tage der Entbindung ab gezahlt. Der Anspruch der Klägerin auf Nachzahlung des Geldes für die ersten drei Tage kann nicht für begründet erachtet werden.

Nachdem im § 20 Abs. 1 Nr. 1 des Krankenversicherungsgesetzes bestimmt ist, daß die Orts-Krankenkassen eine Krankenunterstützung gewähren müssen, welche nach §§ 6, 7, 8 zu bemessen ist, wird in Nr. 2 a. a. O. eine gleiche Unterstützung für Wöchnerinnen auf die Dauer von drei Wochen nach ihrer Niederkunft angeordnet. Der Wortlaut dieser Vorschriften läßt keinen Zweifel darüber, daß auch auf die Wöchnerinnen-Unterstützung die in den §§ 6—8 enthaltenen speziellen Vorschriften Anwendung finden sollen; zu diesen aber gehört die im § 6 Abs. 1 Nr. 2 vorgeschriebene dreitägige Karenzzeit. Vgl. v. Woedtke, Kommentar, 3. Aufl., S. 114, Anm. 6 zu § 20 cit. Die im § 20 Abs. 1 Nr. 2 enthaltene Zeitbestimmung bezieht sich also, ebenso wie die des § 6 Abs. 2, lediglich auf den Zeitpunkt des Aufhörens der Unterstützung. Der klaren gesetzlichen Bestimmung gegenüber kann die vielleicht für eine etwaige Abänderung des Gesetzes beachtenswerthe Erwägung nicht in Betracht kommen, daß die dreitägige Karenzzeit hauptsächlich einen Schutz gegen Simulation gewähren soll, ein solcher Schutz aber bei Entbindungen nach Lage der Sache nicht geboten ist.

Hiernach war der klägerische Anspruch abzuweisen.

189. Wöchnerinnen-Unterstützung.

Entschg. vom 26. Februar 1887 i. S. P. w. die Orts-Krankenkasse der Schuhmacher.

Gründe.

Klägerin ist am 24. November 1886 in hochschwangerem Zustande auf Grund des § 19 Abs. 3 des Krankenversicherungsgesetzes (§ 4 des Kassenstatuts) freiwilliges Mitglied der Beklagten geworden. Die in Folge ihrer am 1. Januar 1887 stattgehabten Entbindung beanspruchte Wöchnerinnen-Unterstützung wird von der Beklagten verweigert.

Es war nach dem Klageantrag zu erkennen.

Zu Unrecht stützt die Beklagte ihre Weigerung auf die Vorschrift des § 19 Abs. 3 cit., wonach der Beitritt freiwilliger Mitglieder keinen Anspruch auf Unterstützung im Falle einer bereits zur Zeit der Anmeldung eingetretenen Erkrankung gewährt. Denn eine normal verlaufende Schwangerschaft ist keine Erkrankung im Sinne des Gesetzes, und eine Vorschrift, wonach jene Bestimmung auf das Vorhandensein einer Schwangerschaft Anwendung finden kann, ist nirgends gegeben. Es kann daher für den vorliegenden Fall nur die auf § 26 Abs. 4 Nr. 4 a. a. O. gegründete Bestimmung im § 22 Abs. 2 des Statuts in Betracht kommen, wonach diejenigen, welche auf Grund des § 4 Mitglieder werden, keinen Unterstützungsanspruch haben, wenn der Unterstützungsfall eintritt, bevor vier Wochen seit ihrer Anmeldung verstrichen sind. Da diese Frist hier zur Zeit der Entbindung — erst mit dieser trat der Unterstützungsfall ein — bereits verstrichen war, so konnte der Klägerin die beanspruchte Wöchnerinnen-Unterstützung nicht verweigert werden.

Wenn die Beklagte einwendet, daß sie durch die Billigung des klägerischen Anspruches erheblichen Schädigungen ausgesetzt sein würde, da sie derartige hochschwangere Personen gemäß § 19 Abs. 3 cit. unbedingt aufnehmen müßte, so würde dies vielleicht für die Abänderungsbedürftigkeit des Gesetzes sprechen, an obigem Resultate aber nichts ändern.

190. Zwangsweise Mitgliedschaft. Entziehung von Krankengeld.

Verf. vom 5. März 1887.

Auf die Eingabe vom 3. März cr. erwidern wir dem Vorstande, daß wir zur Entscheidung der in Rede stehenden Streitigkeit mit der Armendirektion nicht zuständig sind. Was indeß den vorgetragenen Fall anlangt, so ist der A. mit dem Tage, an welchem er seiner Mitgliedschaft bei der eingeschriebenen Hülfskasse verlustig gegangen ist, zwangsweises Mitglied der Orts-Krankenkasse der

Buchbinder geworden. Auch der Arbeitgeber ist verpflichtet gewesen innerhalb drei Tagen von diesem Zeitpunkte an den A. zur Orts-Krankenkasse anzumelden (cf. v. Woedtke, Krankenversicherungsgesetz III. Aufl., S. 187, Anm. 4b), und wenn er dies unterlassen hat, so treffen ihn insbesondere die im § 50 des Krankenversicherungsgesetzes bezeichneten Folgen. Das Gesetz spricht zwar dem Wortlaut nach von einer Verpflichtung zur Anmeldung (§ 49) und von dem Beginn der zwangsweisen Mitgliedschaft (§ 19 Abs. 2) immer nur beim „Beginn der Beschäftigung"; es kann indeß keinem Zweifel unterliegen, daß nach Zweck und Absicht dieser Bestimmungen die Worte „Beginn der Beschäftigung" gleichbedeutend sind mit „Beginn der die zwangsweise Mitgliedschaft begründenden Beschäftigung". Diese qualifizirte Beschäftigung hat bei dem A. erst mit dem Tage begonnen, an welchem er seine Mitgliedschaft bei der eingeschriebenen Hülfskasse verloren hat.

Die Kasse wird also aus dem Umstande, daß A. beim thatsächlichen Beginn der Beschäftigung Mitglied einer den Anforderungen des § 75 des Krankenversicherungsgesetzes entsprechenden eingeschriebenen Hülfskasse gewesen ist, einen Grund zur Verweigerung der Krankenunterstützung nicht herleiten können[1]).

Was den zweiten von der Kasse angeführten Weigerungs-Grund anlangt, so bestimmt allerdings § 17 des Kassenstatuts, daß ein Krankengeld nicht gewährt wird bei Krankheiten, welche Mitglieder sich vorsätzlich zugezogen haben. Wenn also die Kasse nachweisen kann, daß sich A. vorsätzlich eine Kugel in den Kopf geschossen hat und daß durch diesen Schuß die Krankheit des A. verursacht ist, so wird die Kasse die Gewährung des Krankengeldes verweigern können, aber den Betrag für freie ärztliche Behandlung rc. gemäß § 57 Abs. 5 des Krankenversicherungsgesetzes erstatten müssen.

191. Gewährung von Krankengeld neben der Krankenhauspflege.

Entschg. vom 26. März 1887 i. S. H. w. Orts-Krankenkasse der Bäcker.

Gründe.

Beklagte weigert deswegen die Zahlung der Hälfte des Krankengeldes neben der Krankenhauspflege, weil „das Geschäft des Klägers nach wie vor seinen geregelten Gang ginge und die Ehefrau in keiner Weise durch die Abwesenheit ihres Mannes geschädigt würde".

Die Weigerung der Kasse ist unbegründet.

Nach § 7 Abs. 2 des Krankenversicherungsgesetzes ist für die Gewährung dieses Krankengeldes lediglich die eine Voraussetzung maß-

---

[1]) Dem entsprechend ist auch der Arbeitgeber zum Ersatz gemäß § 50 a. a. O. gerichtlich verurtheilt worden. A. d. H.

gebend, daß der Verpflegte Angehörige hat, deren Unterhalt er bisher aus seinem Arbeitsverdienste bestritten hat. Da nun Kläger, wie dies von der Kasse nicht bestritten wird, Inhaber eines Restaurations-Geschäftes ist und bis zu seiner Erkrankung durch den Betrieb dieses Geschäftes den Unterhalt seiner Angehörigen bestritten hat, so ist die Voraussetzung des § 7 Abs. 2 zweifelsohne vorhanden. Daß die Ehefrau des Klägers das Restaurations-Geschäft jetzt weiter betreibt und sich davon ernährt, kann hieran nichts ändern. Somit war, wie geschehen, zu erkennen.

192. Pflicht der Arbeitgeber zur Abmeldung.

Verf. vom 14. Mai 1887.

Auf das gefällige Schreiben vom 7. d. M. erwidern wir Ihnen, daß wir allerdings die von dem Kassenvorstande geübte Praxis, die Beiträge in jedem Falle bis zum Tage der Abmeldung fortzuerheben, nicht billigen können. Denn die Vorschrift des § 51 des Krankenversicherungsgesetzes, wonach die Beiträge bis zur erfolgten Abmeldung fortzuzahlen sind, bezieht sich nach unserer Auffassung nicht auf diejenigen Fälle, in welchen die Abmeldung rechtzeitig innerhalb der im § 49 a. a. O. vorgeschriebenen dreitägigen Frist erfolgt ist, der Arbeitgeber also seiner gesetzlichen Obliegenheit völlig genügt hat. Im vorliegenden Falle aber ist diese Frist von Ihnen nicht innegehalten worden, da keine gesetzliche Vorschrift existirt, wonach Sonn- und Feiertage in die Frist nicht einzurechnen sind, und ein etwaiger Ortsgebrauch hieran nichts ändern würde. Gemäß § 51 a. a. O. war daher der Vorstand berechtigt, von Ihnen die qu. Beiträge bis zum Tage der Abmeldung zu verlangen.

193. Gewährung der dreizehnwöchigen Krankenunterstützung.

Entschg. vom 25. Mai 1887 i. Sachen S. w. Orts-Krankenkasse für das Gastwirthsgewerbe.

Gründe.

Klägerin erkrankte am 5. Februar cr. und wurde auf Anordnung der Kasse zur Pflege in das St. Hedwigs-Krankenhaus aufgenommen. Am 17. April wurde sie, angeblich in Folge einer an die Direktion des Krankenhauses Seitens der Kasse gerichteten Postkarte, entlassen. Die Kasse behauptet, am 20. April cr. sei der Unterstützungs-Anspruch der Klägerin abgelaufen, da mit diesem Tage die Unterstützung 13 × 6 Tage gedauert habe; hierbei rechnet Beklagte die dreitägige Karenzzeit nachträglich ab. Klägerin verlangt noch eine 3wöchige Unterstützung, da sie erst 10 Wochen unterstützt worden sei.

Es war, wie geschehen, zu erkennen.

Nach § 6 Absatz 2 des Krankenversicherungsgesetzes endet die Krankenunterstützung spätestens mit dem Ablauf der 13. Woche nach Beginn der Krankheit (Mindestleistung nach § 20 Abs. 1 Nr. 1 a. a. O.). An Stelle dieser 13wöchigen Krankenunterstützung kann nach § 7 l. c. Krankenhauspflege gewährt werden, es ist also zweifellos, daß durch die Gewährung der Krankenhauspflege die Mindestdauer der Krankenunterstützung nicht abgekürzt werden kann. Die Kasse scheint den Einwand erheben zu wollen, daß, da sie auch die Sonn- und Feiertage im Krankenhause bezahlt habe, während sie bei der Hauskrankenpflege nur für die Arbeitstage Krankengeld zu leisten verpflichtet sei, sie deshalb die Sonn- und Feiertage auf die Arbeitstage in Anrechnung bringen könne. Dieser Einwand ist indeß durchaus nicht stichhaltig. Die Krankenhauspflege tritt an Stelle sämmtlicher im § 6 a. a. O. bezeichneten Leistungen, an Stelle mehrerer einzelner Leistungen (Arzt, Arznei, Krankengeld) tritt eine Gesammtleistung. Bei der Hauskrankenpflege ist es möglich, die einzelnen Leistungen zu trennen und an gewissen Tagen nur ärztliche Behandlung mit Ausschluß des Krankengeldes zu gewähren; bei der Leistung der Krankenhauspflege ist das nicht thunlich. Es liegt also schon in der Natur der Leistung, daß ein Unterschied zwischen Arbeits- und Feier-Tagen nicht gemacht werden kann. Ebensowenig und aus denselben Gründen kann die dreitägige Karenzzeit für die Gewährung des Krankengeldes bei der Krankenhauspflege in Berechnung kommen.

Der Weigerung der Kasse liegt im Allgemeinen die unrichtige Auffassung zu Grunde, daß die Mindestdauer der Unterstützung 13 × 6 Arbeitstage beträgt, während sie nach dem Gesetze 13 Wochen beträgt.

194. Abmeldepflicht des Arbeitgebers.

Entschg. vom 5. Juni 1887 i. S. H. w. Orts-Krankenkasse für den Gewerbebetrieb der Kaufleute.

Gründe.

Der Laufbursche Sch. trat am 11. Juni 1885 in den Dienst des Klägers. Ueber das Vermögen des letzteren wurde im Januar 1886 der Konkurs eröffnet, welcher durch Zwangsvergleich beendet worden ist; gegenwärtig betreibt Kläger wieder sein Handelsgeschäft. Sch. ist während der Dauer des Konkursverfahrens, am 6. Februar 1887, vom Konkursverwalter S. entlassen, aber bisher weder von diesem, noch überhaupt bei der beklagten Kasse abgemeldet worden. Letztere muß gemäß § 51 des Krankenversicherungsgesetzes für berechtigt erachtet werden, die Beiträge für Sch. bis zur vorschriftsmäßigen Abmeldung desselben zu fordern, und zwar vom Kläger. Allerdings verlor dieser mit der Eröffnung des Konkursverfahrens die Befugniß, sein zur Konkursmasse gehöriges Vermögen zu verwalten und über dasselbe zu verfügen, und wurde das Verwaltungs- und Verfügungsrecht durch den Verwalter ausgeübt. § 5 der Konkurs-Ordnung. Es muß daher in Uebereinstimmung mit dem Kläger angenommen werden, daß nicht ihm, sondern dem Verwalter die Verpflichtung zur Abmeldung obgelegen habe. Indeß mit der Beendigung des Konkurses durch Zwangsvergleich hörten die Befugnisse des Verwalters auf und erhielt Kläger wieder das Recht, über die Konkursmasse frei zu verfügen. § 177 a. a. O. Die Beitragsforderung des Beklagten wird als privilegirte (§ 55 des Krankenversicherungsgesetzes) durch den Zwangsvergleich nicht berührt (§ 178 der Konkursordnung) und kann daher nunmehr unbeschränkt gegen den Kläger geltend gemacht werden. Ob letzterem ein Regreßanspruch an den Verwalter S. zusteht, unterliegt nicht der diesseitigen Entscheidung.

195. Begriff der „Handlungsgehülfen".

Verf. vom 13. Juli 1886.

Dem Vorstande erwidern wir auf die Anfrage vom 5. d. M., daß wir die in den hiesigen Trinkhallen beschäftigten „Schankmädchen" nicht für versicherungspflichtig erachten können. Die Inhaber der Trinkhallen sind gemäß Art. 4 und 271 Nr. 1 des Handelsgesetzbuches als Kaufleute anzusehen. Die Verkäuferinnen aber sind ihrer Stellung nach mit Kellnerinnen in Schanklokalen durchaus nicht gleichzustellen. Denn die Trinkhallen können nicht als Gastlokale, die Trinkgäste nicht als „Gäste" einer Gastwirthschaft angesehen werden. Letztere werden nicht in das Lokal aufgenommen, treten nicht in den Schutz des Lokalinhabers, wie überhaupt mit demselben in kein der Gastaufnahme (§§ 444 ff. A. L. R. II, 8) ähnliches Rechtsverhältniß; sie sind nur Käufer einer Waare, die ihnen auf den Ladentisch gestellt oder überreicht, zum Theil vorher zugerichtet wird. Dies geschieht aber auch im Handschuhladen, im Putzladen 2c. Eine „Bedienung" neben der Darreichung der bestellten Waare haben die sogenannten „Trinkgäste" in keiner Weise zu beanspruchen. Es muß daher angenommen werden, daß die in Rede stehenden Mädchen ihren Arbeitgebern lediglich *kaufmännische* Dienste als Verkäuferinnen leisten und demnach Handlungsgehülfinnen sind (vgl. das vom Vorstande in Bezug genommene Urtheil des Kgl. Kammergerichts vom 18. Februar cr.[1]).

---

[1]) Entsch. Heft I. S. 15 zu Nr. 22. A. d. H.

196. Kürzung der Krankenunterstützung bei Doppelversicherung.

Entschg. vom 20. Juli 1887 i. S. R. w. Orts-Krankenkasse der Schmiede.

Gründe.

Kläger, welcher freiwilliges Mitglied der beklagten Kasse ist, bezieht aus anderweiter Versicherung Krankengelder in Höhe von zusammen 21 Mark pro Woche. Nach § 17 des Kassenstatuts der beklagten Kasse ist Mitgliedern, welche anderweit gegen Krankheit versichert sind, das Krankengeld insoweit zu kürzen, daß es zusammen mit der aus anderweiter Versicherung bezogenen Krankenunterstützung den vollen Betrag ihres durchschnittlichen Arbeitsverdienstes nicht mehr als um $^1/_4$ übersteigt. Der durchschnittliche Arbeitsverdienst des Klägers beträgt 18 Mark pro Woche, die Grenze für die Kürzung nach § 17 beträgt somit 22,50 Mark. Die Kasse erklärt sich demnach nur zur Zahlung von 1,50 Mark pro Woche bereit.

Es war dem Anerkenntnisse der Kasse gemäß zu erkennen.

Der § 26 Abs. 3 des Krankenversicherungsgesetzes — auf welchen sich § 17 des Statuts stützt — spricht ganz allgemein von „Kassenmitgliedern" und giebt keinen Anhalt dafür, daß eine Kürzung nur von solchen Kassen erfolgen dürfe, welcher die betreffende Person als pflichtiges Mitglied angehört.

197. Verhältniß der Krankenkassen zu den Berufsgenossenschaften.

Rundschreiben vom 13. August und 29. October 1887.

A.

Im § 8 des Unfallversicherungs-Gesetzes vom 6. Juli 1884 ist bestimmt, daß die Verpflichtung der Kranken- pp. Kassen, den von Betriebsunfällen betroffenen Arbeitern und Betriebsbeamten, sowie deren Angehörigen und Hinterbliebenen Unterstützungen zu gewähren, durch das bezeichnete Gesetz nicht berührt wird. Soweit auf Grund solcher Verpflichtung Unterstützungen in Fällen gewährt sind, in welchen dem Unterstützten nach Maßgabe des Unfallversicherungs-Gesetzes ein Entschädigungs-Anspruch zusteht, geht der letztere bis zum Betrage der geleisteten Unterstützung auf die Kassen über, von welchen die Unterstützung gewährt worden ist.

Bei Ausführung dieser Bestimmung kommen die Orts-, resp. Betriebs- und Innungs-Krankenkassen unter Umständen in die Lage, solche Zahlungen, z. B. Sterbegeld, Krankengeld, nach Ablauf der ersten 13 Wochen u. s. w. zu leisten, hinsichtlich deren dem durch Unfall Verletzten ein gleichartiger Anspruch gegen die Organe der Unfallversicherung zusteht, und demnächst die verauslagten Beträge bei den Trägern der Unfallversicherung, den Berufsgenossenschaften, zu liquidiren.

In einem zu unserer Kenntniß gelangten Spezialfalle ist nun neuerdings der bezügliche Erstattungs-Anspruch einer Orts-Krankenkasse Seitens des Reichs-Versicherungsamtes[1]) mit der Begründung zurück-

[1]) Die Begründung der Entscheidung vom 29. Juli d. J. lautet:

Die Ausführungen des Vorstandes in der Beschwerde vom 31. Mai d. J. in Verbindung mit denjenigen des Berufsgenossenschaftsvorstands in dem vorgedachten Berichte ergeben, daß der Berufsgenossenschaftsvorstand ohne Kenntniß davon, daß dem Verletzten über den Beginn der vierzehnten Woche hinaus von der dortseitigen Kasse Krankenunterstützung gewährt wurde, durch Bescheid vom 9. Februar d. J. dem Verletzten eine monatliche Rente von 41 Mark 95 Pf. zugebilligt und die dem Verletzten zugebilligte Rente auch für die Zeit vom Beginn der vierzehnten bis zum Ablauf der sechsundzwanzigsten Woche bereits ausgezahlt hatte, als der dortseitige Ersatzanspruch geltend gemacht wurde.

Mittelst Schreibens vom 5. April d. J. hat sich der Berufsgenossenschaftsvorstand zur Erstattung der nach Ablauf der ersten dreizehn Wochen dortseits verauslagten Kosten des Heilverfahrens bereit erklärt, im Uebrigen aber den Anspruch des Vorstandes abgelehnt.

Nach § 8 des Unfallversicherungsgesetzes soll die auf gesetzlicher und statutarischer Bestimmung beruhende Pflicht der Gemeinden, Kassen pp., durch Unfall hülfsbedürftig gewordenen Arbeitern Unterstützung zu gewähren, durch die Unfallversicherung keine Veränderung erleiden, jedoch soll den Gemeinden pp. das zu diesem Zweck Geleistete von den Berufsgenossenschaften erstattet werden und zu dem Ende der Entschädigungsanspruch des Unterstützten gegen die letzteren bis zum Betrage der geleisteten Unterstützung auf die Gemeinden, Kassen pp. übergehen. Die Berufsgenossenschaft hat hiernach an Stelle des primär Entschädigungsberechtigten die betreffende Gemeinde, Kasse pp. bis zum Betrage der geleisteten Unterstützung zu entschädigen.

Soweit jedoch der Entschädigungsanspruch des Verunglückten und seiner Hinterbliebenen bereits ausgezahlt worden ist, bevor die Gemeinde, Kasse pp. ihre Ansprüche geltend machten, so werden jene einen Anspruch gegen die Berufsgenossenschaft auf nochmalige Zahlung nur in dem Falle erheben können, wenn bewiesen würde, daß die Genossenschaft dolos gehandelt hat. Andernfalls hat sich die Genossenschaft auch gegenüber den nach § 8 a. a. O. Ersatzberechtigten durch die bewirkte Zahlung an den Verunglückten beziehungsweise dessen Hinterbliebene wirksam liberirt und wird die Gemeinde, Kasse pp. sich alsdann lediglich an den Verunglückten selbst oder dessen Hinterbliebene zu halten und äußerstenfalls, soweit eine Vereinbarung wegen Rückzahlung der geleisteten Unterstützung nicht zu Stande kommt, den ordentlichen Rechtsweg zu beschreiten haben.

Die zuständigen Organe der Berufsgenossenschaft sind weder nach dem Unfallversicherungsgesetz, noch auch nach allgemeinen Rechtsgrundsätzen regelmäßig verpflichtet, vor Feststellung der Entschädigungen an den Verunglückten oder dessen Hinterbliebene sich ihrerseits mit den nach § 8 a. a. O. Ersatzberechtigten in Verbindung zu setzen und trifft dieselben deshalb aus der Unterlassung regelgewiesen worden, daß die betr. Berufsgenossenschaft — ohne Kenntniß von den Leistungen der Orts-Krankenkasse — die Entschädigungs-Ansprüche des Verletzten bereits befriedigt, dadurch von ihren gesetzlichen Verpflichtungen sich befreit habe und der Orts-Krankenkasse nur anheimgestellt werden könne, die von dem Verletzten doppelt erhobenen Beträge von diesem eventl. im Wege der Civil-Klage wieder einzufordern.

Um die dortseitige Kasse nach Möglichkeit vor Schaden zu bewahren, veranlassen wir daher den Vorstand hierdurch, in allen denjenigen Fällen, in denen es sich um Leistungen der oben erwähnten Art an durch Unfall verletzte Kassenmitglieder handelt, unverzüglich die betheiligte Berufsgenossenschaft von dem Beginn dieser Leistungen und ihrem voraussichtlichen Umfange in Kenntniß zu setzen.

B.

Im Anschluß an unser Rundschreiben vom 13. August d. J. weisen wir den Vorstand darauf hin, daß nach einem Urtheil des Reichsgerichts vom 14. Mai d. J. (abgedruckt in der „Arbeiter-Versorgung" 1887, S. 428 ff.) Ersatzansprüche der Krankenkassen aus § 8 des Unfallversicherungsgesetzes vom 6. Juli 1884 gegen die Berufsgenossenschaften im ordentlichen Rechtswege geltend zu machen sind und daß auf diese Ansprüche das in den §§ 57 bis 63 des Unfallversicherungsgesetzes geordnete Verfahren keine Anwendung findet.

---

mäßig kein Nachtheil. Vielmehr ist es Sache der Gemeinden, Kassen pp., ihre Ansprüche rechtzeitig geltend zu machen, und fallen die Folgen der verspäteten Geltendmachung auch regelmäßig nur ihnen zur Last.

Hiernach trägt das Reichs-Versicherungsamt Bedenken, den Berufsgenossenschaftsvorstand im Aufsichtswege anzuhalten, nachdem die dem Verletzten B. für die Zeit bis zum Ablauf der sechsundzwanzigsten Woche zugebilligte Rente bereits gezahlt worden ist, das für denselben Zeitraum dortseits gewährte Krankengeld (zur Erstattung der Kosten des Heilverfahrens nach Beginn der vierzehnten Woche hat sich der Berufsgenossenschaftsvorstand bereit erklärt) zu erstatten.

Es wird schließlich ergebenst darauf hingewiesen, daß nach dem Bericht des Berufsgenossenschaftsvorstandes der Arbeiter B. sich bereits unter dem 28. April d. J. damit einverstanden erklärt hat, daß zur Deckung des dortseitigen Anspruchs seine Rente allmonatlich um den Betrag von 10 Mark gekürzt werde und sind die diesbezüglichen Abzüge Seitens des Berufsgenossenschaftsvorstandes bereits zur Verfügung des Vorstandes gestellt worden.

Dem Vorstande wird deshalb, soweit er nicht eine anderweitige Vereinbarung mit dem Verletzten anstreben sollte, das Weitere ergebenst anheimgestellt.

A. d. H.

198. Wöchnerinnen-Unterstützung.

Entschg. vom 1. October 1887 i. S. M. w. Allgemeine Orts-Krankenkasse.

Gründe.

Klägerin hatte am 5. Februar eine Fehlgeburt und konsultirte den Gewerksarzt Dr. S. Dr. S. hat der Klägerin für die ärztliche Behandlung 9 Mark liquidirt mit dem Bemerken, daß er zur Leistung ärztlichen Beistandes bei Geburten nicht verpflichtet sei. Auch die Kasse verweigert die Gewährung der ärztlichen Behandlung für diesen Fall. Dr. S. hat ärztlich begutachtet, daß seine Hilfe zur Verhütung von Gefahr für Leben und Gesundheit der Klägerin dringend nothwendig war.

Es war, wie geschehen, zu erkennen.

Nach § 20 Nr. 2 des Krankenversicherungsgesetzes gehört zu den Mindestleistungen der Orts-Krankenkassen die Gewährung einer Unterstützung an Wöchnerinnen auf die Dauer von 3 Wochen nach ihrer Niederkunft. Diese Unterstützung tritt in jedem Fall ein, gleichgültig, ob die Wöchnerin krank und erwerbsunfähig ist oder nicht. Die Unterstützung beginnt nach der Niederkunft, der Akt der Niederkunft selbst ist also in diese Unterstützung nicht mit eingeschlossen. Abgesehen von dieser Unterstützung hat indeß die Schwangere — ebenso wie jedes andere Mitglied — den Anspruch auf die ordentliche statutenmäßige Krankenunterstützung. Wird also das Mitglied durch die Schwangerschaft oder durch den Akt der Niederkunft selbst in einen Zustand versetzt, welcher ärztliche Hilfe durchaus nothwendig macht — dies trifft in allen Fällen zu, wo Gefahr für Gesundheit und Leben der Patientin vorhanden ist — so ist die Kasse zur Gewährung der ärztlichen Hilfe, da hier ein Krankheitsfall im Sinne des Gesetzes vorliegt, verpflichtet. Verläuft der Akt der Niederkunft normal, so daß die Zuziehung eines Arztes nicht nothwendig ist, so ist die Kasse zur Gewährung des ärztlichen Beistandes nicht verpflichtet. Daraus folgt, daß die Kasse insbesondere zur Gewährung der Hebeammen-Hilfsleistung auch nur in den Fällen verpflichtet ist, wo dieselbe neben der ärztlichen Hilfsleistung zur Unterstützung des Arztes erfolgt.

Im vorliegenden Falle ist daher die Kasse auf Grund des ärztlichen Gutachtens des Dr. S. zur Gewährung des ärztlichen Beistandes verpflichtet.

199. Begründung der zwangsweisen Mitgliedschaft durch die Beschäftigung.

Entschg. vom 6. October 1887 i. S. L. w. Allgemeine Orts-Krankenkasse ꝛc.

Gründe.

Kläger hat beim Fuhrherrn Sch. in Beschäftigung gestanden, und da nicht erwiesen ist, daß die Beschäftigung vorher auf weniger als eine Woche beschränkt wurde, auch die Beschäftigung als solche (Ausschachten) nicht als eine ihrer Natur nach vorübergehende anzusehen ist, so war Kläger auf Grund seiner Beschäftigung pflichtiges Mitglied der beklagten Kasse geworden. Kläger ist zwar in der Beschäftigung beim Maurerpolier H. erkrankt, indeß kann dieser Umstand an der Unterstützungs-Verpflichtung der beklagten Kasse Nichts ändern, da Kläger keineswegs aus seiner Beschäftigung bei Sch. ausgetreten war, sondern nur von Sch. dem H. für die betreffende Arbeit (Verlegung von Granitplatten) überlassen worden ist.

200. Gewährung von Krankenhauspflege. Erstattungs-Anspruch des Armenverbandes.

Verf. vom 7. October 1887.

Auf die Eingabe vom 4. October cr.[1]) gereicht dem Vorstande zum Bescheide, daß nach dem Krankenversicherungsgesetze keine Kasse zur Gewährung der Krankenhauspflege verpflichtet ist. Es können daher nur zwei Fälle eintreten: entweder die Krankenhauspflege wird vom Vorstande angeordnet — und dann hat natürlich diejenige Kasse die Kosten zu tragen, welche die Verordnung getroffen hat — oder die Aufnahme geschieht im Wege der öffentlichen Armenpflege, und die Armendirektion macht auf Grund des § 57 Abs. 2 des Krankenversicherungsgesetzes ihren Anspruch geltend. Im letzteren Falle wird es der Armendirektion, da der Verpflegte gleichmäßig an beide Kassen Ansprüche hat, freistehen, sich an jede von den beiden Kassen zu halten, und jede von den beiden Kassen wird zur Erstattung in den Grenzen des § 57 verpflichtet sein. Die zweite Kasse wird dann nur noch das volle Krankengeld an das Mitglied zu gewähren haben, soweit nicht die Armendirektion auch diese Kasse auf Grund des § 57 zur Deckung der ihr erwachsenen vollen Auslagen in Anspruch nimmt. Als Beispiel möge folgender Fall dienen: Ein Geisteskranker, Mitglied zweier Kassen, wird in die Kgl. Charité im Wege der öffentlichen Armenpflege aufgenommen. Der Verpflegungssatz beträgt

---

[1]) Der Kassenvorstand frägt an, welche Kasse die Krankenhauspflege für ein Mitglied zu tragen hat, welches zweien oder mehreren Kassen angehört.

A. d. H.

dort 3 Mark pro Tag. Da der Anspruch des Mitglieds an die eine Kasse (Krankengeld plus $^1/_4$ des durchschnittlichen Tagelohnes) nur 2,25 Mark beträgt, so kann die Armendirektion auch noch die zweite Kasse mit 0,75 Mark in Anspruch nehmen.

201. Arbeiter-Krankenstatistik.

Rundschreiben vom 12. October 1887.

Die unterzeichnete Aufsichtsbehörde hat beschlossen, vom Jahre 1888 an die regelmäßige Aufstellung einer Arbeiter-Krankenstatistik zu bewirken. Das hierzu erforderliche Material bezüglich der Spital-Kranken und der Gestorbenen wird schon jetzt von den Kassen in anerkennenswerther Weise beschafft und bei der Aufstellung dieser Listen verbleibt es auch fernerhin. Für die „Hauskranken" ist jedoch noch kein oder nur ungenügendes Material vorhanden. Die Beschaffung dieses Materials soll nun in folgender Weise erfolgen:

Nach Beendigung eines jeden Krankheitsfalles, d. h. also bei Auszahlung des letzten Krankenscheines, füllt der betr. Kassenbeamte das anliegende Formular aus. Die Formulare, welche vom Gewerbe-Bureau geliefert werden, sind zu sammeln und allmonatlich an die Gewerbe-Deputation abzuführen. Krankheitsfälle, welche nicht mit Erwerbsunfähigkeit verbunden sind, bleiben außer Betracht.

Wir ersuchen die Kassen-Vorstände, die Kassenbeamten mit den hiernach erforderlichen Anweisungen zu versehen, und sprechen hierbei die Erwartung aus, daß die Vorstände auf die sorgfältigste Ausfüllung der Formulare um so mehr achten werden, als die Aufstellung der Statistik für die Krankenkassen selbst von größtem Werthe ist.

Die Ausfüllung der Formulare hat vom 1. Januar 1888 an zu erfolgen.

Anlage.

Kranken-Journal

No. ....

.................................-Krankenkasse..

....

Nur für erwerbsunfähige Hauskranke.

Name:

Alter:

Bezeichnung der Krankheit:

Erhielt Krankengeld von .... bis ....

202. Gewährung von Krankenunterstützung bei Betriebs-Unfällen.

Entschg. vom 13. October 1887 i. S. P. w. Orts-Krankenkasse der Maschinenbau-Arbeiter.

Gründe.

Kläger ist freiwilliges Mitglied der beklagten Kasse. Er erkrankte am 17. Juni in Folge eines Betriebs-Unfalls (Fingerverletzung) und wurde von der beklagten Kasse unterstützt. Am 17. August mußte er wegen eines Lungenkatarrhs in die Kgl. Charité aufgenommen werden. Durch den Betriebs-Unfall ist er dauernd zu drei Vierteln erwerbsunfähig geworden, durch den Lungenkatarrh gänzlich erwerbsunfähig. Die gänzliche Erwerbsunfähigkeit dauert noch fort. Die Kasse hat nur 13 Wochen Unterstützung gewährt und verweigert unter Hinweis auf § 8 des Unfallversicherungsgesetzes die weitere Unterstützung.

Es war, wie geschehen, zu erkennen.

Nach § 8 des Unfallversicherungsgesetzes wird die Verpflichtung der Orts-Krankenkassen, den von Betriebs-Unfällen betroffenen Arbeitern Unterstützung zu gewähren, durch dieses Gesetz nicht berührt. Nur soweit auf Grund solcher Verpflichtung Unterstützung in Fällen gewährt wird, in welchen dem Unterstützten nach Maßgabe dieses Gesetzes ein Entschädigungs-Anspruch zusteht, geht der letztere im Betrage der geleisteten Unterstützung auf die Kasse über. Es soll unerörtert bleiben, ob die Berufsgenossenschaft für Kläger bereits eingetreten ist. Jedenfalls hat Kläger bezüglich der durch den Lungenkatarrh verursachten Krankheit und Erwerbsunfähigkeit keinen Anspruch auf Grund des Unfallversicherungsgesetzes, da dieses Gesetz nach § 1 Abs. 1 die Arbeiter nur gegen die Folgen der bei dem Betriebe sich ereignenden Unfälle versichert. Die Lungenerkrankung des Klägers bildet neben dem Betriebs-Unfall einen selbstständigen Unterstützungsfall, und Beklagte ist zur Leistung der Krankenunterstützung innerhalb der statutenmäßigen Grenzen (52 Wochen) so lange verpflichtet, als die Krankheit andauert. Daß im vorliegenden Falle die Lungenerkrankung mit dem Unfall (Fingerverletzung) in Verbindung steht, erscheint um so mehr ausgeschlossen, als nach ärztlichem Gutachten die erstere Erkrankung eine chronische ist.

203. „Krankheit“ im Sinne des Krankenversicherungsgesetzes.

Entschg. vom 15. October 1887 i. S. K. w. Orts-Krankenkasse für die Wäschefabrikation.

Gründe.

Klägerin ist Mitglied der beklagten Kasse. Angeblich in Folge eines Nervenleidens erkrankte Klägerin, legte die Arbeit nieder und begab sich in die Maison de santé zu Schöneberg. Beklagte weigert sich, Krankenunterstützung zu gewähren, indem sie behauptet, daß Klägerin an Morphiumsucht leide und als „krank“ im Sinne des Krankenversicherungsgesetzes nicht angesehen werden könne.

Es war, wie geschehen, zu erkennen.

Nach dem Gutachten des behandelnden Arztes Dr. U. ist Klägerin der Morphiumsucht ergeben und hat sich nur zu dem Zwecke in die Maison de santé verfügt, um von ihrer Leidenschaft befreit zu werden. Klägerin ist am Tage völlig gesund und arbeitsfähig. Hiernach muß die Weigerung der Kasse als begründet anerkannt werden.

Die Morphiumsucht an sich ist ebenso wenig eine Krankheit, wie die Trunksucht, sie gehört vielmehr zu den sog. sittlichen Gebrechen. Die Morphiumsucht wirkt allerdings zerstörend auf den Körper und führt mit der Zeit zu krankhaften Zuständen, wie die Trunksucht; indeß im vorliegenden Falle ist von einer Erwerbsunfähigkeit, welche durch einen derartigen krankhaften Zustand hervorgerufen wird, nicht die Rede. Klägerin hat lediglich deshalb die Arbeit niedergelegt, weil die Befreiung von ihrer Leidenschaft nur durch systematisches Entziehen des Morphiums in einer Anstalt möglich ist. Es kann also auch hier von keiner Erwerbsunfähigkeit die Rede sein, vielmehr ist Klägerin nur durch den Aufenthalt in der Anstalt am Erwerbe gehindert. Da nun nach dem Krankenversicherungsgesetze ein Unterstützungs-Anspruch nur bei Krankheit des Mitgliedes, bezw. bei durch Krankheit verursachter Erwerbsunfähigkeit besteht, so war im vorliegenden Falle Klägerin mit ihren Ansprüchen abzuweisen.

204. Doppelversicherung.

Entschg. vom 21. October 1887 i. S. D. w. Orts-Krankenkasse der Schneider.

Gründe.

Kläger ist, nachdem er am 4. Juli cr. krank und erwerbsunfähig geworden, auf Kosten der beklagten Kasse vom 26. Juli bis zum 7. September cr. in der Königlichen Charité gewesen und beansprucht als Familienvater für die in diese Zeit fallenden 38 Arbeitstage ein Krankengeld von je 62,5 Pf. gemäß § 14 Absatz 3 des Statuts. Die Weigerung der Beklagten, auf die hiernach sich ergebende Forderung von 23,75 Mark mehr als 17,87 Mark zu zahlen, ist nicht begründet. Unstreitig ist Kläger Mitglied der Krankenkasse für die bei Herrn J. R. in Berlin beschäftigten Schneider und hat für die fragliche Zeit aus dieser Kasse auf Grund des § 6 des Statuts 15 Mark Krankengeld pro Woche bezogen. Es bestimmt aber § 18 des Statuts der beklagten Kasse:

„Mitgliedern, welche gleichzeitig anderweitig gegen Krankheit versichert sind, wird das Krankengeld soweit gekürzt, daß es zusammen mit der aus der anderweiten Versicherung bezogenen Krankenunterstützung den vollen Betrag ihres durchschnittlichen Arbeitsverdienstes nicht mehr als um $^1/_4$ übersteigt."

Zunächst ist es allerdings unbedenklich, eine anderweite „Versicherung" des Klägers gegen Krankheit anzunehmen, da nach dem vorliegenden Statut der R.'schen Kasse letztere fest organisirt ist und ihren Mitgliedern eventuell ein klagbares Recht auf Gewährung der statutenmäßigen Unterstützungen zusteht. Bei der hiernach zulässigen Kürzung ihrer Leistungen muß die Beklagte auch für berechtigt erachtet werden, die Kosten, welche sie für die Verpflegung des Klägers im Krankenhause verauslagt hat, in Anrechnung zu bringen, jedoch nicht in ihrem vollen Betrage von 1,75 Mark pro Tag. Denn nach § 18 cit. kann die Kürzung nur am Krankengelde vorgenommen werden; demnach kann die Krankenhauspflege, welche an die Stelle des Krankengeldes und der freien ärztlichen Behandlung 2c. tritt, nur insoweit in Betracht kommen, als ihre Kosten das sonst zu zahlende Krankengeld nicht übersteigen.

Der volle durchschnittliche Arbeitsverdienst des Klägers betrug unstreitig 24 Mark pro Woche; eine Kürzung kann daher erst dann eintreten, wenn die in Betracht kommenden Leistungen zusammen $24 + \frac{1}{4} \cdot 24$ Mark = 30 Mark pro Woche übersteigen.

Das statutenmäßige Krankengeld der Beklagten, in dessen Höhe die Krankenhauskosten anzusetzen sind, beträgt pro Woche	7,50 Mark
Die Unterstützung aus der R.'schen Kasse beträgt pro Woche	15 Mark
Summa	22,50 Mark.
Das Krankengeld während der Dauer der Krankenhauspflege beträgt pro Woche	3,75 Mark
Summa	26,25 Mark.

Da hiernach die oben festgesetzte Grenze nicht überschritten ist, so muß dem Kläger das verlangte Krankengeld nachgezahlt werden.

205. Oertliche Zuständigkeit der Orts-Krankenkassen.

Entschg. vom 24. October 1887 i. S. B. w. Allgemeine Orts-Krankenkasse.

Gründe.

Kläger ist bis 1. Juli cr. im Baggereibetriebe des Unternehmers F. zu Berlin beschäftigt gewesen und in dieser Beschäftigung erkrankt. Der Bagger, auf welchem Kläger arbeitete, war in der Gegend von P. im Auftrage verschiedener Privatpersonen an verschiedenen Stellen und Orten immer nur kürzere Zeit thätig. Da hier der Beschäftigungsort also zweifelhaft war, so gilt gemäß § 15 Abs. 3 des Gesetzes vom 28. Mai 1885 als solcher der Sitz des Gewerbebetriebes, in welchem die Beschäftigung stattfindet. Als Sitz des Gewerbebetriebes ist aber wiederum im Zweifelsfall der Wohnort des Betriebsunternehmers — im vorliegenden Falle Berlin — anzunehmen. Diese Annahme gründet sich auf die analoge Anwendung der Bestimmung der Preußischen Ausführungs-Anweisung vom 21. August 1885 bezüglich der in der Binnenschiffahrt und Flößerei beschäftigten Personen. Kläger ist mithin zwangsweises Mitglied der zuständigen Berliner Kasse — d. i. der beklagten Kasse — geworden und Beklagte daher zur Unterstützung verpflichtet.

206. Versicherungspflicht der Zöglinge einer Musikschule.

Verf. vom 1. November 1887.

.... eröffnen wir Ihnen, daß die zur G.'schen uniformirten Militärmusik-Schule gehörigen jungen Leute nicht als im stehenden Gewerbebetrieb beschäftigt anzusehen sind, es sich vielmehr bei ihnen um die Ausbildung in einer Kunst, um die Verfolgung von Unterrichtszwecken handelt. Hiernach unterliegen die jungen Leute nicht der Versicherungspflicht gemäß § 1 des Krankenversicherungsgesetzes.

207. „Angehörige" im Sinne des § 7 Abs. 2 des Krankenversicherungsgesetzes.

Entschg. vom 9. Dezember 1887 i. S. N. w. Orts-Krankenkasse der Goldschmiede.

Gründe.

Kläger verlangt in Gemäßheit des § 7 Abs. 2 des Krankenversicherungsgesetzes für die Zeit seiner Verpflegung in der Klinik die Hälfte des Krankengeldes mit der Begründung, daß er aus seinem Arbeitsverdienst den Unterhalt seiner Tante bestritten habe.

Die Weigerung der Kasse muß als begründet erachtet werden.

Der § 7 Abs. 2 l. c. spricht zwar nur von „Angehörigen" schlechtweg und giebt keine weitere Interpretation dieses Begriffes;

es kann indeß wohl nicht die Absicht des Gesetzgebers gewesen sein, unter diesen Begriff auch ganz entfernte Verwandte zu bringen, vielmehr wird eine Beschränkung auf die nächsten „Angehörigen" (Ehefrau, Kinder, Eltern und Geschwister) dem Sinne der Bestimmung mehr entsprechen. Zudem kommt, daß im vorliegenden Falle Kläger nach seiner eigenen Darstellung den Unterhalt der K. (seiner Tante) erst von der Zeit an bestritt, wo sie ihm seinen Haushalt führte. Es liegt also hier wohl ein Verhältniß vor, welches auf Leistung und Gegenleistung gegründet ist, und der Unterhalt der K. Seitens des Klägers dürfte nicht des Angehörigen-Verhältnisses wegen geschehen sein.

208. Versicherungspflichtige Beschäftigung.

Entschg. vom 9. Dezember 1887 i. S. Sp. w. Orts-Krankenkasse der Gastwirthe.

Gründe.

Durch die Aussage des Restaurateurs Sch. ist als festgestellt zu erachten, daß Kläger bei Sch. unter folgenden Bedingungen beschäftigt gewesen ist: Kläger fungirte als Buffetier; er bezog keinen festen Gehalt, sondern übernahm Bier, Cigarren u. s. w. von dem Sch. zu festen Preisen und behielt den von den Gästen des Restaurants erzielten Erlös für sich. Die Beköstigung erhielt Kläger ohne Bezahlung aus der Restaurations-Küche. Hiermit sind die Voraussetzungen für die Versicherungspflicht des Klägers vorhanden.

Zweifellos ist Kläger als im Gewerbebetriebe des Sch. beschäftigt anzusehen; die erwähnten Engagements-Bedingungen stellen Nichts weiter dar, als eine Form der Lohnzahlung: der Lohn besteht in der Differenz zwischen der an Sch. für Bier u. s. w. gezahlten Summe und dem erzielten Erlöse. Außerdem bezog Kläger die Naturalleistung der freien Beköstigung. Als selbständiger Gewerbetreibender kann Kläger nicht gelten; als solcher ist vielmehr nur der Inhaber des Restaurations-Geschäfts Sch. zu erachten, welcher seinerseits den Kläger engagirt hat. Die Miethe für das Lokal wird nicht vom Kläger gezahlt, auch gehören sämmtliche zum Geschäftsbetriebe nöthigen Utensilien nicht dem Kläger, sondern dem Sch. Die Stellung des Sch. als Restaurations-Inhaber gegenüber den in demselben vorkehrenden Gästen und in dem Betriebe des Restaurations-Geschäfts Bediensteten wird durch die Bedingungen des Vertrages mit dem Kläger in keiner Weise beeinträchtigt. Somit ist Kläger mit dem Eintritte in die Beschäftigung Mitglied der beklagten Kasse geworden und die Kasse zur Unterstützung des Klägers bei eingetretener Krankheit verpflichtet.

209. Gewährung freier ärztlicher Behandlung 2c. an außerhalb des Kassensitzes wohnende zwangsweise Mitglieder.

Verf. vom 10. Dezember 1887.

... Nach § 6 Abs. 1 Ziffer 1 in Verbindung mit §§ 20, 64 des Krankenversicherungsgesetzes muß die dortige Betriebs-Krankenkasse für verpflichtet erachtet werden, allen zwangsweisen Mitgliedern freie ärztliche Behandlung, Arznei 2c. zu gewähren. Das Gesetz macht hierbei keinen Unterschied nach dem Wohnorte der Versicherten; nicht dieser, sondern der Ort der Beschäftigung ist für die zwangsweise Mitgliedschaft maßgebend. Eine Abfindung auswärts wohnender zwangsweiser Mitglieder durch Gewährung eines erhöhten Krankengeldes (§ 21 Abs. 2 des Statuts, §§ 27 Abs. 3, 64 des Krankenversicherungsgesetzes) ist nicht zulässig, da sich die citirten Vorschriften nur auf solche Personen beziehen, welche nach dem Ausscheiden aus der die zwangsweise Mitgliedschaft begründenden Beschäftigung freiwillig Mitglieder bleiben.

Hiernach ist der Anspruch des in S. wohnhaften Mitgliedes begründet. Solange der Vorstand keine Veranstaltung getroffen hat, wonach die freie ärztliche Behandlung 2c. in S. in derselben Weise gewährt wird, wie in Berlin, also ein Kassenarzt 2c. für S. bestellt ist, wird er nicht umhin können, dem erkrankten Mitgliede auf Verlangen diejenigen Kosten zu erstatten, welche durch die Zuziehung eines andern Arztes 2c. entstanden sind, natürlich innerhalb der im Streitfalle durch geeignete Gutachten festzustellenden Grenzen der Nothwendigkeit und Angemessenheit. Die erwähnten Veranstaltungen aber werden durch ein Abkommen mit einem in S. wohnhaften Arzte unschwer zu treffen sein. ...

Anhang.

1. Austritt aus einer Orts-Krankenkasse gemäß § 19 Absatz 4 des Krankenversicherungsgesetzes (zu Heft I, Nr. 123).

Entgegen der a. a. O. mitgetheilten Auffassnng hat das Landgericht I zu Berlin am 1. October 1886 das folgende endgültige Urtheil erlassen:

Die Berufung der Beklagten gegen das Urtheil des Königlichen Amtsgerichts I Berlin, vom 4. Mai 1886 wird zurückgewiesen.

Der Beklagten werden die Kosten der Berufungsinstanz auferlegt.

Thatbestand.

Die Beklagte hat gegen das Urtheil des Königlichen Amtsgerichts I Berlin, vom 4. Mai 1886, durch welches Kläger für nicht verpflichtet erklärt ist, für die Gesellen K., St. und Qu., sowie den Lehrling W. auf die Zeit vom 4. bis 31. Januar 1886 Beiträge an Beklagte zu zahlen und der Beklagten sämmtliche Proceßkosten auferlegt sind, in gehöriger Form und Frist Berufung eingelegt und beantragt: das gedachte Urtheil aufzuheben und die Klage abzuweisen.

Kläger hat auf Zurückweisung der Berufung angetragen.

Es wird auf den wieder vorgetragenen Thatbestand des angefochtenen Urtheiles Bezug genommen.

Gründe.

Nach § 19 Absatz 4 Gesetzes vom 15. Juni 1883 ist der Austritt aus einer Orts-Krankenkasse versicherungspflichtigen Personen mit dem Schlusse des Rechnungsjahres zu gestatten, wenn dieselben:

1. spätestens 3 Monate zuvor bei dem Vorstande den Austritt beantragen und
2. vor dem Austritte nachweisen, daß sie Mitglieder einer der übrigen, in § 4 bezeichneten Kassen, zu welchen auch Innungs-Krankenkassen gehören, geworden sind.

Das Rechnungsjahr der Beklagten fällt unstreitig mit dem Kalenderjahre zusammen.

Der erstgedachten Verpflichtung ist durch die am 22. September 1885 dem Vorstande der Beklagten zugegangene Erklärung, Blatt 13 der Akten, genügt. Die Abmeldung ist zwar von den Versicherungspflichtigen nicht unterzeichnet, sondern trägt an Stelle der Unterschrift den vorgedruckten Vermerk:

„Die Gesellen des Schmiedemeisters" mit dem geschriebenen Zusatze: A. W., S.-Straße 31.

Allein, wie der erste Richter zutreffend ausführt, ist bei Anwendung des Gesetzes, das für rechts- und geschäftsunkundige Personen bestimmt ist, von jedem Formalismus, der in dem Gesetze selbst keine Unterlage findet, abzusehen.

Es ist daher für derartige Austrittserklärungen, da die schriftliche Form nicht vorgeschrieben ist, für genügend zu achten, wenn die Erklärung in unzweifelhafter Weise den Willen der Austretenden kundgiebt und von denselben herrührt.

Diesen Erfordernissen entspricht auch eine Kollektiverklärung, wie die in Rede stehende, da die Beklagte niemals bezweifelt hat, daß die Erklärung von den darin bezeichneten Gesellen und Lehrlingen des Klägers abgegeben ist.

Der oben zu 2 gedachten Verpflichtung ferner ist durch die am 31. Dezember 1885 dem Kassirer der Beklagten zugegangene Erklärung des Vorstandes der Innungs-Krankenkasse, wonach die zur Zeit bei Innungsmeistern arbeitenden Gesellen und Lehrlinge der Innungs-Krankenkasse angehören, genügt.

Die Meinung der Beklagten, daß am 31. Dezember 1885 die Gesellen und Lehrlinge des Klägers Mitglieder der Innungs-Krankenkasse noch nicht haben sein können, weil diese Kasse erst vom 1. Januar 1886 ab ihren Geschäftsbetrieb begonnen hat, ist unzutreffend.

Unstreitig bestand die Innungs-Krankenkasse seit ihrer am 7. November 1885 erfolgten obrigkeitlichen Genehmigung mit ihren statutenmäßigen Organen. Dieselbe war damit, was Beklagte zu Unrecht in Zweifel zieht, ins Leben getreten und konnte die ihrem statutenmäßigen Zwecke entsprechende Thätigkeit beginnen, insbesondere Mitglieder aufnehmen, wenngleich die letzteren erst vom 1. Januar 1886 ab die statutenmäßigen Rechte und Pflichten der Mitglieder überkamen.

Die Erklärung des Vorstandes der Innungs-Krankenkasse liefert einen vollen Beweis für ihren Inhalt, da ihre Echtheit nicht in Zweifel gezogen ist.

Daß diese Erklärung sich auf die Gesellen und Lehrlinge des Klägers mit bezog, mußte dem Vorstande der Beklagten schon deshalb klar gewesen sein, weil in der Abmeldung vom 22. September 1885 von denselben bereits erklärt war, daß sie der Innungs-Krankenkasse beitreten würden, und dem Vorstande der Beklagten unzweifelhaft bekannt war, daß der Kläger zu den Innungsmeistern gehörte.

Eine besondere persönliche Thätigkeit der Austretenden ist bezüglich des Nachweises, daß sie einer anderen Kasse angehören, nicht erforderlich. Es genügt, wenn dieser Nachweis von einem Anderen im Auftrage oder mit Genehmigung des Austretenden erbracht wird, da die Beklagte nur ein Interesse daran hat, die Gewißheit zu haben, daß der austretende Versicherungspflichtige anderweit versichert ist, und es gleichgültig ist, ob ihr diese Gewißheit durch eine persönliche Thätigkeit des Austretenden oder für denselben mit dessen Wissen und Willen von einem Anderen verschafft wird.

Das Verlangen der Beklagten, daß die Austretenden den Beweis durch Vorlegung der betreffenden Quittungsbücher der Beklagten hätten erbringen müssen, ist daher unbegründet.

Der fernere Einwand der Beklagten, daß der Nachweis zu spät erbracht sei, da ihr Vorstand am 31. Dezember 1885 nicht mehr habe über den Austritt Beschluß fassen können, ist verfehlt.

Das Gesetz legt den Austretenden nur die Verpflichtung auf, den Nachweis vor dem Austritte, also vor Ablauf des Rechnungsjahres der Beklagten zu erbringen. Gemäß § 47. I. 3 A.L.R. kommt dabei den Austretenden der ganze letzte Tag zur Erfüllung der Verpflichtung zu Statten.

Von einem Beschlusse des Vorstandes der Orts-Krankenkasse ist der Austritt überdies nicht abhängig gemacht, vielmehr muß der Austritt gestattet werden, wenn die Abmeldung und der Nachweis anderweiter Versicherung rechtzeitig erfolgt ist.

Der Einwand endlich, daß das Schreiben vom 31. Dezember 1885 deshalb keine Berücksichtigung finden könne, weil es nicht in dem Geschäftslokale der Beklagten oder einem Vorstandsmitgliede, sondern dem Kassirer der Beklagten, der nicht zu deren Vorstand gehöre, übergeben sei, kann für durchgreifend nicht erachtet werden.

Die Vorschriften der CPO. über Zustellungen finden nur auf bürgerliche Rechtsstreitigkeiten, welche vor die ordentlichen Gerichte gehören (§ 3 Einführungs-Gesetz zur Civil-Prozeß-Ordnung), auf andere Rechtsstreitigkeiten und Rechtsgeschäfte aber nur insoweit Anwendung, als sie durch Reichs- oder Landesgesetze darauf für anwendbar erklärt sind.

Auf die nach § 19 Gesetzes vom 15. Juni 1883 erfolgenden Erklärungen ist die Anwendung jener Vorschriften im Gesetze nicht vorgesehen. Es muß daher genügen, wenn Schriftstücke, welche für den Vorstand der Beklagten bestimmt sind, einer Person übergeben werden, welche von dem Vorstande ermächtigt ist, Schriftstücke für denselben zu empfangen.

Die Beklagte behauptet selbst nicht, daß ihr Kassirer eine solche Befugniß nicht gehabt habe. Nach § 122. I. 13 A.L.R. steht demselben aber eine vermuthete Vollmacht zur Seite. Ebensowenig behauptet Beklagte, daß der Kassirer der Verpflichtung, das Schriftstück an den Vorstand rechtzeitig abzuliefern, nicht nachgekommen sei; wenn derselbe aber die Ablieferung rechtzeitig bewirkt hat, kommt es überall nicht darauf an, ob derselbe zur Empfangnahme befugt war, oder nicht.

Hiernach war bei Anwendung des § 92 CPO., wie geschehen, zu erkennen.

2. Zuständigkeit für Entscheidung von Streitigkeiten aus § 50 des Krankenversicherungsgesetzes (zu Heft I, Nr. 98).

Die in Nr. 98 des ersten Heftes aufgestellte Ansicht, daß Streitigkeiten aus § 50 des Krankenversicherungsgesetzes direkt im ordentlichen Rechtswege ohne vorherige Anrufung der Aufsichtsbehörde zu entscheiden seien, ist in dem nachfolgenden Erkenntniß des Preußischen Gerichtshofes zur Entscheidung der Kompetenzkonflikte vom 12. März 1887 bestätigt worden:

Auf den zwischen dem Königlichen Amtsgericht zu N.=M. und dem Magistrat der Stadt M. entstandenen negativen Kompetenzkonflikt in der bei dem Königlichen Amtsgericht zu N.=M. anhängig gewesenen Prozeßsache der Orts=Krankenkasse zu N.=M., Klägerin, wider den Fleischermeister S. daselbst, Beklagten, betreffend 117 Mark und Zinsen, hat der Königliche Gerichtshof zur Entscheidung der Kompetenzkonflikte in seiner Sitzung vom 12. März 1887, an welcher Theil genommen haben ꝛc., für Recht erkannt:

> daß der Rechtsweg in dieser Sache für zulässig und das Königliche Amtsgericht zu M. unter Aufhebung des Erkenntnisses vom 24. Februar 1886 gehalten zu erachten, in der Sache Entscheidung zu treffen.

Gründe.

Die „gemeinsame Orts=Krankenkasse für Handwerk und Gewerbe mit Ausschluß der Fabrikarbeiter zu N.=M.“ hat bei dem dortigen Amtsgericht gegen den Fleischermeister S. daselbst auf Grund des § 50 des Reichsgesetzes vom 15. Juni 1883, betreffend die Krankenversicherung der Arbeiter (RGB. S. 73) eine Klage auf Zahlung von 117 Mark und Zinsen angestellt, ist aber damit durch das in Rechtskraft übergegangene Erkenntniß vom 24. Februar v. J. wegen Unzulässigkeit des Rechtsweges abgewiesen worden. Der Seitens der Kasse demnächst bei dem Magistrate der Stadt M. (§ 44 a. a. O.) gestellte Antrag, die Sache im Aufsichtswege zu erledigen, ist, nachdem der Bezirksausschuß daselbst sich für unzuständig erachtet hatte, von dem Magistrate durch Bescheid vom 14. September v. J. aus gleichem Grunde abgelehnt. Die Kasse sieht in Folge dessen den negativen Kompetenzkonflikt als vorliegend an und beantragt, das Erkenntniß des Königlichen Amtsgerichts vom 24. Februar 1886 aufzuheben und die Sache zur nochmaligen Verhandlung und Entscheidung dem genannten Gerichte zu überweisen. — Diesem Antrage entsprechend war zu erkennen.

Die Formalien sind in Ordnung. Der bei dem Königlichen Amtsgerichte eingereichte Antrag ist in Gemäßheit der Allerhöchsten Verordnung vom 1. August 1879 sowohl dem Beklagten, als dem Magistrat der Stadt M. zur Erklärung zugefertigt, eine Erklärung aber nicht abgegeben worden.

Das Königliche Amtsgericht zu N.=M. hat sich gutachtlich für die Unzulässigkeit des Rechtswegs, das Königliche Oberlandesgericht zu N. für dessen Zulässigkeit ausgesprochen. — Die letztere Auffassung erscheint begründet.

Es handelt sich um einen Anspruch des § 50 des Reichsgesetzes, betreffend die Krankenversicherung der Arbeiter vom 15. Juni 1883 (RGBl. S. 73). Nach dieser Vorschrift sind Arbeitgeber, welche ihrer Anmeldepflicht (nämlich in Betreff jeder von ihnen beschäftigten versicherungspflichtigen Person — § 49 a. a. O.) nicht genügen, unabhängig von einer Bestrafung nach § 81 a. a. O., verpflichtet, alle Aufwendungen zu erstatten, welche eine Orts=Krankenkasse auf Grund gesetzlicher oder statutarischer Vorschrift zur Unterstützung einer vor der Anmeldung erkrankten Person gemacht hat. Diesen Fall erachtet die Klägerin als vorliegend, das Königliche Amtsgericht aber seiner Entscheidung als entzogen, weil nach seiner Meinung der § 58 a. a. O. bestimmt, daß alle Streitigkeiten zunächst von der Aufsichtsbehörde, vorbehaltlich des Rechtsweges, entschieden werden sollen.

Wenn der § 58 ganz allgemein von Streitigkeiten, welche auf Grund des Reichsgesetzes vom 15. Juni 1883 entstehen könnten, spräche, so würde diese Ansicht begründet erscheinen. Der § 58 spricht aber im Abs. 1 nur von Streitigkeiten, welche zwischen den auf Grund dieses Gesetzes zu versichernden Personen oder ihren Arbeitgebern einerseits und der Gemeinde=Krankenversicherung oder der Orts=Krankenkasse andererseits über die Verpflichtung zur Leistung oder Einzahlung von Beiträgen oder über Unterstützungsansprüche entstehen.

Keiner dieser Fälle liegt hier vor, es handelt sich vielmehr, wie allseitig anerkannt wird, um einen durch § 50 a. a. O. begründeten Regreßanspruch gegen den Arbeitgeber, welcher nach Meinung der Klägerin seiner Anmeldepflicht nicht nachgekommen ist.

Eine analoge Anwendung des § 58 Abs. 1 auf den Fall des

§ 50 zu statuiren, verstößt gegen § 13 des Deutschen Gerichtsverfassungsgesetzes vom 27. Januar 1877 (R.G.Bl. S. 41) und ist deshalb von dem Magistrat der Stadt M. mit Recht verweigert worden. Der Streit wird vielmehr im vollen Umfange vor den ordentlichen Gerichten ausgetragen werden müssen.

Beiläufig mag noch Erwähnung finden, daß der in der Angelegenheit zwar nicht von der Klägerin, aber doch von dem genannten Magistrat angerufene Bezirksausschuß mit Recht seine Unzuständigkeit durch Bescheid vom 1. Juli v. J. ausgesprochen hat. Denn denselben sind durch die Allerhöchste Verordnung vom 12. September 1885 (GS. S. 333) nur die nach § 58 Abs. 2 des Reichsgesetzes vom 15. Juni 1883, nicht aber nach Absatz 1, welcher, wie unbestritten, allein hier in Frage kommt, im Verwaltungsstreitverfahren zu entscheidenden Streitigkeiten zugewiesen worden.

3. Versicherungspflicht der Beamten (zu Heft I, Nr. 128).

Das Kgl. Preußische Ober-Verwaltungsgericht hat sich der in der allegirten Verfügung ausgesprochenen Ansicht nicht angeschlossen und führt in dem Erkenntnisse vom 15. September 1887 in Sachen Orts-Armenverband Berlin w. Allgemeine Orts-Krankenkasse aus:

> „Ob . . . bei Erlaß der Vorschrift des § 3 Abs. 1 lediglich an Beamte gedacht worden ist, die in Krankheitsfällen auf Fortzahlung ihres Gehaltes mindestens für eben dieselbe Zeit, als die Krankenunterstützung nach dem zu erlassenden Gesetze gewährt werden sollte, Anspruch haben, kann dahingestellt bleiben. Zum Ausdruck ist der Gedanke durch das Gesetz nicht gebracht. Die Beschränkung hinsichtlich der Befreiung von der Versicherungspflicht, welche der Absatz 2 des § 3 für die daselbst genannten Personen ausspricht, auf die in Absatz 1 genannten, mit festem Gehalt angestellten Beamten zu übertragen, ist um so weniger zulässig, als nicht abzusehen ist, warum der Gesetzgeber, wenn seine Absicht hierauf gegangen wäre, dies nicht bei Absatz 1 ebensowohl wie bei Absatz 2 ausdrücklich ausgesprochen hätte. . . .

Sachregister

zu den in Heft I. u. II. enthaltenen Entscheidungen und Verfügungen.

Die Zahlen bedeuten die Nummern der Entscheidungen und Verfügungen. N. bedeutet „Nachtrag zu Heft II". Heft I enthält die Nummern 1 bis 139.

K.

L.

M.

N.

O.

P.

Q.

R.

S.

Buchdruckerei von Gustav Schade (Otto Francke) in Berlin N.

FSC
www.fsc.org
MIX
Papier | Fördert gute Waldnutzung
FSC® C083411

Kolibri 360 GmbH
Ferdinand-Jühlke-Straße 7
99095 Erfurt, Deutschland
produktsicherheit@kolibri360.de